ラカン
真理のパトス

一九六〇年代フランス思想と精神分析

Masamichi Ueo
上尾真道

人文書院

ラカン　真理のパトス　目次

ラカン　真理のパトス

序

「私は頑固だった、が、消えるよ」。

本書は一九八一年に世を去ったジャック・ラカンについての研究書である。今からもう三五年以上も前に消えてしまった彼については、これまでもすでに多くのことが論じられてきた。その様々な横顔を思い出してみるのも良いだろう。進歩的な精神科医。シュルレアリストの同士。名だたる哲学者・文学者らの友人。構造主義を代表する難解な思想家……。しかし、そうした諸々を貫いて、ひときわ重要な彼の相貌がある。すなわち精神分析家としてのラカン。精神分析の革新をきたした実践家にして、運動家としてのラカンである。こうしたラカンについて思い出すことを本書は呼びかけよう。だが、それには今日、どのような意義があるというのだろうか。

すでに十分の長きを経たラカン受容の歴史を、ここで少し振り返ってみる。六六年の秋に彼の主著とされる『エクリ』が刊行されるより以前、日本でのラカンは、フランスの精神医学の紹介に関する文献の注に、ひっそり姿を表す程度の存在であった。しかしフランスで六〇年代後半に「構造主義」がブームとなり、それが日本に伝わって来る中で、ラカンもまた、精神医学理論の新たなアプローチとして紹介が開始されている。『エクリ』の邦訳が、他国と比べてもかなり早い段階で着手された。よく知られるように、ラカンは七一年には二度目となる日本旅行を計画し、東京で翻訳者達との面会を果たしてもいる。さて、このとき、彼らの前で講演を行ったラカンには、いくらかの不満もないわけではなかったようだ。つまり、その場に精神分析家が不在であったことだ。「みなさんのうちの誰も精神分析家ではない。それは残念なことだ fâcheux。だがそれが何かの役に立つこともあるかもしれない。〔いたとして〕やはりその精神分析家はしかるべき原理——何かしらここ日本で支配的な原理があるはずだろう——、多少はアメリカ学派から直に由来する何かに従って養成されているのだろうから、それもまた厄介だろう[1]」。

セミネールやテレビ放送で、ラカンが「あなたがた」と呼びかけるとき、それは多くの場合、分析家への呼びかけである[2]。ラカンは東京でもそのような期待を込めつつ、不在であるがゆえに未来へ向けて開かれた分析家に向けて、話し始めたのではなかっただろうか。講演の冒頭、彼はたっぷりとフランス精神分析運動の歴史と政争について語り、それによって彼自身の精神分析家としての特異な境遇を明らかにしようとしていた。そしてそのことは、彼が語ることにとって二次的ではない。日本版『エクリ』のはしがきの最後の言葉にはこう綴られている——「これは、私がそこから話しだす歴史の外では、翻訳できない[3]」。

しかしながらラカンは、必ずしも彼の歴史のうちで十分に読まれてきたわけではなかった。つまり精神分析の実践と制度をめぐる彼固有の運動の文脈において。一方で、ラカンの言語と主体をめぐる議論は、哲学や批評的関心のもとで、同時代の思想家たちとともに「構造主義」思想あるいはポストモダン思想の一角として取り上げられることとなる。そうした中、ラカン読解は、いわばその主体観あるいは「世界観」のより明晰な解説の周りを回ることになるが、そのことはまた長らくの間、ラカン理論を空理空論であるとみなす類の批判が現れる土壌を作ってきただろう。

これに対して、ある時期から、ラカンを臨床的文脈へつれ戻すことが、いわば一つの失地回復の試みとしてなされ始める。とりわけ八〇年代後半の日本では、精神医学／精神病理学のパラダイムとして機能しうるラカン理論に大きな注目が集まるようになる。この背景には、おそらく、ラカンの死後に彼の実質的な後継者となったジャック＝アラン・ミレールが、臨床的なラカン理論の解説と普及にそれまで以上に力を入れ始めたことを挙げてよい。ラカンが未だ存命の八〇年に自らの手で解散した「パリフロイト」学派の後を半ば引き継ぐ形で、ミレールは「フロイトの大義」学派の主宰となる。[4] 自身も分析家となった彼が、この区切りの年に年度講義のテーマに選んだのは「ラカ

(1) J. Lacan, « Discours de Tokyo », *inédit* (「東京におけるディスクール」佐々木孝次訳、『ディスクール』、弘文堂、一九八五年)

(2) 例えば以下の箇所を参照せよ。J. Lacan, « Télévision », *Autres écrits*, Seuil, 2001, p. 510 (『テレヴィジョン』藤田博史・片山文保訳、青土社、一九九二年、一六頁) 以下 *AÉ* と略記。

(3) J. Lacan, "Avis au lecteur japonais", *AÉ*, p. 499. (「日本の読者に寄せて」『エクリⅠ』宮本忠雄・竹内迪也・高橋徹・佐々木孝次訳、弘文堂、一九七二年、Ⅴ頁)

(4) 八〇年の学派の解散からラカンの死の時期にかけての「危機」について本書は詳しく取り上げない。この時期に関するルポとしては例えば以下を参照せよ。S・シュナイダーマン『ラカンの〈死〉――精神分析と死のレトリック』石

ン的臨床」であった。この学派はさらに、フランス国外との交流にも大きく力を入れており、日本の研究者とフランスのラカン派分析家との間にも、八〇年代、密なやり取りが生まれている。その一つの達成は、九〇年のミレールの来日という形で実現しており、そこでは特に精神病への精神分析的アプローチが主要な関心の一つとして論じられていた。[5] ただし、その際にも、来場した多くの熱心な日本の臨床家と、ミレールが取り上げた精神分析家ラカンの間には、直ちには埋まらぬ溝があり、そのことが日仏の対話に微妙な距離を与えているように見える。[6] ラカンが呼びかける「あなたがた」は、未だ不在であるがゆえに未来へ向けて開かれていた。

その後の歴史は我々の記憶にも新しいところである。「心」の健康をめぐる関心が社会福祉的な問題として広く認められ、また様々な水準で法制度化が進められていく中で、臨床的ラカン像は、以前と比べてもいっそう我々にとって馴染みのあるものとなった。また二一世紀に入って、アメリカの文化的覇権の版図のもとでプラグマティックな臨床アプローチが世界的に浸透圧を高めるに伴っては、ラカン派の臨床は、政治的ないし倫理的な強調を伴いながら、現在その意義を再確認されつつある。

にもかかわらず、あるいはだからこそか、ラカンが「そこから話し出す歴史」については、むしろ置き去りにされつつあるのではないだろうか。はじまりの思想家としてのラカンは、いったい何について「頑固」であったのか。ここにおいてこそ、我々は、彼が身を投じた精神分析運動の起伏を思い出さねばならないだろう。それはすなわち、精神分析家という存在が、歴史的に請け負った社会的あるいは政治的な使命との関連のもとで、精神分析家へ向けて語られたものとしてのラカンの思想を読むことである。医師とも心理士とも異なってあらんとする、精神分析家という存在の特異性をめぐる思想としてのラカン。本書が光を当てようとするのは、まさにそうしたラカンの思想史的肖像なのだ。

それゆえ本書が試みるのは、ラカン思想を、彼の唯一の情熱、つまり精神分析家の養成への情熱から理解しようとすることである。精神分析とはいかなる営みで、それはどのような存在を生み出すものか。ラカンの特に六〇年代の思索の鍵となる多くの概念――「精神分析家の欲望」、「精神分析的行為」、「パス」、「精神分析家の言説」――これらは、何より、精神分析家の生産という問いの周りを回っている。それを、「治療」という臨床的な目的論のみから捉えることは十分ではない。「精神分析家」そのものに込められた思想的な期待とは何だったのか、これを我々は、ラカンに向けて問いかけねばならない。

そのために我々は、アクチュアルなラカンから距離を取り、ある歴史的な舞台の上で、その理論的輪郭を取り戻させよう。ラカンと我々との間に、大いなる隔たりを設けよう。彼を、我々の欲望の宛先として舞台上へと引き離し、そうすることで、ラカンが生き生きと動きだすのを見るのだ。

田浩之訳、誠信書房、一九八五年、第二章。さらに一次資料に近いものとして以下。C. Dorgeuille, *La seconde mort de Jacques Lacan: Histoire d'une crise octobre 1980 - juin 1981*, G. Dorgeuille, 1981.

（5）来日のシンポジウムの様子は以下にまとまっている。新宮一成編『意味の彼方へ』金剛出版、一九九六年。また、それ以前の活動に関しては以下。Group franco-japonais du champ freudien, *Analytica : Lacan et la chose japonaise*, Navarin, 1988.

（6）同上、五三頁。

問題の歴史的な舞台、これは我々にとって六〇年代のフランスである。それはまず何より、アルジェリア独立戦争の余韻のもと、思想が、西洋帝国主義のリミットに直面しながら、批判と解体の作業のうちに自らの再生の基礎を求めようとした時代である。そこでは明白な世代交代が望まれた。戦後のカリスマ、J‐P・サルトルと彼の実存主義にとって代わる、来るべき時代の思潮として、ジャーナリズムは「構造主義」を持ち上げた。(7)『カンゼーヌ・リテレール』紙に載った有名なカリカチュアには、レヴィ=ストロース、バルト、フーコーと並んで、ラカンが、腰蓑一つまとって、ピクニックがてら議論を戦わせている場面が描かれた。ラカン自身は、これを「でっち上げの寄せ集め(8)」と一蹴して、このブームからは距離をとろうとしたが、しかし、今日の我々の目から振り返れば、そこにはやはり、新たな時代を展望しようとするための、一つの思想的磁場とでも呼ぶべきものが生じていたことは否定できまい。右に名を挙げた思想家たちに加え、アルチュセール、ドゥルーズ、デリダ、それから若きエコルノルマルの学生たち、など。個々の思想家の彗星のごとき閃きを超えて、それぞれが哲学的触発の力線を重ね合うような舞台が、六〇年代のフランスを特徴づけている。その思想的流れは、この時代の政治‐社会的な変化の動脈とも底部で合流しつつ、六八年五月という時代の画期の周りにおいて、大きなうねりを形成することになるだろう。

こうした歴史の一幕に、ラカンと彼の精神分析を正しく位置づけねばならない。もちろんそれは、単にラカンの主体観が他の思想家と有する共通点を取り出すためではない。むしろ、共通の賭金を通じて、精神分析家の存在そのものに懸けられたラカン思想の重さを測りなおすためである。我々は、ラカンが構想した精神分析家が、まさにそのような舞台上で演じる特異な役柄を思い出しながら、ラカン思想との直接の邂逅《かいこう》を果たそうと試みるのだ。

（7）J.-P. Sartre, «Jean Paul Sartre répond», *L'Arc*, No. 30, Oct. 1966.（「サルトルとの対話」『サルトルと構造主義』竹内書店、一九六八年）

（8）«Entretien avec Jacques Lacan par Pierre Daix», *Les Lettres Françaises*, 15 déc. 1966.

第一章　戦後フランスの心-政治《プシ・ポリティーク》
——ラカン思想の舞台

1　六八年五月と街学者

騒乱の後の街学者の語り——本書を始めるにあたって、まず一九六八年五月、フランスを騒然とさせた大衆蜂起のことを思い出そう。六八年三月、パリ郊外ナンテール大学での学生ストライキから火がついた異議申し立ての運動（三月二二日運動）は、その五月、パリの中心ソルボンヌへと飛び火した。大学にはバリケードが積み上げられ、またパリの街頭はデモの人波と壁の詩的な落書きに溢れかえった。時代を画するとされるこの事件について、今日もなお、様々な角度から説明を与えんとする試みが後を絶たないが、当時もやはり、これに何らか「理解」を与えねばならないと急き立てられたひとびとがあった。そのひとり、エピステモンとの筆名を名乗る著者は、同年六月、『フランスを揺るがした考え』という小著で、六八年五月を、同時代の知的流行、構造主義と関連付けてこう述べている。

〔……〕一九六八年五月は単なるパリの学生騒乱でも、フランスの大学の変化の始まりでもない。それは構造主義の死亡宣告である。

構造主義的教条主義は、歴史も通時態も危機も、それにまつわる思想進展も、軒並み思想のアクセサリー屋に並べることができると信じた。〔……〕神話を研究するレヴィ＝ストロース、無意識を解読するラカン、経済的生産労働と思想労働の関係を考えるアルチュセール。彼らにとり本質的なのは構造的組織化であった。歴史とは偶発的些事、急転、非本質の領域であった。このように否定された歴史は、それ自身の否定を否定して、一九六八年五月に、不壊の実在として自らを提示したのである。それに固有のやり方、衝突や破壊や超克によって。(1)

構造主義が実際にこのようなものであったか、あるいはそうだとして六八年五月とこのように関係付けることが正当かどうか、異議も反論もあることだろう。さしあたり著書全体の文脈から捉え返せば、どうやら騒動の出所のひとつナンテール大学に職を得ているらしき著者は、そこで起こった発話の自由と自主管理を目指す連帯の動き――著者はこれを、アルジェリア戦争の「心理学アクション」（情報戦）になぞらえ、「社会学アクション」と呼ぶ(2)――を、同大学の社会学（ルフェーヴル）・哲学（レヴィナス、リクール、デュフレンヌ）の教育に関係づけながら、巷で流行の思潮に向こうを張るものとして捉えたいようだ。彼にとり構造主義とは、己の法にのみ従う無意味なシステムの理論であり、フランスの大学が陥った官僚主義の反映として映っている。

ここまでは当時からよくある構造主義批判と言えるかもしれない。しかし、この著者はさらにもう一歩だけ先に進む。彼にあって独特な点とは、この「社会アクション」と、ナンテールにインストールされたばかりの新たな心理学的潮流の接近を強調するところである。彼は同大学の心理学部の教授二人、アンジューとメゾヌーヴについて紹介し、彼らが代表する新たな流れについてこう語る。

この二人を代表者とする流れは、その祖をアメリカの臨床社会心理学のうちに擁している。〔ヤコブ・〕モレノ、〔クルト・〕レヴィン、〔カール・〕ロジャーズである。前者二人はそれぞれウィーンとベルリンからの移住者である。一人目と三人目は存命である。それぞれに独自の道を行った。モレノは精神医学と演劇の出身である。レヴィンは実験心理学、ロジャーズは牧師である。しかし三者ともに共通の直観を有する点で、方向性に一致が見られる。おおよそそれは次のように定式化されるだろう。一緒に生き、活動する人間存在が、相互に十分な発話の自由を行使できるようになるとき、感情の安定性やお互いに対する態度、さらに共同事業の成果にも、かなりの変化が生じる。つきつめれば幸福と効率が和解されるであろう、と。(3)

（1）Épistémon, *Ces idées qui ont ébranlé la France*, Fayard, 1968, p. 31.
（2）*Ibid*., p. 27.
（3）*Ibid*., p. 32.

エピステモン氏にとっては、民主的集団性の成立に捧げられたこの新たな「学問」は、先の「構造主義的教条主義」とは異なり、六八年五月の核心と呼応する知でありうる。「大学、学者、病院、芸術家といったグループすべてで、最初のバリケードの翌日の一九六八年五月一四日以来、自由な発話が爆発し、その循環が強まっていることは、明らかにそれと定式化していなくとも、似たようなプログラムを満たそうとしていなかったか[4]」。

とはいえそこにいぜん亀裂があることは明らかだ。フランスの知的伝統に比べ、いかにそれが異端の立場から流れ込んだ学知であっても、いまここで喧伝される社会心理学とは、目の前にある政治をそのままに語りえるものであるはずはない。著者もそれに気づいており、ある種の線引きについて語る。「社会的アクション」とは、ひとつの「政治」であり、「〈野生〉の革命」に属する。一方で、「社会心理学」は、「「民主的」プロセスを通じて、構造のラディカルな欲求を改良する」ものであり、著者はこれを「倫理」のほうに位置づける[5]。しかしこのようにして引かれた線には、彼の筆名のうちで既に予告されたかもしれない「深淵」が潜んでいないだろうか。すなわち、この「エピステモン」というのが、ラブレーのそれを仄めかすよりは、むしろデカルトの『自然な光による真理の探究』の登場人物のことであるなら、それは、病のごとき知ることの渇望に自らを苛ませながら、砂上に築いた足場のうえでおぼつかなく真理の深淵から身を守っているひとを指し示すものだからだ[6]。そこには、あの臆見を免れた賢者――あるいは「白痴[7]」――ユードクスによって自らの知的病への処方が与えられるのを待つ姿が重なる。そこからわずかでも後退すれば、この衒学者、知識人は一挙に改良主義へとなだれ込む。革命ではなく「管理された変化」だ、とエピステモンは臨床社会心理学の立場を説明している。[8]

ただちに我々は、五月の政治的祝祭性の終りに連れて行かれるようだ。事実、そこから先のところでエピステモンが展開するのは、様々な争点から織りなされる複合的情況を、若者の心理的複合体（コンプレクス）へと還元する論法である。「ナンテールのユートピアがこれほど早く爆発的に広がったのは、大学の青春生活のうちのなにか深いものに触れたから、精神分析家が我々に知るよう教えてきた無意識的欲動の中心核をもっぱら動員したからである」[9]。そして、この中心核とは、他ならぬエディプスコンプレクスである。「どうして驚くことがあろう。どんなほかの「無意識コンプレクス」が、どんなほかの「神話」が、まさしく一人前に達する年齢の階級の集団無意識を構造

（4）*Ibid.*

（5）*Ibid.*, p. 33.

（6）R. Descartes, «La recherche de la vérité par la lumière naturelle», *Œuvres philosophiques, tome* II, Garnier, 1967, p. 1120.（『真理の探究』森有正訳、創元社、一九四七年、三五頁）

（7）六八年の時代における衒学者エピステモンと白痴ユードクスについての示唆としては以下を参照。G. Deleuze, *Différence et répétition*, PUF, 1968, p. 170.（『差異と反復』上下、財津理訳、河出書房新社、上、二〇〇七年、三四八頁）

（8）Épistémon, *op. cit.*, p. 32. ちなみにエピステモンによる臨床社会心理学の記述にすばやく反応した著者としてモランがある。エドガール・モラン「危機の社会学のために」『学生コミューン』西川一郎訳、合同出版、一九六九年、一八四頁。

（9）Épistémon, *op. cit.*, p. 54.

化することができようか」[10]。

かくして「政治」は、「若者」なる階級の心的葛藤の社会的反映として分節化され、「五月」の理解はひとつの方向のうちに固められていく[11]。エピステモンの、一見、共感的な言説の中で果たされる見事な横滑りを認めよう。構造主義から社会アクションへ、しかし今度はそれが「政治」と「倫理」の境界で揺らぎ、「臨床社会心理」へと振り切れる。そうすればもうあとは、個人の内面の「心」の話――こうして、政治の時代のリミットのうえに、「心」に特権的な価値を置く言説が登場しはじめる[12]。このように、六八年とは、「心」の言説が、政治に代わる新たな機能を持ち始める一つの闘なのだった。

さて、今ではこのエピステモンなる著者の正体が、パリ一〇大学ナンテール校心理学部の教授ディディエ・アンジューであることが知られている。この名前から、我々はひょっとしたらさらに、フランス精神分析の歴史において彼が果たした数奇な出会いの物語を思い出すことになろう。一九四八年に高等師範学校を出て、心理学の道へ進み、フランス最初の精神分析協会ＳＰＰ（パリ精神分析協会）の門を叩いたアンジューが、最初の分析家として選んだ人物こそ、本書の主役となるジャック・ラカンである。アンジューはこのとき、目の前の人物の名声が、彼自身の母親に由来していることを知らなかったという[13]。すなわち、フランス精神病理学の伝統にヤスパース現象学とフロイト精神分析を見事に接続したラカンの医学学位論文『人格との関係からみたパラノイア精神病』で取り扱われた症例エメこそ、アンジューの母マルグリットであったのだ。ルディネスコによれば、マルグリットに精神分析的な治療介入を行えなかったことを、評判の学位論文の心残りとしていたラカンは、自らの精神医学的著作を三二年に出版してすぐにレーヴェンシュタインとともに精神分析実践を開始している。[14]三四年にはSPPの会員資格を得て、自らも分析家として実践を開始したラカンの寝椅子の上に、アンジューはこうして、それと知らず、いわば自分の母が受けなかった精神分析を受けにやってきた、ということになろう。この奇縁から始まる両者の関係は、その後のフランス精神分析運動の紛糾のうちで、さらに込み入ったものとなっていく。

一九五三年、SPPは、分析家養成をめぐる構想の対立によって二分することとなる。争点は養成を専門にした研究所の設立であった。精神分析家の免許発行を医師に限ろうとする主流派の案に

---

(10) *Ibid*., p. 57.

(11) 政治運動としての六八年五月が、その後いかに「倫理」化したかという点に関しては以下を参照せよ。クリスティン・ロス『68年5月とその後』箱田徹訳、航思社、二〇一四年。

(12)「五月」の心理的解釈の代表例として以下も参照せよ。A. Stéphane, *L'univers contestationnaire*, Payot, 1969（ジャニヌ・シャスゲ＝スミルゲル『拒絶の世界』上・下、岸田秀訳、ぺりかん社、一九七〇年）。著者はSFP（パリ精神分析協会）の分析家シャスゲ＝スミルゲルとグランベルジェである。彼らは、「異議申し立て」をエディプス葛藤へと入ることのできない未熟な若者の、ナルシシズムへの退行とした。

(13) アンジューとラカンの関係については以下を参照。É. Roudinesco, *Jacques Lacan : Esquisse d'une vie, histoire d'une système de pensée*, Fayard, 1993, pp. 254-257.（『ジャック・ラカン伝』藤野邦夫訳、河出書房新社、二〇〇一年、二〇八―二一二頁）

(14) 以下に詳しい。*Ibid*., chap. 3-1.（第三部第一章）

反対して、分析家のいくらかが割って出ることを選んだのだ[15]。この分離派のうち、主導的人物のひとりダニエル・ラガーシュこそは、医師による精神分析の占有に政治的に反発したそのひとだが、この闘争はやはり彼の精神分析の立場と切り離せない。四七年以来ソルボンヌ文学部一般心理学講座教授を務める彼は、リボー、ジャネ、ピエロン以来のフランスの大学心理学の伝統を引き継ぐ人物であった[16]。戦後に彼は心理士の学士号作成に奔走してもいるが、なによりそれは科学的心理学(ジャネ以来の生理学的心理学)の流れを、「社会心理学」の看板のもとでさらに人文学的に広げる動きでもあった[17]。そのようなわけで彼は、精神分析を包括する心理学の立場から、医師による精神分析の占有に反旗を翻すこととなったのである。

さて、五三年の分離におけるもうひとりの重要人物こそラカンである。だが、しばしば言われているように、この分離にラカンが加わった要因は、規範からずれた彼の独特な分析実践であり、志しという点ではラガーシュと必ずしも一致していたわけではない。とりわけ精神分析を心理学に回収することへの一貫した鋭い批判は、ラカンの精神分析理論にフランス精神分析運動の展開の中でも極めて独特な立場を与えていた[18]。五三年の分裂は、ラガーシュとラカンをひとときSFP(フランス精神分析協会)に同舟させたものの、しまいこまれ続けた二人の理論上の不和は、その一〇年後に顕在化することになる。

六三年、フランス精神分析運動史上、第二の分裂が生じる。SFPが国際精神分析協会(IPA)という正統に再統合されるのと引き換えに、自分が教育分析家のリストから外されようとしていることを知り[19]、ラカンは同協会を自ら辞す。IPAにコントロールされた精神分析正統派からの

「破門」であり、また「ソルボンヌの教授たち」[20]との決別であった。かくして一九六四年にラカンは、結社に関する一九〇一年法にもとづき新たな学派組織（ＥＦＰ）を築き、医学教育からも心理学教育からも自由な、精神分析の純粋性を強調する規約を公にする。彼は今や、精神分析を精神分析家の養成に捧げられる実践として位置づけ、これを「純粋精神分析」のカテゴリのもと、学派の三つのセクションの第一のものとする。精神分析を治療のためのひとつの技法とみなす考えによれば、あくまでも職業訓練上の副次的要素に過ぎないように見える教育精神分析をこそ、ラカンは、「正しく言うところの精神分析」とするのである。[21]他方で、治療のために利用される精神分析は、

（15）五三年の分裂については以下を参照。É. Roudinesco, *Histoire de la psychanalyse en France. 2 : 1925-1985*, Fayard, 1994, pp. 249-252. 以下 *HPF2* と略記。
（16）ラガーシュに関して特に以下を参照。A. Ohayon, *Psychologie et psychanalyse en France*, Découverte, 1999/2006, pp. 277-319.
（17）*Ibid.*, pp. 286-287.
（18）例えば以下を参照せよ。Ohayon, *op. cit.*, p. 367. 概してフランスにおける精神分析は、ジャネを源流とするフランス「精神療法」の伝統（精神病理的、精神生理学的伝統）との緊張関係のうちに置かれていると見ることができる。
（19）ＩＰＡでは、分析家を養成するための「教育分析」は、指定のリストに登録されたものにのみ行えることとなっていた。
（20）ラカンがどこでもこのような表現で二度目の分裂の相手を名指しているわけではないが、例えば以下のインタビューを参照せよ。ジャック・ラカン、フィリップ・ポンス「フロイトへの回帰」『朝日ジャーナル』六月四日号、一九七一年、二〇頁。
（21）J. Lacan, «Acte de fondation», *AÉ*, p. 230.

「応用精神分析」の名のもと第二セクションに位置づけられている。養成と治療の重要性の順序の逆転を通じて、いわばラカンは、精神分析実践の技術の本質を定義しなおした。つまり分析家の生成という効果のほかの、いかなる外在的要素によっても決して権威づけられたり、認可されたりしないような実践としての精神分析である。精神分析そのものが、精神分析を行うということはいかなることなのかという自己言及的な問いを通じて輪郭を与えられることとなる、と述べることもできよう[22]。

一方、その裏で、ソルボンヌの心理学者たちは、一切の明文化された規約もなく自らの組織を設立していた。ディディエ・アンジューは、ラガーシュが率いるこの組織、フランス精神分析アソシアション（APF）に参加し、その中心人物となる。ソルボンヌでの教職に応募するも叶わず、六四年にナンテールに赴任した彼は、六七年にラガーシュが退官してからは、当時の大学心理学の系譜のうちにある精神分析家の代表人物のひとりであった[23]。

五月の騒乱の中心のひとつとしての「大学」は、こうした精神分析運動の戦いがなだれこむ場でもあった[24]。ソルボンヌでは、従来の精神医学教育に対して生じた異議申し立てに対し、「改良案」が出され、新たな精神医学教育が提案された。神経医学とは区別され、人類学や心理学などの人文学をむしろ教えることで、独立した職業としての「精神科医」を育てることを旨とするような学校の設立だ。こうして教育相フォールが実施した六八年の大学改革の後、ソルボンヌは、サンシエ（パリ第七大学）に臨床人文学教育研究ユニット[25]を設ける。臨床心理士のディプロマを与えることを約束するこの研究所の設立に、ソルボンヌの精神分析家、ポンタリスやブトニエらは積極的に協力したのであった。

こうした大学の動きは、六三年の分裂の溝をいっそう深くするものでもあったことに注意しておきたい。我々のアンジューへと話を戻せば、彼の立場はすでに「反ラカン主義」の色を強めている。六七年に『カンゼーヌ・リテレール』紙上で為されたラカンをめぐる討議では、ＥＦＰの分析家シャルル・メルマンがラカン擁護の一文を寄せる一方、「反ラカン」の立場からアンジューは、ラカンの「悲劇的な人間像」を持ち出し批判を展開した。[26] 六八年になるとアンジューは、心理士資格の新規定をめぐる草案作成をまとめる役を政府から請け負う。タークルによれば、それは「心理学ディプロマを、国際精神分析協会が認める分析協会で訓練を受けた心理士のみに認める」ためのもので、つまりは「ラカン派の排除」が念頭に置かれていたという。[27] この草案は結局のところドゴール

（22）純粋精神分析と応用精神分析の関係と現代における展開については以下を参照のこと。立木康介「ラカン派の視点から――制度を使った精神療法とラカン派応用精神分析」『医療環境を変える――「制度を使った精神療法」の実践と思想』多賀茂・三脇康生編、京都大学学術出版会、二〇〇八年。

（23）É. Roudinesco, *HPF2* p. 553.

（24）以下、六八年以降の大学における精神分析に関する記述は次の書籍に多くを負う。六八年当時にパリで暮らした著者が行なったインタビューの断片も散りばめられた、資料的価値もある著作である。S. Turkle, *Psychanalytic politics*, Basic Books, 1978, pp. 164-188.

（25）教育研究ユニット（ＵＥＲ）は六八年末のフォール法の制定により設置された大学機関であり、それまでのフランス学部制度と異なりアメリカ式の単位制度を導入した。八四年に養成研究ユニット（ＵＦＲ）となる。

（26）*La quinzaine littéraire*, 1967-1-15, No 20.

（27）アンジュー草案については、以下の箇所で断片的な紹介が見つかる。S. Turkle, *op. cit.*, p. 264 ; É. Roudinesco, *HPF2*..

の失脚とともに廃案となり、またラカン派のほうも六八年を境にパリ第八ヴァンセンヌ大学に拠点を持つようになるということを考えれば、実効性こそなかったが、この時代が開かれる閾のところで、「心理士」資格と精神分析を強固に結びつける動きがあったことが確かめられる一例であろう。

以上のように大雑把に見れば、医師精神分析家、心理士精神分析家、そしてそれ以外、精神分析という領野の特異性を協調するラカン派精神分析家という三つの流れとしてフランス精神分析運動の歴史を整理することができる。六八年五月はこのうちでも、医学よりはむしろ心理学として精神分析への注目が高まりはじめた時代である。ラカンの精神分析の思想性は、まさにそうした時代との対峙において評価されねばならないのだ。では、この変化はもっと一般的な見地において、どこに由来するのか、次節で確認しよう。

2　アジールからの脱出——戦後フランス精神医療小史

ラカンの精神分析思想がこのような特異的な地位を築くようになる背景を理解するために、ここで我々は、戦後フランス精神医学が歩んできた「進化」の道と、それが六八年に実際に達成した成果について振り返っておかねばならない。六八年はフランス精神医療にとっての画期でもあったのである。フォールの大学改革を歓迎するアンリ・エイのコメントをまず引かねばならない。これについてはロベール・カステルが紹介している。

一九六九年一月一八日、アンリ・エイは次のような言葉で、ソワジ・シュル・セーヌの精神科病院に、国民教育相エドガール・フォールを出迎えた。「本日の会議は精神医学の解放の印である。このような前例はひとつしかない。大きく盛り上がった一九四五年の会議である。〔……〕医学のどのような領域も、かほど大学革命の精神にふさわしいものはない。あなたはプレジデントであり、大学の主人であり、この精神医学革命のアルチザンであった」[28]。

エイはなにを喜んでいるのだろうか。第一には、先にも少し述べたように、この改革を機に、精神医学が神経医学とは別の独立したディプロマを出すことが認められたのである。だが、この主題の重要性は、ここで四五年という日付により仄めかされる戦後フランス精神医学長年の懸案とあわせて理解せねばならない。すなわちセクター制度という主題、一九六〇年三月一五日の次官通達を皮切りに進められてきた、地域を基盤とするチーム精神医療制度の整備という主題だ。七二年一二月一二日の通達をもって実施の運びとなるこの制度は、フランスで現在まで続いており、およそ六万七〇〇〇人の地域住民を対象に、様々な職種のケアチームが連動して予防から予後を含めた精神保健を展開する仕組みとして知られている[29]。六八年は、まさにこのセクター制度をめぐる議論がひ

p. 552, および R. Castel, *Le psychanalysme*, Flammarion, 1973/1981, p. 296.

(28) R. Castel, *La gestion des risques*, Minuit, 1981/2011, p. 38.

(29) セクター制度については例えば以下の論文を参照せよ。菅原道哉・柴田洋子「フランスの精神医療と社会福祉の流れ」『精神保健看護学会誌』一巻一号、一九九二年、六二―六八頁。

とつの山場を超えたところであった。

カステルによれば「この決定は、〈解放〉以来この方向に開かれていた精神科医のもっとも進歩主義的中核と、保健省の「精神疾患デスク」の啓蒙された行政役人の何人かとの同盟の産物であった」[30]。ここで進歩的精神科医とされているのは、主に『精神医学的進化』誌に関わっていたような精神科医たちのことを指す。戦間期にベルクソン哲学や精神分析に強く影響を受けた精神科医たち、ミンコフスキーやエナール、ラフォルグらによって創刊されたこの雑誌は、第二次大戦後には、病院制度、精神医療制度の改良について熱心に取り組む精神科医たちが議論を重ねる主要な場のひとつとなったのである。ラカンもまた、戦前からこの集まりに参加し、自身の議論の舞台として利用しており、戦後の一九四七年からは編集に名を連ねている。

しかし、なぜ病院の改良がこの時代にそれほど問題となったのだろうか。第一の前提として、一八三八年の法律以来、治安維持のための監禁を治療と結びつけ実践してきたフランスの事情がある。この国ではドイツやアメリカなどと比べても、病院中心主義に関する批判が大きく遅れていたのだ。戦間期に入り、アメリカ由来の精神衛生運動が大陸に入ってくると、ようやくフランスでもエドワール・トゥルーズが一九二二年、サンタンヌ病院内に初めての外来病院（アンリ・ルーセル病院）を設ける[31]。しかしこうした動きもまだ一部のことでしかない。施設改良をめぐる議論が一気に活発化するにあたっては、なによりも第二次大戦中の病院の惨状を経なければならなかった。この時代、フランスの精神病院は大規模な食糧不足のために、多くの入院患者を飢餓で死なせている。

こうしたことを背景として、第二次大戦後には、病院のあり方から各スタッフの配置までにも関わる精神医療制度全般の改革の議論が始まるようになった。ここでの議論を特徴付けることは、精神分析やマルクス主義、あるいは英米圏の理論や実践などの影響を取り入れながら、既に集団的な位相での精神医療に注目が向けられていたということだろう。エピステモンことアンジューが、六八年五月にその実現が見られるとした民主的集団をめぐる心理学は、実際、戦後の精神医学の制度論のうちで既に参照されていたものである。例えばドメゾンは、『精神医学的進化』グループで四六年に行なわれた「集団精神療法」をめぐる講演でモレノやレヴィンを紹介している。[32]ラカンも四五年に行なった渡英の報告で、タヴィストック・クリニックでグループセラピーを実践するビオンとリックマンを紹介していた。[33]五二年の同雑誌に目を向ければ、五一年にボンヌヴァルで行なわれた集団精神療法に関するシンポジウム（公衆衛生省も参加）の報告を中心に、シヴァドンによる社会療法（作業療法）をめぐる議論や、精神分析のグループ療法への応用を論じるSPPの分析家ルボヴィッチ、ディアトキーヌらによる論考など、精神科医、精神分析家による同テーマをめぐる論文がいくつも掲載されている。[34]

さらに詳しく見てみれば、この「集団性」をめぐる関心は、大きく二つの方向性のうちで発展し

（30）R. Castel, *Le psychanalysme*, p. 44.
（31）M. Bellahsen, *Santé mentale*, La fabrique, 2014, pp. 26-7.
（32）G. Daumézon, «Les fondements d'une psychothérapie collective (Conférence présentée au Groupe de l'Évolution Psychiatrique, le 3-6-1947) », *L'Évolution psychiatrique*, XIII, 1948, 59-85.
（33）J. Lacan, «La psychiatrie anglaise et la guerre», *L'Évolution psychiatrique*, XI, 1946.
（34）*L'Évolution psychiatrique*, XVII, 1952.

ていくと整理できよう。第一の流れは、集団精神療法を病院全体へと拡張する流れである。これはやがて「病院を治療すること」、「制度を治療すること」というスローガンに収斂するもので、こんにち「制度精神療法」という名で理解される流れにほぼ等しくなる[35]。その伝説的起源はサンタルバン病院である。スペイン内戦を逃れフランスにやってきたトスケィエス、ならびに共産主義精神科医ボナフェが切り盛りしたこの病院は、ナチによる占領の時期にも、哲学者カンギレームや詩人エリュアールなどを迎えつつ、一種のレジスタンスの拠点のような形で、独自の組織化を行っていた。医師、患者、看護士、ほかの医療スタッフのあいだの組織化そのものを、治療の重要な要素として考えるこの着想が、戦後のフランス精神医学のうちにも共有されていくことになるのである。五二年にはドメゾンとコクランが、この流れに「制度精神療法」の名を与える[36]。これがさらに実質的に形をなしていくにあたっては、いくつかの組織化の機会が存在した[37]。トスケィエスが冗談めかして言ったという「フランス精神医学党」のアイデアが、まずは五七年からパリのセーブル学校で開催された集会（「セーヴル・グループ」として知られる）を通じて実現する。ここにはドメゾンやトスケィエスほか、五一年にクール＝シュヴェルニにラボルド・クリニックを開設したジャン・ウリが参加した。参加者の一部は、六〇年に制度療法・社会療法作業グループ（ＧＴＰＳＩ）を結成することとなり、そこでラカン派精神分析からの影響を深めていくこととなる。

一方、「病院を治療する」という発想は、さらに別の方向にも展開していく。それが地域におけるチーム医療を展開するというアイデアである。これを「脱病院」の流れと呼んでよいだろう。広い視点からは、五二年の世界保健機構精神保健鑑定委員会が明文化したような、患者に長期入院を課す隔離施設としての病院への批判を受けたものと見てよい[38]。また実際的な背景としてしばしば上げられるのが、「病院の治療」という発想が患者数の増加に伴って事実上の限界に直面していたということである。フランスでは一九五四年、まさしくこれを理由に、医師ポーメルがパリ一三区で、地域チーム精神医療の実験を開始している[39]。肺結核無料診療所の一室を借りて開始されたこの実験では、ラカミエ、ルボヴィッチ、ディアトキーヌといったSPPの精神分析家との連携のもとに、ディケアやクラブなど複数の治療装置によって住民をカバーする仕組みが模索された。セクター制度のパイロットとされる取り組みである。さらに脱病院の議論は、もっとラディカルな制度批判に

---

(35)「Psychothérapie institutionnelle」について、日本語の翻訳としては、杉村による「制度論的精神療法」、三脇による「制度を使った精神療法」などがある。本論では歴史的な多面性も踏まえ、できるだけニュートラルな訳語を採用した。トスケィエス、ウリ、ガタリの線で「制度精神療法」について整理した詳細な論考として以下の論文、および三者へのインタビューを収めた書籍全体を参照のこと。三脇康生「精神医療の再政治化のために」、フェリックス・ガタリほか『精神の管理社会をどう超えるか？』杉村昌昭・三脇康生・村澤真保呂訳、松籟社、二〇〇〇年。また現代日本における議論として以下も参照せよ。多賀茂・三脇康生編『医療環境を変える』京都大学学術出版会、二〇〇八年。

(36) G. Daumézon et P. Coechlin, «La psychothérapie institutionnelle française contemporaine», *Anais portugueses de psiquiatria* (Vol. 4 – n°4 déc 1952) 以下に再掲。*Psychoanalytische Perspectiven*, 26-1, 2008, pp. 1-20.

(37) 以下を参照。*Recherches : histoire de la psychiatrie de secteur ou le secteur impossible*, no. 17, mars 1975, pp. 173-183.

(38) C. Quétel, *Histoire de la folie*, Tallandier, 2014, p. 542.

(39) Ph. Paumelle, «Psychiatrie de secteur-Psychiatrie communautaire-espoir ou alibi «la difficile mise au monde du psychiatre», *Le psychanalyste sans divan*, p. 363.

まで押し進められることもあった。病院が疎外の場である以上、病院というものを全面撤廃しなければならないという考えである。かほど単純ではないにせよ、イタリアでバザーリアを中心に実施された医療改革にそうした方向性の具体的帰結のひとつを見ることもできよう[40]。

セクター制度とは、こうした議論の蓄積の実際的帰結のひとつである。ただしきわめて慎重に現実主義的な姿勢によって国家制度として実現された帰結である。主要な議論の大部分は六〇年代、特に六五、六六、六七年にかけて行なわれた『精神医学的進化』グループの会議でなされ、三冊の『精神医学白書』としてまとめられた。関係筋の団体に加え、公衆衛生省、法務省、国民教育省の代表者も迎えた六五年の会議で、会長のアンリ・エイは、その背景を明晰に述べている。「求心傾向に押され、精神医学の行使は、〔一般〕医学のそれに吸収されようとしている。他方、遠心傾向に押され、精神科医と精神科施設は、精神科事象の重要性と特殊性を定める存在身分を要求しはじめている[41]」。前者で問題となっているのは、それまでのアジールという隔離実践と結びついた限りでの精神医学の独自性の消滅の必然性であり、六六年には次のように言い換えられ、セクター制度の骨格を成す議論として論じられた。すなわち「精神疾患患者の隔離法律の撤廃」、「公衆サービスのための精神科病院組織」、「今後一〇年間で四千人の精神科医の必要性」である[42]。精神医学はもはやアジールで行われるアリエニスムではあり得ない。一般医学と同じく、公衆の保健福祉のなかに組み込まれなくてはならないのだ。

他方で、こうした組み込みは精神医学の固有性を消してしまうだろう。六五年のエイの発言のうち後者で問題となるのは、この独自性を補うものをなんらかの仕方で模索せねばならなくなった状況である。例えば、「精神分析」に依拠することで。六六年にはこれは次のような課題として明示される。

特に、神経精神医学という専門性に対して精神科医がいだく実存的な居心地悪さから立てられる問題がある（なぜなら、我々のうちには、離婚とまではいかずとも、別居くらいなら夢見ているものも多いだろうから）。そしてさらに精神療法一般（特に精神分析）の重要性の問題があり、精神療法一般の認知のためにも規制が必要である。[43]

このように精神医学の固有性のひとつとして、精神療法、精神分析をどうするかということが議題に上っている。先に結論から述べれば、実のところ六六年の会議を通じて、「精神分析」という語彙は消えていくことになる。ＳＰＰの分析家アンドレ・グリーンの会議での発言にあるように、精神分析の養成は（ＩＰＡが取り決める）教育分析を受けることでしか達成されず、そのため大学に

（40）バザーリアの思想とイタリア精神医学の状況に関しては以下に詳しい。松嶋健『プシコナウティカ』世界思想社、二〇一四年。フランスにおける同時代の理論的到達点としては以下を参照。J. Hochmann, *Pour une psychiatrie communautaire*, Seuil, 1971.
（41）H. Ey, «Ouverture des journées», *Livre blanc de la psychiatrie française*, t. 1, Privat, 1966, p. 3.
（42）H. Ey, «Exposé du Dr Henri Ey», *Livre blanc de la psychiatrie française*, t. 2, Privat, 1966, p. 4.
（43）*Ibid*.

おける精神医学教育とは別物として論じられねばならないからだ[44]。その代わりに強調されているのが、「人文学」への開かれであった。六七年の最後の会議では、いっさい「精神分析」の語は用いられず、代わりに「心理学的養成」として、精神医学教育における「人文学」関連ディプロマの組み込みが結論されている[45]。

この議論が興味深いのは、まさしくそこで人文学的教養としての精神分析という見方が登場しているからである。先に見たとおり、ソルボンヌの精神分析家たちは、まさにそこに乗っかることで、大学での精神分析の教育を開始していた。これは精神分析の新たな役割という点から理解しなければなるまい。パリ一三区の精神科医ポーメルの言葉を六八年の講演から引用しよう。

精神分析は、地域精神科医にもっと多くのものをもたらすことができるだろう。期待されるのは、様々なカテゴリの病理学に適用される治療タイプの派生形の研究ではなく、大多数に対して精神分析的言語を流布することでもない。関係モデルとしての精神分析こそが、特に地域精神科医の関心となる。

言い換えると、我々の期待するのは、精神分析家が地域精神科医となり、患者すべてに対して、様々な情況のうちで相対するための新たな形を提案し、実現できるようになってくれることである[46]。

ここには精神分析のある種の失墜と、同時にそれへの新たな期待が表れている。いまや病理学や治療論を提供するものとしての精神分析は、お役ごめんである。一方で、精神分析に求められているのは、人間関係のモデルを提供することだ。対人関係、集団力動の一般理論としての精神分析が、「寝椅子のない精神分析家」に求められる役割だと言われているのである。

かくして精神分析とその教育は、精神医学制度のうちに新たな役割とともに組み込まれていく。それは精神分析のシェア拡大であるが、精神分析が確かに望んでいることだろうか。次節では、こうした形での応用精神分析に対抗するものとしての純粋精神分析をめぐる言説を確認していこう。

3 反精神医学あるいは純粋精神分析

前節で我々は、いわば体制側、六八年五月との関係で言えば「改良派」の側で進められてきた議論を確認したこととなる。注意しておきたいのは、この議論において既に精神医学は十分に「リベラル」であったと言えるという点である。セクター化に向かう進歩は、縦型ヒエラルキーに支配された古い病院医学の解放としても捉えられ、その点では、六八年五月の雰囲気に一致するものでもあった。

（44）*Ibid.*, p. 245.
（45）特に動議二〇を参照。*Livre branc de la psychiatrie française*, t. 3, Privat, 1967, p. 160.
（46）Ph. Paumelle, *op. cit.*, p. 372.

しかしそのことだけで六八年の「心」の言説を語るには十分ではない。五〇年代までは主に精神科医の職業的関心であったところの制度改良は、六〇年代に入ると英米における外からの制度批判（例えばゴフマンの「アサイラム」）と合流し、より大きな広がりを持ち始める。それと同時にセクター制度の計画そのものへの慎重な、あるいはより批判的な指摘も登場する。それは新たな形態の管理社会の到来ではないか。一八三八年法に具現されていた精神医学の警察的側面が、地域に一般化されることではないか[47]。六八年末のフォールの改革に反応し、すぐさま危機を表明したひとりこそ、ジャック・ラカンであったことはあまり知られていない。彼は、『ル・モンド』に依頼されて書いたものの結局掲載されなかった六九年二月のテクストで、こうまとめている。「精神科「セクター」について言えば、大学という名の新たな託児所に劣らず、そこでの大要はひとつの目的により描かれる。この学問が、このシステムをまだ頼みとするにあたり、システムのほうに屈してしまうなら、このシステムはその目的へと向かっていく。すなわち一般化された強制収容所である[48]」。

我々はここで、ラカンがフランス精神医学の歴史の中で最初から有していた、独自の立場を思い出す必要があるだろう。戦後すぐの『精神医学的進化』サークルの「心因」をめぐるシンポジウムの中で、狂気そのものが人間の自由を疎外するとしたアンリ・エイに対抗して、ラカンこそが、人間の自由の中心にある狂気を擁護したのであった。有名な一節を引いておこう、「人間の存在は、狂気なしに理解されないだけではない。もし自らの自由の限界として狂気を内に抱えるのでなければ人間の存在でなくなるだろう[49]」。あるいは、精神病の治療をめぐりその前提的な問題を問うた時にも、彼はすでに、正しい秩序と矛盾をきたさないような「社会的精神病」に言及しながら、現実性の守護者としての医師というあり方に批判的なまなざしを向けていた[50]。さらによく知られるように精神分析の実践においては、精神分析家の自我への同一化を促す自我心理学の傾向に鋭い批判を向け、また、自我の覇権に依拠して「上から」位階化される精神分析集団のあり方をも問いに付したのだった[51]。

このようなラカンの立場は、確かに、精神医療制度改良の動きの中でも、「下から」の声を代表するラディカルな動きと捉えられたであろう。実際、ウリやフェリックス・ガタリなど、ラカンの教えに強い影響を受けたひとびとの主張は、制度改革の議論の中でも、他の折衷派とは一線を引いてきた。二つのエピソードが想起される。一つ目は五八年のセーブル集会でウリが行った「看護士の精神療法への参加」についての発表である。ここで議論は、精神分析的精神療法における看護士の意義を積極的に評価するウリらと、そこに一定の線引きを設けようとする医師・分析家のあいだ

(47) R. Castel, *La gestion des risques*, p. 50.
(48) J. Lacan, «D'une reforme dans son trou», *Journal français de psychiatrie*, no. 27, 2004, p. 4.
(49) J. Lacan, «Propos sur la causalité psychique», *Écrits*, Seuil, 1966, p. 176. 以下 *É* と略記。このシンポジウムについては第三章も参照せよ。
(50) «D'une question préliminaire à tout traitement possible de la psychose», *É*, p. 576. この箇所でラカンは「社会的精神病」の先駆者としてパスカルの名を挙げている。我々はそこでフーコー『狂気の歴史』の銘にも用いられた例のパスカルの句を思い出すべきであろう。
(51) この点については本書第五章の結論部の議論を参照のこと。

の亀裂を明るみにしている[52]。あるいは六九年の『精神医学的進化』協会でジャン・エムが、ラカンの概念を参照しながら、制度内精神分析家の管理者、治療者という二つの立場の区別を強調したときのこと。議論のさい、ウリは、「精神科医はすべて精神分析家であるべきだ」、あるいは「精神分析家が精神科医にとって代わるべきだ[53]」と主張していた。いずれもラカン派精神分析をもって精神医療制度そのものの向きを変えんとする介入である。

ラカン派純粋精神分析が、改良主義者たちへのオルタナティブを為そうとしていた、という見立てが一般に成立しよう。ここで六八年五月の異議申し立ては、旧来の精神医学教育におけるラカンの「禁止」に対する異議申し立てに合流する。若者たちの蜂起に惜しみない共感を表明したあるラカン派分析家は、こう語っている。

カルチェ・ラタンのバリケードはフランス精神医学の建物も揺るがす。「禁じることを禁じる…」と。あらゆる形の蒙昧を永続化し、科学的と称する客観性の想像的捕縛に候補者を嵌め込むことをその機能としてきたシステムの本性が暴露されている[54]。

六八年六月のテクスト「刷新される精神医学」でこのように述べ、モード・マノーニは、凝り固まった知的体系としての精神医学、さらに精神分析の現状と養成のあり方へ批判を向けたのだった。ラカンのそばで長年活動してきた彼女は、非医師の分析家であり、またフランスの大学心理学とも無縁であったという点で、我々が眺める歴史のうえでも範例的な立場を占めている。改良主義者の言う精神分析教育に不満の彼女は、新たな教育についてこう述べている。

もし明日の大学で精神分析に場が設けられねばならぬなら、それは「先生《パトロン》」のポストを占めることにおいてではなく、医学チームの中心で仕事に勤しむことにおいてである。学生に必要なのは新たな知を受け取ることより、自らが知と真理に対して結ぶ関係にかんして手直しされることである。(55)

マノーニはここで「知と真理への関係における手直し」という形で、純粋精神分析の次元に訴えかけることにより、精神医学の刷新を構想する。さて、我々の見る歴史において、こうしたマノー

(52) J. Oury, «La participation de l'infirmier à la psychothérapie», *L'information psychiatrique : année 1958*. 質疑を除くウリの発表のみ次の論集に採録されている。J. Oury, *Psychiatrie et psychothérapie institutionnelle*, Ed. du Champs social, 2001.(「看護師の精神療法への参加」『精神医学と制度精神療法』三脇康生監訳、春秋社、二〇一六年、第三章)

(53) J. Ayme, « Psychanalyse et institutions », *L'Évolution psychiatrique, XXXIV*, 1969, pp. 473-501.ついでながら興味深い点として、エムの発表には、当時ドゥルーズが『マゾッホ紹介』で言及した制度概念への参照が見られる。またウリについて、彼は精神医学における精神分析の普及を勧めたのと同時に、精神分析家教育を精神医学から分断することにも警鐘を鳴らしていた。立木前掲論文を参照のこと。さらにガタリについてもここで述べておけば、「学生、狂人、カタンガ兵(はみだし者)」(フェリックス・ガタリ『精神分析と横断性』杉村昌昭・毬藻充訳、法政大学出版局、一九九四年)といったテクストに見られるように、六九年の時点で彼はラカン派精神分析をまだ肯定的に取り扱っている。

(54) M.Mannoni, «Une psychiatrie renouvée», *La quinzaine litteraire*, 1968-6-15, no. 52.

(55) *Ibid*.

ニの主張は、単にラカン派と六八年五月の同盟によって支えられているものではない。彼女はさらにもうひとつの要素をここでの議論に結びつける。すなわち「反精神医学」の運動である。

これは、なによりも彼女が六七年一〇月に開催したひとつのコロックを契機とするものである。「疎外された（精神異常の）児童」と題され二日にかけて行なわれたこのコロックには、フランスの児童精神科医、精神分析家（そのうちにはもちろんラカン、それからウリがいた）に加えて、イギリスからゲストが招かれた。そのひとりドナルド・ウィニコットは精神分析家だが、ここで重要なのは、さらに別の二人、フィラデルフィア協会の代表者二名である。つまり今では反精神医学の旗手として思い返される二人、R・D・レインとディヴィッド・クーパーだ。彼らが当時すでに英語圏で展開していた伝統精神医学への批判と独特な施設実践が、フランスでこのとき初めてひろく紹介された。直前の七月に本国イギリスでグレゴリー・ベイトソン、ヘルベルト・マルクーゼ、ストークリー・カーマイケルらを招き『解放の弁証法』[56]なるコロックを実施したばかりの二人は、フランスにもその熱を持ち込む。クーパーは「精神疎外と社会疎外」という題のもとに、統合失調症のラベリング論と呼ばれるものを開陳した。そして患者が三世代にわたる家族構造の中で社会秩序の罠にかかっているのだと論じ、それから精神保健の道と解放戦争の道を結びつけた[57]。またレインは、「メタノイア」と題する講演で、彼らが運営するキングズレイ・ホールでの経験を紹介した[58]。すなわち狂気をひとつの旅と捉え、その危機に付き合うという経験である。

この会議の記録は、当時ガタリを主幹とする雑誌『ルシェルシュ』誌の六七年九月号および六八年一二月号で公表され、その後、七二年に一部をまとめて論集として公開されている[59]。このあいだ、フランスで続々と「反精神医学」の文献が英語からフランス語に翻訳されるようになるのだが、なによりも議論を開いたきっかけは、マノーニ自身の著作『精神科医とその狂人、精神分析』の出版であろう。[60] 特にこの第七章および結論の議論は――いま述べた論集の序文とも記述がだいぶ重なるが――マノーニが反精神医学そして六八年五月からなにを受け取ったかを伝えている。キーワードはやはり「狂気」だ。彼女は言う。

狂気に話す自由を委ねるべきか（社会を危険にさらすおそれをまねきつつ）。あるいは、もっと疎外的でない社会を作るべきか（個人において、真理の言として表明されんとするものを埋め立てつつ）。この二択はいつも「我々のうち」にある。我々は我々の狂気を拒絶したいものだ。この我々の

(56) ディヴィッド.クーパー『解放の弁証法』由良良美ほか訳、せりか書房、一九七〇年。
(57) D. Cooper, « Aliénation mentale et aliénation sociale », *Enfance aliénée*, Danoël, pp. 77-81. のちにジャン・ウリは、クーパーが「統合失調症者をチェ・ゲバラのもとに連れて行くのがよかろう」と述べたと回顧している。J.Oury, M. Depuissé. *À quelle heure passe le train...*, Calmann-Lvy, 2003, p. 254.
(58) R. D. Laing, « Métanoïa : quelques expériences vécues à Kingsley Hall, Londres », *Enfance aliénée*, p. 83-96.（「メタノイア――キングスレイ・ホール（ロンドン）でのいくつかの経験」山口節郎訳『現代思想』一九七五年七月号、青土社、一六四―一七二頁）
(59) 本論では一九八四年に再編集のもと出版されたダノエル社版を参照している。
(60) M.Mannoni, *Le psychiatre, son fou et la psychanalyse*, Seuil, 1970.（『反－精神医学と精神分析』松本雅彦訳、人文書院、一九七四年）

うちで抑圧されたものこそが、他者の狂気の言のなかで我々を呼び止めるのである。まさにだからこそ、検閲（と排斥）のメカニズムが乱暴な仕方で介入するのである[61]。

社会による狂気の排除と個人における狂気の排除とを接続しながら、マノーニは反精神医学的な二択を解説している。しかしこの根本的な選択の突きつけ――マノーニはまさにこれを六八年五月をはじめとするあらゆる革命の問いとする――は、その後の「改良主義」のうちで捨ておかれてしまった、とマノーニは続けている。そこで拾われるのは「行政的選択肢」でしかなく、一般化する精神医学は、やがて「義務としての精神科ケア[62]」の時代を招く。精神分析家もまたそのうちで働き、あまつさえこの欺瞞を積極的に助けるものたちとなるだろう。精神分析家の臨床の仕事は、我々の時代、社会的疎外の一部である医学行政システムに書き込まれている[63]」と彼女は述べる。

だがマノーニがむしろ強調するのは、こうした精神分析のあり方は、精神分析の本来のあり方を逸したものであるということだ。「今日のパラドクスは、精神分析の効果のもととなる根源的独自性を精神分析自体が失いつつあるまさにこのときにこそ、精神分析が万人のためのサービスに提供されているということだ[64]」。さらに次のように現状を診断している。「精神分析は己れを疎外するシステムに隷属することでやっと許容されている[65]」。かくしてマノーニは、反精神医学の提起する「狂気」の問いを、真正に取り扱える立場としての、いわば正しい精神分析を仄めかしている。先に見たように、この正しい精神分析が精神医学の養成の中で効果を発揮し、精神医学の革命を主導することが必要だ。ここでマノーニは分析家の養成に必要な「患者に同一化する力」を強調し、それが精神医学に欠けていることを示唆している。[66] マノーニの考えが、ラカン派であれなんであれ、純粋精神分析の王道を要約しているというわけではない。しかし少なくとも、既存の制度によって損なわれない精神分析が、精神医学に本当の革命を提供するという考えが垣間見えるだろう。

かような背景から、我々はこの時代のひとつの暫定的な出口として、正しい精神分析、可能な限り革命的な精神分析というものの到来を期待することができるようになる。しかし実のところ、我々が捉えねばならない問題は、まさにこの点から始まる。あるいはこの突破口と見える点において既に問題が待ち伏せしている。ポスト六八年の心-政治《プシ・ポリティーク》の問いは、実のところ、まさにここから論じ始めなければならない。

4　反精神分析——現代思想の問い

六八年に開いた傷口は、七二年あたりから急速に閉じられていくように思われる。それはもちろ

（61）*Ibid.*, p. 230.（二七六頁）
（62）*Ibid.*, p. 231.（二七七頁）
（63）*Ibid.*, p. 232.（二七八頁）別の箇所ではこうした分析家たちが「強固な自我の擁護者を自任する分析家」と名指され、ラカン派と対置されている。*Ibid.*, p. 245（二九四頁）
（64）*Ibid.*, p. 227.（二七三頁）
（65）*Ibid.*, p. 232.（二七八—九頁）
（66）*Ibid.*, p. 228.（二七四頁）

ん、政治運動の過激化とその弾圧とによってであるが、おそらくは一つの思想的可能性としても、であったろう。その過程において、問いが新しくなり始める。「精神医学に対する異議申し立てはあったが、精神分析に対するそれはなかった」[67]。精神分析への徹底的批判の書『アンチ・オイディプス』の著者のひとりであるガタリのこの認識が、六八年がもたらした心‐政治《プシ・ポリティーク》の中心的課題を表現している。

この問題をもっともクリアに提示しているものとしてロベール・カステルの七三年の著作『精神分析主義』を取り上げよう。この著作はほとんど、マノーニの右記のような立場がまとう無謬性の見かけにたいする直接の批判であると見てよい。カステルはこれを「回収」のレトリックとみなす[68]。一方で社会制度に「回収」され誤解され悪用された精神分析があり、他方では「革命的な」特徴を持ち続ける精神分析がある――そのような夢想により、いわゆる純粋精神分析の領野がいかに社会構造と共犯的であるかを問うことが避けられているのではないか。このように問いながら、カステルは精神分析の人文学的拡がりに改めて厳しい視線を落とす。古いアジールの全体主義が批判された後で、「自由な」精神分析とともに始まるものはなにか。彼はそこに「心理学的関係そのものの制度化」[69]の兆候をかぎとり、「大脱監禁」について論じる。制度を「自由に」横切る精神分析を通じて、全体主義的施設以上に、柔軟で強靭な医学支配が構築されるのではないかと訝るのだ。「その職業と規範化機能のあいだで分析言説が声高に言明する両立不能性は、それがこの規範化機能を満たすためのもっとも緻密な源泉をもたらさないと保証するのに十分ではない」[70]。

こうした「精神分析への異議申し立て」の背後にある危機は、この時代、まだ予感されているに過ぎない。そこに潜む根本的なものについて理解するために、ここで我々はもう一度、反精神医学の収束と、現代思想におけるその引継ぎという課題を検討しておきたい。

そこでまず確認すべきことが、反精神医学の認識論的平面という問題である。つまり、既に述べ、また現在もこの一面に還元されて語られるように、反精神医学をラベリング説――「精神病」とは医学言説によって作り出されたラベルに過ぎない――に要約する見方である。この点に関しての批判はすぐさま準備された。一九七一年には『精神医学的進化』誌が、ささやかな「反精神医学」特集を組む。もちろん、それに反駁するため、あるいはそれをただのイデオロギーとしてお払い箱にするためであった。アンリ・エイはそこで次のように述べる。

反精神医学は悪い精神医学への異議申し立てでしかありえない。しかし純粋否定にこだわるため、自らが告発する精神医学神話よりもまずいイデオロギーを構築している。というのも反精神医学は悪い精神医学の言説に対抗するのではなく、精神疾患の本性に対抗しているからだ[71]。

(67) フェリックス・ガタリ「精神分析と政治」『政治と精神分析』杉村昌昭訳、法政大学出版局、一九九四年、一一頁。
(68) R. Castel, *Le psychanalysme*, p. 29-30.
(69) *Ibid.*, p. 162. のちにカステルは、「ポスト精神分析時代」の「新たな心理文化」として、この側面の展開の記述を試みている。R. Castel, *La gestion des risques*, ch. 4.
(70) R. Castel, *Le psychanalysme*, p. 230.
(71) H. Ey, «L'Anti-antipsychiatrie», *L'Évolution psychiatrique*, XXXVII, 1972, p. 49.

すなわち反精神医学による認識論的批判に対しては、むしろ反精神医学こそがイデオロギーであり、科学的に誤っていると批判を投げつければ、少なくとも精神医学のほうではそれで片がつくのだ。一般にも反精神医学をめぐる議論は、その社会批判の非科学的不当性という水準で閉じているように思われる。

だが反精神医学とはそれだけのことだったのだろうか。この点を確認するために、フランスの反精神医学の流れに特有の思想家を参照しよう。ミシェル・フーコーだ。七〇年代はじめ、彼の六一年の著書『狂気の歴史』（七二年に第二版）は、狂気がいかに理性的社会の側から誤解されて表象されるかを扱う書物とみなされ、フランスの反精神医学の流れの源泉とみなされた。これには、後になって外から担ぎ上げられたという面もあるかもしれない。しかし仮にそうであるとせよ、フーコーはむしろ、これを積極的に引き受けて新たな問いへと展開させている。知られるように一九七三年の秋より、彼は『精神医学的権力』の講義を行なう。反精神医学も、精神分析主義も、全ての問いが流れ込むこの講義は、まず一九世紀以降の精神医学を扱うという点で、実際上、『狂気の歴史』が筆を止めた点から出発し、ある種の続編を為そうと試みたものである。

とはいえ、それは単なる続編ではない。講義のはじめには問いの立て方がかつてから変化していることが指摘される。『狂気の歴史』、特にピネルを扱った最終章を「諸表象の分析にとどまっていた」と振り返りながら、フーコーはそれに代えて「権力の装置を、分析の出発点に置く」ことを提案するのである。[72] だがそもそも『狂気の歴史』の序文では既に、近代精神医学が狂気に沈黙を押し付ける「理性の側の独白[73]」が論じられていたのではなかったか。この観点から見れば『精神医学の権力』で論じられていく、狂気に現実を押し付ける権力、あるいは「現実を強化する者、現実の超権力」[74]という精神医学のあり方を問う姿勢そのものは、フーコーの出発点にも既に見出しうるものであったとも考えられよう。[75]ならばこの時代、フーコーはどのような視点を新たに示唆しようとしていたのだろうか。

実際、『精神医学の権力』では、「その内側においてしか真理の問いを立てない[76]」ものとしての近代精神医学という見方を超えて、まさしく権力の分析から出発することで可能となる別の問いの系が存在している。それはフーコーが改めてピネルにまなざしを向けるときに発見するもの、すなわち医師と患者との対決である。対決を通じて構成される真理の問いというテーマ、これこそがピネルから、ヒステリー者の反精神医学的エピソードを経て、フロイトへと舞台を移していく中で、捉

(72) M. Foucault, *Pouvoir psychiatrique*, Gallimard|Seuil, 2003, p. 14.（『精神医学の権力』慎改康之訳、筑摩書房、二〇〇六年、一六一七頁）
(73) M. Foucault, «Préface», *Dits et écrits*, Gallimard, 1994, t. 1, p. 160（『狂気の歴史』田村俶訳、新潮社、一九七五年、八頁）。また以下も参照。Michel Foucault, «Le monde est un grand asile», in *Dits et écrits*, t. 2.（「世界は巨大な精神病院である」石田久仁子訳『ミシェル・フーコー思考集Ⅱ』筑摩書房、一九九九年）
(74) M. Foucault, *Pouvoir psychiatrique* , p. 132.（一六一頁）
(75) このおよそ一〇年における移動が実際どのようなものであったかについては、フーコーをより広い文脈で検討する作業が必要であろう。
(76) M. Foucault, *Pouvoir psychiatrique* , p. 132.（一六二頁）

えられんと試みられている[77]。二者関係のうちに導入される対話的真理の問いの系である。『精神医学の権力』の講義は、この対話的真理の問いの系が、独白の系、現実性と表象の系を貫き進むという仕方で読むことができるだろう。認識論が闘いによって裏付けられることが、医学・精神医学の様々な場面を通じて析出させられるのである[78]。この点、講義内では特に七四年一月二三日が大きな転回を為している。ここでフーコーは、医師と狂人とのあいだで働く真理の問いを、「出来事としての真理」として取り上げなおす[79]。すなわち主体と対象のあいだで一方向的に生じるのではなく、主体間のあいだに走る稲妻の衝撃のごとき権力関係である。近代精神医学の独白はこの点から捉え返され、「現実性の試練」として提示されることとなる。医学的認識論と区別される事柄として、「狂気を現実として存在させ精神科医を医師として存在させる創設的行為、最初の行為[80]」がそこに見出されるというわけなのだ。

今や対話という形式のうちで働くものとしての権力が、独白という形式とともに働く抑圧モデルに対置されているとしてもよいだろう。この講義に見られるフーコーの野心は、反精神医学も、精神分析主義も、ともにこの新たなモデルのうちで問い直すということであったに違いない。そこでは、狂気を押さえつけるよりも、狂気のかたわらに寄り添いながら働く構成的な権力のあり方が問題となる。

反精神医学に関していえば、フーコーが草稿の片隅に書きとめたように、「狂人と精神科医との関係において真理の問題を再び作用させるようなあらゆる動きを、反精神医学と呼ぶことができるだろう[81]」。これは実際、フーコーが反精神医学を、認識論的な社会批判としてのみならず、「出来事の真理」の実践の試みとして理解したということに他ならない。レインの言葉に戻って言うならば、それは狂気を「経験」（あるいは「超越的経験」）として問うことである。六七年のコロックで彼が報告した「メタノイア」の概念――聖書の伝統における「回心」に由来し、変容を示唆する[82]――は、狂気をひとつの旅路として捉えるもので、その自然な進みゆきを支える同伴者に、精神科医たちを配置しようとするものであった。「狂気というのは全面的な崩壊である必要はありません。それはまた、ある突破かもしれないのです。狂気は隷属であり実存的死であると同じくらいに、潜在的に

(77) この線はいわば『狂気の歴史』に書き込まれていた宿題であったと捉えることもできる。第四章第三節でフーコーが取り上げる「道徳中心の正体不明の力」という主題であり、事実ここにおいてピネルからフロイトまでつなぐひとつの線が引かれている。M. Foucault, *Histoire de la folie à l'âge classique*, Gallimard, 1972, pp. 628-632.（『狂気の歴史』前掲書、五二七―五三〇頁）。

(78) こうしたテーマの発見に関しては、ニーチェの再読解との関連を指摘できよう。例えば以下を参照。M. Foucault, *Leçon sur la volonté de savoir*, Seuil, 2011.（『〈知への意志〉講義』慎改康之・藤山真訳、筑摩書房、二〇一四年）

(79) M. Foucault, *Pouvoir psychiatrique* , p. 237.（二九四頁）

(80) *Ibid*., p. 270-271.（三三六―三三七頁）また同講義における「出来事の真理」をさらに後のフーコーの問題系につなげるものとして以下の著作を参照せよ。廣瀬浩司『後期フーコー』青土社、二〇一一年。

(81) *Ibid*., p. 137.（一六九頁）

(82) R. D. Laing, «Métanoïa : quelques expériences vécues à Kingsley Hall, Londres», *Enfance aliénée*, p. 89-90（一六七頁）。さらに言葉として、パラノイアとの関係も示唆されよう。クーパーによる展開も参照せよ。ディヴィッド・クーパー『家族の死』塚本嘉壽・笠原嘉訳、みすず書房、一九七八年、一五頁。

は解放であり更正でもあるのです」[83]。こうしたレインの見方を錯誤であるとか、ユートピアであると断ずることはたやすい。だが実際むしろ問題となっているのは、危険を前提とするひとつの主体的「冒険」の要請であることを我々は忘れがちである。マノーニがじかに見て指摘したとおり、それはいつも成功する試みではない。狂気の淵に沈んでいく多くの犠牲者たちがいる一方で、確かにほかの病院環境では得がたいような創造的回復を示す者が現れるような試みであった[84]。当然長続きするはずもない冒険の場が営まれたことについて真剣に受け取ることが、フーコーを筆頭に、「心」をめぐる限り現代思想の挑戦であったはずである、と言ってよいだろう[85]。

いずれにせよ、重要なのは、この「出来事としての真理」のいくつかの場面を、認識論的・医科学的・社会的疎外の解決としてではなく、問いの新たな舞台として設定することである。その限りにおいて、レインやクーパーの「反精神医学」もまた、それ固有の制度について問われねばならない。さらに精神分析のエディプス主義、マノーニの家族主義、その他あらゆる関係の形式化――ドゥルーズ＝ガタリにならって言えば「再領土化」――の形態が、問われねばならない。フーコーの場合、精神分析はこの点において精神医学の権力の後継として批判の遡上にあがる。そこでフロイトは狂気との対話を開いたのだといってもたいした擁護にならない。この対話に働く権力の形が問われているのであるから。かくして講義要旨では、精神分析とは精神医学の権力の脱精神医学化された形、つまり病院精神医学の外で、この対話を再現し誘導するものとして吟味されている。

以上整理しておけば、フーコーは反精神医学をけっして社会批判としてのみ捉えず、むしろ二者関係のうちで提起される経験の冒険の線の潜在を示すものとして引き継いだと考えられよう。精神分析が反精神医学に接近するのは、確かに精神分析においてもこの冒険が関係しているからである。しかし、それは医学支配からの出口に見える一方で、「心」の制度化とは必ずしも切れてはいない。ある意味、誰しもが狂っていて当然という認識から始まる統治の形態が問題となる。そこでは経験としての主体的生成そのものが、その様々な様相という面から問いに付されるという新たな契機を見なければならないのだ。

5　精神分析家――司祭か、聖人か

精神分析の純粋性そのものが、こうして新たな問いの闘技場となるのであれば、残す気がかりは、果たして精神分析のなにかひとつでも、そこでなにがしか革命的なものとして最後まで立っていられるのか、ということであろう。自律的自我の信奉を厳しく批判し、規範的作用にもっとも敏感に警戒するラカン派精神分析であろうか。我々は最後にラカン自身の考えを確認する必要があろう。

(83) ロナルド・ディヴィッド・レイン『経験の政治学』笠原嘉・塚本嘉壽訳、みすず書房、一九七三年、一四二頁。
(84) M. Mannoni, *Le psychiatre, son fou et la psychanalyse*, p. 191.（二二八頁）
(85) 言わずもがな、もっとも真剣にこの賭けに載ったのはドゥルーズとガタリである。理論の細かい内容に関する議論はここでは差し控えるが、経験プロセスのサイケデリックかつ第三世界主義的側面の継承という点だけでも確認されたい。たとえば以下を参照。G. Deleuze, «schizophrénie et société», *Deux régimees de fous*, Minuit, 2003.（「精神分裂と社会」小沢秋広訳『狂人の二つの体制1975-1982』河出書房新社、二〇〇四年）またこのテーマ全体について以下。小泉義之『ドゥルーズと狂気』河出書房新社、二〇一四年、一四九頁。

第一の指摘として、ラカンの最初の課題はなによりも科学の技術支配への抵抗という面から論じられる。マノーニ主催の例のコロックの閉めくくりに、ラカンは即興で次のような言葉を聴衆に伝えている。

我々の時代とは、あらゆる社会構造が科学の進歩によって再度問いに付されていることをひしひしと感じる最初の時代である。まさにこのことが、我々精神科医の領野のみならず、我々の世界が広がるだけ遠くにいたるまで、問題となっている。もっと差し迫った仕方で。つまり「隔離」が問題なのだ。(86)

続くところでは、「惑星級」に広がる「帝国主義」の時代の到来が指摘されている。科学の技術支配の世界的広がりはここでは曖昧に「隔離」と関連付けられているが、別のテクストを見れば、危機はまた違った様相で語られている。六六年に戻り、彼が一般医師たちと囲んだ座談会「医学における精神分析の座」に目を移そう。児童精神科医にして精神分析家であるジェニー・オブリー（歴史家ルディネスコの実母）によって企画されたこの座談会で、ラカンがなによりその危機を指摘するのは医師そのものの機能である。古代より医師が「人物像《ペルソナージュ》」のうちで保持していた機能を参照しつつ、ラカンは、「医者はもはや、様々な科学部門の様々な専門家学者チームの序列のうちでいかなる特権も持たない(87)」と言い放つ。こうした懸念は、我々が既に見たとおり、この時代の精神医学一般の心配とも通底していよう。

これに対してラカンは、医師の機能が踏みとどまることのできる二つの次元を、自らの精神分析理論に依拠しながら指摘する。第一が患者からの「要求」への応答の次元である。精神分析はそこにおいて欲望との裂け目を示すことができるという。第二が身体の知‐身体的《エピステモ・ソマティク》次元の裂け目の取り扱いだ。科学技術によって知識として組み立てられていく身体を横切り、精神分析家は「享楽」の次元で患者の身体を問題にすることができるという。[88] いずれの場合においても、問題は、科学的医学の台頭に伴う医師特有の機能の消滅と、それを改めて支えるものとしての精神分析の知である。「フロイトは〔……〕医者のポジションが科学の台頭により覆されていることに対して応答すべきものを発明したのだ[89]」とラカンは述べ、さらにこう結論する。

医者がまだ何者かであらねばならぬとして、しかしそれは古代には聖なる職務であったその職業を引き継ぐものではないというのなら、私にとってそれは、その生活の中でフロイトの発見を追跡し、保ちつづけることである。私は自分を、いつも医者の伝道師だと考えてきた。司祭とい

---

(86) J. Lacan, «allocution sur les psychoses de l'enfant», *AÉ*, p. 362.

(87) J. Lacan, «La place de la psychanalyse dans la médecine», *Cahiers du Collège de Médecine*, 7 (no 12), 1966, p. 766. このテクストの書誌情報として筆者の知る限りさらに以下がある。*Lettres de l'École de la cause freudienne*, *No. 1*, 1967, pp. 34-51. および以下にも収録。J. Aubry, *Psychanalyse des enfants séparés*, Flammarion, 2010, ch. 13. 入手が容易なのは最後のものだが、本書では最初出のものとして『医学会誌』所収のものを参照する。

(88) この点は第七章で詳しく検討する。

(89) *Ibid*., p. 768.

う職も医者という職も、それに当てる時間に限定されるものではない。(90)

ラカン自身、医師としての立場に最後まで強く結びついていたひとであったことが思い起こされる。ここでの議論は、我々が前節までで確認してきたような、「革命的純粋精神分析」と医療制度改革のあいだの折衷主義、要は精神分析主義とほとんど変わらないと言えるだろう。ただラカンにはおそらく、医師というこの中心点の根本的不安定さがことのほかよく理解されていた。こうした文脈を踏まえてのことだろう、七一年にサンタンヌ病院の聴衆を前に行なわれた講演で、ラカンは反精神医学にこんな定義を与えている。

精神疾患、正確に言って精神病《プシコーズ》の問いは、反精神医学ではまったく解決されない。局地的な試みのおかげでなにかしら錯覚が保たれているとはいえね。反精神医学というひとつの運動の意味とは、あえてこう表現してみれば、精神科医の解放なのだ。しかし明らかにそれは軌道に乗ってはいない。〔……〕精神科医とは事実、ひとつの社会的サービスを担っている。精神科医は歴史の曲がり角で創り出されたものなのだ。我々が今生きている曲がり角は、この負担を軽くしてもくれないし、その場所を減らしもしないだろう。少なくともそう言える。だから反精神医学の問いはぐらついたままなのだ。(91)

おそらくここでラカンが言おうとしているのは次のようなことである。反精神医学の運動とはなにより、精神科医が公僕として、さらには科学の召使としての立場から自らを解き放とうとする運動であると。あるいは超越的経験の導き手として、医師自身を精神医学権力から解き放とうとする運動であると。しかし、その解放が実現される場は用意されているようにはみえず、そのため、この解放の動きは、社会サービスという投錨を通じて、再びなんらかの「現実性」の追加権力とならざるをえない、さもなくば消え去るのみだと。

ではそのような臨床的現実性との緊張の中で、ラカンの純粋精神分析は、どのように生き残り得るだろうか。これに答えることはおそらくラカン本人にも容易ではなかったのではないだろうか。ラカンの六〇年代後半以降の様々な制度的介入は、パス制度の提案（一九六七）から、パリ第八大学精神分析学部への介入（一九七四）、そして学派の解散（一九八〇）に至るまで、この問いが、ある種の社会実験を通じてしか接近できないものだったことを証言しているようである。

しかしそれでもなお希望はかけられ続ける。精神分析家という存在そのものに向けて。我々は最後に、ラカンが困難な時代の曲折を認めつつ精神分析家の身分について語る、七三年の議論を取り上げよう。この年、ラカンはテレビ放送で自分の学説について語る機会を得たが、三つめの質問は次のような問いかけから始まる。質問者ミレールはこう尋ねる。「心理士、精神療法家、精神科医、精神保健の労働者すべて——底辺で苦労しながら、彼らは世界のあらゆる悲惨を引き受けている。

(90) *Ibid*., p. 769.
(91) J. Lacan, *Je parle aux murs*, Seuil, 2011, pp. 13-14.

このかん、分析家は？[92]」

ラカンは返答として、「心理《プシコ》」についての厳しい現状分析を披露する。悲惨を引き受けることは、たとえ抗議するという名目であれ、この悲惨を条件付けている言説に入ることだ。抗議する必要はなく、協働しなければならない――資本主義の言説と協働しなければならない、ということであろう。一方で、だからこそラカンは資本主義の告発はできないという。「次のことだけ指摘しておこう。こんな告発を真面目にやることはできない。というのも、告発することで強めてしまうからだ。その規範を与え、つまりは洗練させてしまう[93]」。

革命の希望が収束するこの時代、ラカンはこうして改めて資本主義の強さを確認するに至っている。前年のミラノ講演でも、すでにラカンは「資本主義の言説」の特殊性の解明に手をつけようとしていた[94]。さらにそのときには、「心理」のみならず、精神分析についてすら、いくらか悲壮な未来予想が口にされていた。「思うに、私の言説、私の分析的言説のいわば末裔においても、やがて精神分析家など話題にならなくなるだろう。何か別のものが現れるだろう。もちろん見せかけの位置は保つだろうが、やはりそれは……それは多分PS言説と呼ばれるだろう。PS、それからT。精神分析言説のアメリカへの輸入をフロイトがどんな風に見たか言われる仕方に一致するだろう。PST言説。Eを加えればペストPESTEだ。ついに本当にペスト的になる言説、ついに丸ごと資本主義言説に奉仕せんとする言説である[95]」。

こうしたラカンの絶望に対して、以降の歴史を知る我々は決して気楽に慰めを与えてやることはできないだろう。「心理」は資本主義の言説の内部でこそ働かなければならない。一つの解放は新たな疎外に向けての解放でしかなく、「革命的」精神分析もまた精神分析主義の台頭の基盤でしかないかもしれない……。

しかし、それでもラカンは純粋精神分析を守る線を引くことにこだわる。七三年のテレビ放送に戻ろう。この分割線はいまや分析的言説と、それを妨げる同盟たち――その主要な構成員はIPA派の分析家たちだ――とのあいだに引かれる。この最後に守るべき領土、それをラカンは「聖人」としての精神分析家によって示している。同じ宗教的比喩であるが、今やそれは司祭の位置とは異なる。というのも、この聖人は、もはや公僕としての職務も、社会的サービスも担いはしない。もはや、なんの「施し」にも与さず、「分配的正義」も意に介さない。聖人とはただ「屑」なのだ。ラカンはこうした分析家の姿によって、誰かにとって特別な経験の随伴者としてはたらく人間のあり方を示すのである。

（92）J. Lacan, «Télévision», *AÉ*, p. 517.（前掲書、三七頁）
（93）J. Lacan, «Télévision», *AÉ*, p. 518.（三八―三九頁）
（94）ここでは「資本主義の言説」は、特定のマテーム的配置を有する言説装置として、当時ラカンが検討を重ねていた四つの言説に追加されている。J. Lacan, «Du discours analytique», *Lacan in Italia*, Salamandra, 1978, p. 32. これについては第六章注五九を参照せよ。また、そのうえで断っておけば、『テレヴィジョン』で言われる「この悲惨を条件付けている言説」を「資本家の言説」だとする本稿の読みは、テクストの文脈を考慮してのこととはいえ、問題なしとしない。というのも編者ミレールがこの箇所の欄外で参照するよう示しているのは、「主人の言説」のマテームだからである。
（95）*Ibid.*, p. 36.

しかし、このような存在があることの帰結とはなにか。それはどこへ我々を導くのか。ひとびとのこうした心配を尻目に、ラカンは自分のことについて語りだす。

> 私は、そんな風な新しい存在があるよう、狂ったようになって考えて《エペルデュモンコギト》いる。おそらく私自身はそこに手が届かないからだろう。
>
> ひとびとが大勢聖人になればなるほど、ひとびとは笑う。これが私の原理であり、さらには資本主義的言説の出口である。[96]

資本主義の出口となるような笑いへとつながる、狂おしいコギトという賭け。それがどこに至るのか、その後の歴史はこの賭けにどう応答しようとしたのか。そもそもこの賭けに勝ち目があるのかないのかすら、我々にはいまだ確かなことは言えない。だが少なくとも衒学者には踏み出せない一歩がそこから始まるのではないか。こうした期待とともに、今、我々は改めて、精神分析の聖性を追求する、六〇年代ラカンの思想の軌跡をたどり直すことにしたい。

（96）J. Lacan, « Télévision », *AÉ*, p. 520.（四五頁）

第二章　理論の実践
——アルチュセールとの距離

1　破門 - 切断

我々はこれから、六八年を一つのピークとする思想 - 制度 - 政治史の舞台の上で、ラカンの思想の意義を問い直していくつもりだ。しかし、このような話全て、もし六〇年代のはじめに、ほんのひとつの政治判断が介入したのでなければ、全くありえなかったかもしれない、と想像してみることもできるかもしれない。もちろん、ソシュールやヤコブソンの構造主義言語学や、数学、サイバネティックスなどを大胆に参照しながら行われた彼の独創的な仕事が始められたのは、はるか以前のことだ。しかし、つつましき〝精神分析〟の仕事が、六〇年代フランス思想の大きな盛り上がりの中で、ひときわ無視できない位置を与えられたことは、決して自然に運んだ発展ではありえない。前章で我々は、その背景を精神医療制度史の観点から見た。本章では、より内在的な思想的課題との関連から、特異的存在としてのラカンの輪郭を描き出す準備を整えたい。

さて今日、フランスはラカンという栄えある名前に庇護を受け、世界の中での精神分析的中心の一つと言ってもよい、力強い発展を謳歌している。このことは、フランスがそもそもフロイトから精神分析の「最大に馴染みにくい土地」[1]と呼ばれたこと、またそのことは、一九二六年に王妃マリー・ボナパルトを中心にパリ精神分析協会SPPが作られた後ですら大きく変化したわけではないことを考えると[2]、大きな隔たりであろう。この転回を画したものこそ、逆説的ながら、ラカンを精神分析から排除せんとする身振りだった。問題の政治判断の介入の瞬間、すなわち、六三年秋、長らくサンタンヌ病院の一室で水曜の一二時から開かれていたセミネールの継続が不可能となった時、ラカンの言葉を使えば「破門 excommunication」の時である。

前章でも触れた点だが、ここで改めて歴史的な事実を確認しておこう。ことは、遡って一九五三年、ラカンやD・ラガーシュ、F・ドルトらがSPPを脱退して立ちあげたグループ、フランス精神分析協会（SFP）の位置づけにかかわる。国際標準に従う分析家養成の制度化をめぐるいざこざの結果生まれたこの新グループは、SPPから離脱することで、同時に、精神分析家資格を制度的に支えている国際組織IPAとの接触を失ってしまった。そのためSFPは、離脱直後から長きにわたって国際資格の再取得のための交渉をIPAと続けてきていたのだが、六一年および六三年の交渉の際に、ひとつの交換条件がSFPに課されることとなった。それが、かねてから問題視されていた、IPAの標準から大きく外れる分析実践を続けているジャック・ラカンを、金輪際、教育分析家としては排斥することである[3]。ルディネスコによれば、ラカンについて特に問題となったのは、例の可変時間セッション[4]、それに伴う分析主体の受入数の多さ、そしてIPAの基準によれば許容できない転移状況（過度なカリスマ）であったという。ところで、ＩＰＡ側からの要求は正確に言うならば、ラカンを教育分析家の資格所持者のリストから抹消することで、組織そのものからの追放が求められていたわけではない。ルディネスコが正当にも述べているとおり、ラカンには、教育分析家の資格を失いながらＳＦＰに留まる、つまり国際精神分析運動の内側に留まり続けるという選択肢もあったわけである。[5] しかし、ラカンは「教育」のためにＳＦＰを去ることを選ぶことになる。結果的に見るならば、協会の国際資格とラカンの教育の資格が天秤にかけられた末に、ラカンがいわば「売り渡された」[6]というわけだ。居場所を失った彼は、いまや新たな足場を探さなくてはならなかった。

（1）S. Freud, "Zur Geschichte der psychoanalytischen Bewegung," *Gesammelte Werke*, X, Fischer 1946, S.72.（「精神分析運動の歴史のために」福田覚訳『フロイト全集一三巻』、岩波書店、二〇一〇年）

（2）タークルはフランスの伝統的な「反精神分析文化」を、道徳的権威への強い信頼と、臨床における身体への依拠という二つの理由に由来するとしている。S. Turkle, *op.cit.*, p. 27.

（3）ちなみにこの処分のうちには、Ｆ・ドルトならびにフランス第一世代に相当するＡ・エナール、Ｒ・ラフォルグ（除名以前に死去）も含まれていた。

（4）ＩＰＡでは一定の長さの時間、精神分析を行い、時間経過に伴い一度のセッションを終えることが標準とされたのに対して、ラカンは、固定時間に制限されず、分析主体の語りを、時宜を得て打ち切る――ラカンはこれをスカンシオンと呼ぶ――ことを主張した。

（5）É. Roudinesco, *Jacques Lacan*, *op.cit.*, 6ème partie, I, IV, et pp. 394-5.（六部一章、四章、ならびに三二八頁）

（6）J. Lacan, *Le séminaire livre XI : Les quatre concepts fondamentaux de la psychanalyse*, Seuil, 1973, p.10（『精神分析の四基本概念』小出浩之・新宮一成・鈴木國文・小川豊明訳、岩波書店、二〇〇〇年、六頁）以下、*Sé XI* と略記。

このときラカンが救われたのは、精神分析組織の内側からではなかった。救いの手は外側からやってきた。エコルノルマルで教鞭をとっていたマルクス主義哲学者のアルチュセールが手を差し伸べたのだ。しかし、たとえラカンがアルチュセールに宛てた最初の手紙で二人の関係の古さを仄めかしたとしても、[7]実のところ、最大の窮地を救うことになるにしては、二人の関係は、かなり急ごしらえのものであるように見えてしまう。

ラカンがアルチュセールに注目したのは、ほんのわずか数ヶ月前、六三年六―七月号の『哲学教育誌』に載ったアルチュセールの論文「哲学と人文学」の中の、自分に触れた註によってである。そこではアルチュセールが進めている、マルクス読解に革新をもたらし、その哲学を救い出そうとする試みとの関連において、ラカンの仕事に格別の意義が見出されていた。「マルクスは「〈ホモ・エコノミクス〉」神話の拒絶の上にみずからの理論を打ち立てた。フロイトは「〈ホモ・プシコロギクス〉」神話の拒絶の上にみずからの理論を打ち立てた。ラカンはフロイトのなした解放するための断絶をその目で見、理解した。断絶という語の万全の意味において、彼はその断絶を理解した。その断絶を厳密に字義どおりにとり、その断絶をしてそれ固有の帰結を、休戦も妥協もなく生み出すよう強いたのだった。誰もがなすように、彼もまた細部において、それどころか哲学的道しるべの選択において、迷走しているかもしれぬ。だが、本質的なことは彼に負っているのだ」[8]。アルチュセールはと言えば、五九年には既にアラン・バディウによるラカンについての発表を聞いており、[9]六三年度のセミネールの主題には「精神分析と人文学」を掲げ、哲学者としてラカンの仕事について語る準備を開始していた。[10]この哲学者が自らに寄せる熱い理論的関心を、自らの「教育」を続けるための僥倖と捉えたのだろう、ラカンは、一一月の終わりに一通の手紙を彼に宛て、エコルノルマルの学生達に向けて自分がセミネールを開く可能性についてそれとなく尋ねている（「……何か皆さんにお話できることがありそうで……」）[11]。この接近は見事に功を奏し、周知のように、六四年一月一五日、ラカンはエコルノルマルの教壇に立って、自分についてきた人々と、新たに出会う学生達に向けて、『精神分析の四基本概念』のセミネールを開始する運びとなったのである。

こうして、若い哲学学生、つまりは新たな分析家候補を巻き込むひとつの思想的うねりが姿を現し始める。今日の我々が、この流れにどれほどのものを負っているかは言うまでもない。だが、こうして始まった精神分析と哲学思想の相互交流の運動は、実際どのようなものであったろうか。我々がそれに真に負っているものとは何であろうか。この問いに答えるための手掛かりを、ラカン

（7）一九四五年にエコルノルマルで行った講演のことを、ラカンは示唆している。この手紙への返事で、アルチュセールは自分がそれを聞き逃したと弁明したが、ムーリエ＝ブータンの伝記では、ラカンの講演にアルチュセールが満足しなかったとのことが書かれている。ヤン・ムーリエ＝ブータン『アルチュセール伝――思想の形成（1918-1956）』今村仁司・塚原史・谷昌親訳、筑摩書房、一九九八年、四七〇頁。および E. Roudinesco, *Jacques Lacan*, p. 388.（三一三頁）

（8）ルイ・アルチュセール「哲学と人間科学」『マキャヴェリの孤独』福井和美訳、藤原書店、二〇〇一年、七六頁。

（9）L. Althusser, *Écrits sur la psychanalyse*, STOCK/IMEC, 1993, p. 7.（『フロイトとラカン』石田靖男・菅野賢治・小倉孝誠訳、人文書院、二〇〇一年、七頁）

（10）ルイ・アルチュセール『精神分析講義――精神分析と人文諸科学について』信友建志・伊吹浩一訳、作品社、二〇〇九年。

（11）六三年一一月二一日のラカンからアルチュセールへ宛てた手紙。L. Althusser, *Écrits sur la psychanalyse*, p. 272.（三〇一頁）

とアルチュセールという二人の卓越した思想家の出会いのあり方のうちに探したい。しかしそれは、彼らの出会いを、哲学と精神分析の幸福な結婚の約束としてみなすことでは、おそらくない。むしろ、哲学者と精神分析家の二人を近づける共通性と、二人を遠ざける差異とが、両者のあいだに作り出す、変動する距離の運動をそこに見なくてはなるまい。両者の距離のゆらぎ。本章は、この点に注目しながら、ラカンの六〇年代の理論的展開のひとつの背景を明らかにすることを目的とする。

2　外への誘い――アルチュセールの認識論的切断

思想史として振り返るなら、ラカンとアルチュセールとの出会いは知的に祝福された晴れがましい出来事として見える。しかし六三年末の二人の手紙のやりとりが示すのは、一方でアルチュセールの激しい知的興奮、期待と、他方でラカンの、自身の窮状の救済しか気にかけていないような事務的な淡白さとのあいだのギャップである。ラカンにとっては、単に生活上の、あるいは人生史上のありふれた困難の解決だけが問題だったようにすら思われる。しかし、状況を少し整理してみるならば、まずもって我々は、手紙や言葉のやり取りという形においてではなく、むしろ、いわばある暫定的なプロブレマティクの共有のうちに、相互の思想的交通の契機が準備されていたことが分かるだろう。すなわち、ある運動を実践的に担うイデオロギー的組織体の外部へと飛び出す、科学的・理論的切断という課題のうちに、である。

ラカンにおいてそのことは、理論的課題であると言うよりは、なによりも「破門」という状況によって強いられたものであった。組織から追放され、正統からの後ろ盾を期待することができなくなった彼にとって、何らかの仕方で自らの足場を確保する必要が緊急のものであったことは、疑うべくもない。状況に強いられたこの課題を、ラカンは精神分析の基礎を問い直す理論的作業を通じて開始する。実際、改めて開始されたセミネールは、『精神分析の四基本概念』というタイトルが示す通り、なによりまずこの課題に捧げられている。つまり問題は、実践がむやみに従ってきた制度の外に放り出されながら、ひとつの学知の基礎を改めて確立することである。だが、まさにこの状況こそ、アルチュセールが精神分析に関心を寄せながら、自らの分野で着々と準備していた理論的問題とのあいだで、大きな共鳴作用を引き起こすものであった。つまり、自然発生的なイデオロギーから、科学的理論へといたる切断的プロセスについての検討である。

のちに彼を一躍有名にする、六五年のマルクスに関する二つの大著『マルクスのために』および『資本論を読む』において、アルチュセールはこのプロセスを「認識論的切断」の名で論じている。マルクスの思想的展開のうちに、若き人間主義者マルクスと、成熟した科学的歴史唯物論の理論家マルクスとの断絶を見出し、古い哲学体系の衣装をまといながらも新たなプロブレマティクのもとで思考を開始するマルクスを、彼自身の沈黙を通じて再発見すること。そうすることによって同時に、マルクス主義をひとつの科学として、この時代に流布していた古いイデオロギー的マルクス主義に対置すること。この試みには、一方で、マルクス読解のうちでマルクス自身の科学的な成熟を、他方で、今日的状況において科学的なものとしてのマルクス主義を、救い出すことが賭けられている。[12] この二重の介入は、切断という概念の内容と身振りの両方によってもたらされることになるのだが、アルチュセールにとっては、ラカンが精神分析という学知に対して置かれている位置とは、まさにこうした切断の場と見えたのだった。

それゆえアルチュセールは、ラカンに宛てた手紙の中で、精神分析におけるラカンの教育の意義を、まさしく「切断」との関連で論じるのである。実践や技術について、それを理論と切り離された純粋状態のものと考えることはできない。精神分析の技術の問題は、理論に依存し、理論によって限定される。であれば、争点は、「技術のイデオロギー」、「偽りの理論」と、科学的理論のあいだを分かつことに他ならない。したがってアルチュセールは、「断絶」の意識の必要を強調する。「こうした断絶の諸形態に関する無反省、それが一科学の教育学をそっくり、イデオロギーという不可避の境位において存立させてしまう[13]」。このように言いながら、アルチュセールの念頭に置かれているのは、まさしく現在はびこる精神分析のイデオロギー化である。同じ時期のセミネールでは、彼は、まさしくイデオロギー的精神分析として、その生物学主義、社会学主義、心理学主義を告発している。すなわち、この断絶を忘れたがために、フロイトが開始した新しい科学は、それが脱したはずの古いイデオロギーに再び追いつかれ、捕らえられてしまっているのだ[14]。だからこそ、精神分析を科学的理論としてあらしめる切断を発見し再構築すると同時に、まさにそれによって、イデオロギー的精神分析を批判しなければならない。かくしてアルチュセールは、ラカンを、この仕事の理論的責任者、そして唯一それゆえにこそ正当な、教育者として評価するのである。

実際、これほどくっきりと、ラカンの「フロイトへの回帰」の意味を、この時代に、離れた場所から説明しえたものはいなかったのではないだろうか。フロイトが行った真の切断を取り出し、またそれを取り出すことによって精神分析をイデオロギーから救い出さねばならない。そして今まさに、ラカンというこの理論的仕事の指導的人物が、イデオロギーに囚われた守旧的精神分析組織から切断され、「内部そのものの理論的理解の可能性の条件としての絶対的（理論的）外部」、「《理性》の場所」[15]に現れ始めたのだ。六四年一月のラカンのセミネールの再開は、精神分析が、その理論を可能にする外部で、その科学性をより明らかにしていくものとなるはずであった——少なくともアルチュセールのこのときの見立てにおいては。

だから『四基本概念』のセミネールが、「精神分析とは何か」、そして「精神分析とは科学であるのか」という問いで始まったことを聞きつけたアルチュセールが、「私の手紙の長い一節全体〔…〕が、彼の思索に組み込まれた」[16]と述べて、満足げにしているのも無理はない。一月末には、アルチュセールは、有名な論文「フロイトとラカン」を執筆し、そこで先ほどのラカンの問いに、すっかり肯定的な答え、「精神分析は科学である」という答えを返す[17]。というのも、彼曰く、精神分

(12)「切断」による二種の介入のアルチュセール自身の解説として、『マルクスのために』「日本の読者へ」を参照。『マルクスのために』河野健二・田村俶・西川長夫訳、平凡社ライブラリー、一九九四年、一六―一七頁。
(13)一二月四日、アルチュセールからラカンに宛てられた手紙。L. Althusser, *Écrits sur la psychanalyse*, p. 279.（三一〇頁）
(14)ルイ・アルチュセール『精神分析講義』、一一九頁。
(15)L. Althusser, *Écrits sur la psychanalyse*, p. 284, 286（三一六、三一八頁）
(16)*Ibid*., p. 11.（一〇―一一頁）

析とは、無意識という固有の対象を取り扱う理論および実践であるからだ。このとき、精神分析の固有性は、この無意識という固有の対象をいかに輪郭づけることができるかに懸かっていることとなるが、まさにその大仕事を、言語学という新たな光のもとでラカンが行っているというのである。

アルチュセールの理解を簡単に見ておこう。ここで彼は、ラカンのそうした作業の骨子として、エディプスコンプレクス理論に注目する。彼は精神分析の対象の固有性について、「誕生からエディプス期の清算までのあいだ、一人の男と一人の女から産み落とされた小さな動物を人間の小さな子供へと変形する異常な冒険が、その後にも生き残った当の大人の中に緒を引いている「効果」のことである[18]」と記す。この冒険的移行を解説するためにアルチュセールが語る物語、つまり母子の想像的魅惑に既に潜んでいる文化の法が、ついに及ぼす象徴的三者関係への移行の作用という物語は、彼も断っているとおりいかにも図式的に過ぎる嫌いがあるものの、ラカンが五〇年代、特にセミネール四『対象関係』で論じていたようなエディプス理解を、アルチュセールがよく検討した痕跡を湛えている。いずれにせよ、ラカンにならいながらアルチュセールは、エディプスを、主体の人生を解釈するために準備された何らかの「意味」としてではなく、ひとつの劇的構造、「演劇的機械」として示す。エディプスとは、単に幾様にも書かれうる物語ではなく、その様々な上演のあり方を必然的に規定するような構造なのだ[19]。かくして精神分析は、構造の必然としてのエディプスという論点を支えに、科学的理論の位置づけを自らに与えることができるということになろう。

しかし、ラカンの講義に直接出席することなしにアルチュセールが提示したこの応答は、当時のラカンの思考の展開と比するなら、やはり既に時間的、理論的にズレをはらんでいると言わざるを得ない。実際、アルチュセールの呼びかけが響く例の外部において、しかし依然として精神分析のより深い内部に向かって、あるいはむしろ内 - 外の交錯そのものをトポロジー的に問題にしながら、[20]ラカンが立てる「精神分析は科学であるか」という問いは、異なる方向へ向けて展開していくのである。続いて我々は、アルチュセールの手引きによって可能となったセミネール『精神分析の四基本概念』において、ラカンがこの問いをどのように扱っていったかを見ることとしよう。

3 〈科学の主体〉——精神分析の条件

『四基本概念』において、ラカンが科学と精神分析との接点を探るための準拠としたのは、アルチュセールが「フロイトとラカン」で述べているように、その理論的対象でもなければ、エディプスコンプレクスでもなかった。「主体と現実界、これらとの関係から、我々は、先回提示したあの問いに形を与えていくこととなるだろう。精神分析は、その逆説的で、特異で、アポリア的な側面のもとに、科学を構成するものとして、あるいは科学の見込みがあるものとして考えることが我々

（17）*Ibid.*, p. 29.（三二頁）
（18）*Ibid.*, pp. 34-5.（三八頁）
（19）*Ibid.*, p. 45.（四八頁）
（20）『四基本概念』の最初の講義でラカンは以下のように述べている。「それはもはやまったくの内部ではありません。しかし、外かどうかはわかりません」。*Sé XI*, p. 9.（四頁）

にできるだろうか、という問いに」[21]。主体と現実界——この二つこそがラカンにとっての準拠点である。しかし、それはどのような意味においてであろうか。

　ラカンはまず主体の問題にとりかかるが、そこですぐさま強調されるのは、主体の生起に先立つ次元、自律したシニフィアンの次元である。知られるように、ソシュールに由来するこの概念をすでに長らくラカンは自分なりの仕方で使用してきた。「今日、我われはひとつの科学が形成される歴史的時代にいる。この科学は人間科学と呼ばれているが、心理社会学とはきっぱり分けねばならない。つまりそれは言語学のことで、そのモデルは、前主体的な仕方でひとりでに展開する組み合わせ作用である」[22]。すなわち、いわゆる考える主体、意識の主体として捉えられたものに先立って、「数えられたり、数えたり、数えられたもののうちに既に数える者が含まれたり、といった次元」がある、というのだ。ここでの議論は、セミネール二『フロイト理論における自我』で論じられた「推測科学」[23]という、科学の定義を思い出させる。人間的経験や了解へと還元することのできない記号同士の内在的作用としての象徴的法則を扱う科学である。さて、ラカンの独創的理論の基盤となったこの科学のあり方がこうして言及されていることは、アルチュセールの先の主張、「精神分析は科学である」を、ラカンが追認しようとしているのか、とも見える。しかしラカンがここで試みるのは、自分の無意識理論がいかに推測科学的な形式化によって保証されているかを示すことではない。アルチュセールが与えてくれた保証とは反対に、ラカンはここではっきりと、フロイトの「無意識」はそのような構造主義的還元とは別のものであると述べるのである。

　何が起きているのだろうか。ここで我々はラカンが強調する「主体」に改めて注目せねばならない。無意識と主体の関係を取り上げるにあたって、ラカンは二つの主体を比較することから始めている。すなわちフロイト的主体とデカルト的主体である。この両者がここでつき合わされるというのは、哲学と精神分析の出会いという問題をこのセミネールがその開始状況において含んでいたことを考えれば示唆的であろう。

ラカンは、まず両者の主体が共有する懐疑という契機を強調するところから出発する。[24] 周知のとおり、デカルトは先行する知をすべて問いに付す懐疑を通じて、確実な「われあり」に行き着いたのであった。他方、フロイトもまた、自らの夢の分析を行う中で、夢の端々で沸き起こる「どうも確実ではない、疑わしい」という疑念の向こうに、やはりひとつの思考の存在、無意識的思考の存在を確信したのである。二人はこのようにして、いわば前主体的な「思惟」のうちでひとつの確信を手にするのである。

しかし、この出発点の後に、二人の間には非対称性が現れてくる。フロイトの発見とは、この無意識の領野こそが、主体の住まいだとしたことであるが、他方、この発見はデカルトにおいては、閉じられてしまい、主体は別の水準に移されることになる。ここで我々は、デカルト的主体がどの

（21）*Ibid*., p. 23.（二四頁）
（22）*Ibid*., p. 24.（二五—六頁）
（23）J. Lacan, *Le séminaire livre II : Le Moi dans la théorie de Freud et dans la technique de la psychanalyse*, Seuil, 1978, p. 341.（『フロイト理論と精神分析技法における自我』上・下、小出浩之・鈴木國文・小川豊明・南淳三訳、岩波書店、一九九八年、下、二〇八頁）以下、*Sé II* と略記。
（24）ここでの議論については以下を参照。*Sé XI*, pp. 36-7.（四五—七頁）

ようなものであるかをつかむために、以下のラカンの発言を最初の手がかりとしつつ考えてみよう。

デカルトにとっては、始まりのコギトにおいて〔……〕〈我あり〉へとひっくり返るものとしての〈我思う〉が視野に捉えているのは、ひとつの現実界である。しかし、真なるものはまだ外側にあるのだから、デカルトは続いて確保しなければならない。何をだろうか。騙さず、その上、その存在ひとつでもって真理の基礎を保証することのできるようなひとりの〈他者〉をである。この〈他者〉がデカルトに保証する。デカルト自身の客観的理性のうちに、彼が確認したばかりの現実界そのものが真理の次元を見出しうるために必要な基礎があることを。(25)

改めてデカルトの懐疑とそれによって彼が手に入れる確信がどのようなものであったか、確認しておこう。そもそも懐疑は、デカルトが「うずまく深みに落ちこんで、ひどくうろたえ、足をそこにつけることも、泳いで表面に浮かび上がることもできない、といったありさま(26)」と述べるとおり、信頼すべき一切の手がかりを手放して、騙されることとの奔流に呑み込まれるかのような経験である。だがまさしくそのさなかで、デカルトは一瞬の確信のひらめきをつかみ取ることになるわけである。それが、この確信の瞬間の身分に少し立ち止まってみよう。それは確かに究極の確信ではあるが、であればこそ、いかにしてデカルトは、それを真なる命題として提示することができるというのだろうか。というのも、まさにこの確信は、それが反省され、知として置かれるための基礎を、いまだ確保していないのであるから。懐疑の前主体的な奔流の中でつかまれるこの点は、いわば流産しかかっているのであり、ただの消失点でしかない。

それゆえラカンは言う。デカルトの誤りは、「彼がこの確信について何か知っていると述べたこと」であり、「〈我思う〉を単なる消失点としなかったこと」であると[27]。実際、デカルトは、最初につかまれた確信を知へと還元する際に、ひとつの跳躍を果たしてしまっているように見える。消失点を知の開始の点として位置づけるためには、真なるものが留まる外へ向かわねばならない。デカルトはそこで言表する、「我思う、ゆえに我あり」と。こうして、「私がこれをいいあらわすたびごとに、あるいは、精神によってとらえるたびごとに[28]」、この確信はひとつの知の出発点として位置づけられることになる。ここで問題となるのは、ゆるぎない確信として捉えられたコギトと、それが知として展開していく瞬間との間にあるひとつのギャップであり、それをつなぐものとしてのコギトの言表行為である[29]。「我思う」の「我」がそのものとして立ち現れるのは、まさにデカルトが我々に向けてこれを発話するときでしかない。こうして自らの存在の確信について述べることによって、デカルトはそこに、この確信について既に知ってしまっている「我」を置くのだ。

（25）*ibid.*, p. 37.（四六頁）
（26）ルネ・デカルト「省察」『世界の名著二二』、野田又男責任編集、中央公論社、一九六七年、二四四頁。
（27）*Sé XI*, p. 204.（三〇二頁）
（28）ルネ・デカルト「省察」、二四五頁。
（29）言表行為としてのコギトについては、言語行為論の文脈においても既に議論されている。ヤーッコ・ヒンティッカ「コギトは推論か、行為遂行か」小沢明也訳『現代デカルト論集Ⅱ　英米篇』、デカルト研究会編、勁草書房、一九九六年（ちなみにこのフィンランドの論理学者ヒンティッカを、ラカンはアリストテレスの様相論の解釈の際に参照してだがこのような操作は何によって可能となっているのだろうか。デカルトの言表行為は、誰に向けて語られ、何によって保証されているというのだろうか。騙さない〈他者〉でなくては。無論、デカルトにおいて騙さない〈他者〉としての神が登場するのはこのときよりも後、彼がコギトの命題からのさらなる展開を企図するにあたってであるが、しかしそれでもやはり、それ自体では何も意味しないような存在の確信から、ひとつの真と判断される命題を取り出そうとするときには既に、その歩みは、この騙さない神の光によって支えられていなければならない。

ここにおいてフロイト的主体とデカルト的主体の非対称性が際立つだろう。フロイトの主体とは、まさしく疑いの中、どうもそこにはっきりしないものがあるという仕方で、その存在が探知されるようなものであるが、それに対して、デカルト的主体は、こうした存在を思惟の能動的な中心として表象の平面に浮上させることで現れてくるのだ。両者を分かつのは、ある前主体的な「思惟」との関係における二様の主体性のあり方である、とも言えるだろう。だが、それは単に異なっているというのではなく、むしろ同じ主体性の両面を指すように思われる。実際、ラカンが述べるように、デカルト的主体の登場こそが、フロイト的領野を準備しえたのであり、言い換えるなら、シニフィアンの前主体的な秩序を主体の住まいとして見出すフロイトの発見は、デカルトの主体に内包された主体性の組織化の分析を通じて獲得されたのである。

ラカンが「科学」と呼ぶのは、まさにこうして二重化された主体性の条件である。単なる知のあり方ではない。知との関係における主体性のあり方である。これをさらに近くで見てみよう。コギトの発話は、確信の点を〈他者〉との関係で基礎付ける。そのとき、懐疑の中で根源的な宙吊り状態にして置かれた知は、騙さない〈他者〉が呼び出されるやいなや、その懐へとゆだねられる。デカルトにとって、神が、「知を想定された主体」として置かれる。[30] こうして、確信の消失点から出発して、神に頼りつつ、知の連鎖を一つ一つたどっていくような、長い換喩的な問いかけが開始する。神の知は、世界の全てをあらかじめ一挙に説明するような一冊の本のような仕方で、世界を包んではいない。新たに開始された知の手続きは、神の望みに関係付けられる漸進的プロセスとしてのみ考えられよう。つまり、２＋２が神の望むままに４であるのなら、それは、その計算式が予め世界のどこかに実在しているという仕方によってではない。「１＋１＋１＋１が４にならないということもありうるだろう。……新たな項を導入するたびに、ひとつかそれ以上、別の項が我われの指をすり抜けていく怖れがいつもあるのだ。４にたどり着くために大事なのは、基数でなくて序数である[31]」。

言い換えるなら、問題は、ひとつ、ひとつ、ひとつの帰結を順番に見ていくというプロセスに介入するものとしての神の望みだ。直観や啓示によって、神の知に一足飛びに到達するのではもはやない。神とは、これら計算の進展、科学の進歩の宛先として据え置かれているのであり、宙吊りにされた解へ向けて、我々は彼の望みのままにその道を進むしかない。そのことは記号の秩序の変化でもある。

いる）。またデリダのコギト解釈についても同じく参照のこと。J. Derrida, *L'écriture et la différence*, Seuil, 1967.（「コギトと狂気の歴史」『エクリチュールと差異』合田正人・谷口博史訳、法政大学出版局、二〇一三年）

（30）*Sé XI*, p. 204.（二〇二頁）「知を想定された主体」については第三章でもさらに検討を加える。

（31）*Ibid.*, p. 205.（二〇三―四頁）

かつて神の言葉であり、同時に数字でもあったヘブライ語の大文字のアルファベットは、そのエピファニックな効力をもはや失う。デカルトはまさにそのような場所において、代数記号としての小文字のアルファベットを導入するのだ[32]。組換え可能な文字、その置換操作の順序のみがプロセスを定義していくような文字を。こうした記号の操作の始まりとして、「デカルトは、神が何ら関わるところのない一つの科学の出発の基礎を切り開いたのだ[33]」と、ラカンは言うのである。

こうしてラカンは言表行為としてのコギトをモデルに、前主体的な思惟との関係における主体を定式化するのである。さて、このモデルは、まさしく欲望の弁証法のモデルに一致していることを、ここで簡潔に確認しておこう。一方に、それだけでは何も意味することのない存在確信がある。他方、その宛先として現れることで、主体が表象されることに貢献するような騙さない〈他者〉がある。シニフィアンがもう一つのシニフィアンに対して主体を表象するのだ。ただし、先に見たように、この〈他者〉とは、託宣する〈他者〉ではない。つまり解をあらかじめ知っているがゆえに宛先の資格を得ているのではない。〈他者〉はただ、主体が解を求める道行きそのものを可能にする。〈他者〉が保証するのは、言表行為の方であり、言表内容の方ではないのだ。そこではいわば、答えが用意されていないにもかかわらず、あたかも答えを引き出すことが可能であるかのごとくにするための、一つの仕掛けが必要となる。それが「汝は何を欲しているのか」と、答えの不在を問いの形式に変換する仕掛け、すなわち欲望である。欲望の機能が、〈他者〉の側における無知と、消失点としての主体の存在欠如とを、解かれるべき問いの形で重ね合わせ止揚するのだ。

ラカンにとっては、このような主体性のあり方こそが、精神分析の前提としての科学を特徴づけている。ラカンは、現代科学のうちに潜在しているこうした関係を際立たせるべく、定冠詞に強調を置きつつ〈科学〉と述べ、そこに巻き込まれた主体を〈科学の主体〉と呼んだ(34)。それは、前主体的思惟の中で常に生まれそこなわんとする主体であり、宙吊りにされた知に向けて己の存在を確保しようと一歩を踏み出そうとする主体である。フロイトの発見は、まさにそのような主体性が、確信を言表する瞬間の背後に隠し持つ、「裏面」への洞察として評価しなければならない。

こうして我々はラカンの次の発言の射程を理解するに至る。「精神分析は〈科学〉と同じ身分から起こっている。精神分析は、主体が自らを欲望として実験にかける、中心的欠如にかかわるのである(35)」。精神分析と科学との接点は、このように、ひとつの主体性への関心をめぐって、「精神分析は科学であるかどうか」という問いとは全く違った仕方で、立て直されることとなるのである。

4　「理論の実践」

このようにして見るならば、『四基本概念』において既に、ラカンは、同時代のアルチュセールの見立てとは、異なる方向に向けて議論を展開し始めていたことが分かる。科学とは、単純に、精

(32) *Ibid.*（三〇四頁）
(33) *Ibid.*（同前）
(34) *Ibid.*, p. 201.（三一二頁）
(35) *Ibid.*, p. 239.（三五九頁）

神分析をイデオロギー的逸脱から保護してくれる外部ではない。むしろ科学と精神分析を同時に維持している構造を問題にしなければならない。しかしそのように言ったとしても、くだんの問いが片付いたわけではない。それなら、どのようにして、イデオロギー的逸脱を退けつつ、精神分析の特異な身分を規定することができるだろうか。この問いこそは、先に見たとおり、「破門」後のラカンにとっては、単に認識論的な水準においてのみならず、実践のあり方を立て直すことを通じて具体的に答えていかねばならない問いであった。

これに答える試みのひとつとして、我々はラカンによる精神分析の〈学派〉の設立の意義を考えてみることができよう。『四基本概念』のセミネールの終了後まもない六四年六月に、ラカンはパリフロイト学派(EFP)の設立のための宣言を起草する。第一章で述べたとおり、そこでラカンは、精神分析家の養成を「純粋精神分析」と名付けて学派の第一セクションに位置づけ、それまで分析実践の本丸とみなされていた治療実践を第二セクション「応用精神分析」へとずらした。ここには、ラカンの本質的な改革があるが、しかし、それらすべてが独善的な迷妄に閉じこもることを避けるためにも、そこでは同時に、この新たに定義された実践を支えるような「理論」を、イデオロギーから保護することが何にもまして重要であろう。

この課題は、学派の第三セクションとして設定されている。第一セクションと第二セクションが、精神分析の本来の意味での実践に関するものであるとすれば、「フロイト的領野の調査」と名づけられた第三セクションが提示するのは、それまで実践そのものに比して、しばしば二次的な位置に留まり、またそれゆえに様々な逸脱にさらされてきた「理論」に関する実践である。そこでは、出版物についての批判、分析実践が科学のうちで受け取る身分についての原理の調査、構造主義を共有する近縁科学との関係の調査、そして「究極的には、理論の実践が要請される。これなしには、我々の呼ぶところの推測科学により描かれる親近性の次元は、普遍的条件付与という錯覚から立ちのぼる政治的偏流のなすがままとなろう[36]」。理論としての「精神分析とは何か」を問うことを含むこの実践を、ラカンは「精神分析の倫理」とも形容している。

はっきりと述べられているとおり、問題は、推測科学に依拠してなお、精神分析を錯覚、そして政治的偏流から守るために、理論の水準で作業することである。先に我々は、ラカンが既にアルチュセールの見立てとは異なる方向を目指していると指摘したが、それでもやはり、こうした実践への注目の背景には、二人の間の共通基盤が確認されるだろう。実際、そこにアルチュセールの「理論的実践」の概念の反響を聞き取ることは難しくない。アルチュセールが『マルクスのために』において述べることによれば、理論とはそれ自体ひとつの実践である。原材料としての「一般性Ⅰ」を、生産物としての「一般性Ⅲ」（「認識」、「概念」）に、生産手段である「一般性Ⅱ」（「理論」、「科学」）を通じて作り変えるという生産過程である[37]。アルチュセールは、こうした概念によって、科学としてのマルクス主義の生成を解説しようとしていたのだった。

このような生産的な活動が、ラカンにおいてもやはり問題であると考えてよいだろう。ただし、

（36）J. Lacan, «Acte de fondation», *AÉ*, p. 232.（強調引用者）
（37）L. Althusser, *Pour Marx*, François Maspero, 1965, p. 188.（『マルクスのために』、前掲書、三一九頁）

先に見たように、ラカンはこれを、イデオロギーと科学を分離するという無垢な仕方ではもはや記述できない。いわんや、問題は、推測科学的形式化の下に精神分析経験を分節化することではない。あるいは、無意識を言語学の知見から外挿的に説明することではない。既に科学の中に含まれているような精神分析を、イデオロギー化のいざないから守るために、本質的にどのような切断を、どのような断絶を設定すべきであるのか。

ここに我々は、ラカンが「理論の実践」において切り開こうとする新たな問いの形を見たいと考える。我々は、ラカンがこの問いにどのように取り組んだかを見ようと思うが、それをよりよく把握するために、再び彼とアルチュセールとの距離――今度はひとりの媒介者によって支えられることとなる距離――を確認しておくこととしたい。

5 ミレール――「縫合」、構造の構造

「精神分析とは何か」を実践的、理論的に問うことにその重要性を持つ〈学派〉を、ラカンが非医師、非分析家にも開いたことは当然の成り行きである。〈学派〉にはこうして、古くからラカンに就いてきた人々のほか、彼が教鞭をとり始めたエコルノルマルでラカンの言説に魅惑された学生たちもまたやってきたのであるが、そのうちのひとりに、アルチュセールの学生であったジャック＝アラン・ミレールがいた。「君のところの若造はなかなかいいね[38]」と、ラカンがアルチュセールへの手紙で論表した哲学者の卵。周知のとおり、今日、ラカン派精神分析運動の中心で活躍する分

析家の若き日の姿である。

理論の実践との関連で、ここで我々が目を向けたいのは、彼がラカンとアルチュセールを繋ぐために行ったひとつの発表である。六五年二月二四日のクローズド・セッションにおいて為されたこの発表は、その翌年に彼とその仲間によって発行される『分析手帖』第一号に「縫合」という題で収録されることとなる。精神分析の内側と外側が交錯しようとする点に自らがいることを自覚しつつ、ミレールが話し始めたのは、あらゆる知の領野に対して形式を与えるような一般論理としての「シニフィアンの論理」についてであった[39]。すなわち経験論的な地平に根付く論理よりも根源的、起源的な構造としての論理であり、ミレールはこれを縫合と呼ぶのである。

ミレールはこの論理の働きを示すための手がかりを、フレーゲの『算術の基礎』に求めている。ミレールにとってフレーゲは、まずなにより、論理学において抽象や統合の基礎としてひそかに設定されている心理学的主体を排除し、純粋に論理から出発することを試みたという点によって、評価されねばならない。だが、にも関わらず、彼はフレーゲの仕事の意義を、主体という言葉によって要約する。「自然数全体の進行と結び付けねばならない自然数全体の連続のうちで、何が働いているのか」という問いに対して、次のような答えが返される――「連続を構築する過程、つまり進

(38) L. Althusser, *Écrits sur la psychanalyse*, p. 299.(三三五頁)

(39) J. A. Miller, «Suture», *Cahiers pour l'analyse*, no. 1, pp. 37-49.『分析手帖』のオリジナルを、坂本尚志氏のご好意により参照することができた。

行の発生のうちで、主体の機能が見過ごされながら働いている」[40]。フレーゲの仕事のうちで導入される主体の機能とは、論理学を経験論と接続するような心理学的主体ではない。ではそれは、どのようなものであろうかというのが、ミレールの発表の中心的主題である。

以下、ミレールによるフレーゲについての解説を追っていこう。ミレールは、フレーゲの出発点として、三つの概念――概念、対象、数――と、二つの関係――概念と対象の関係（包摂）、概念と数の関係（割り当て）――を挙げる。フレーゲの言説の根本的構成においては、対象を包摂する概念に対して、ひとつの数が割り当てられる。注目すべきは、ここで対象は、概念との関係性によってしか論理的実在を持たず、また逆に、概念もまたその下にやってくる対象との関係によってしか定義されないということである。事物は、経験論的な地平を飛び立って、そのような対象として、論理的関係性のうちに捉えられねばならない。さて、こうしてやってきた対象を包摂する概念に数を割り当てようとするなら、この対象を数えることができねばならない。しかし、純粋に論理的な構えから、数えるということはいかにして可能になるだろうか。ここにおいて、「ある概念に同一である」というひとつの概念が働いていると考えなければならない。これを適用されることによって対象はひとつの単位へと変形され、数えられるものとなるのである。

フレーゲにおいて、事物の基礎は、この「自身に同一である」という点に存することになる。ミレールは、フレーゲがこの基礎を論ずるにあたってライプニッツの定式に依拠していることを頼りに、この「自己同一性」の概念の適用において、真理の機能の出現が問題となっていると論じる。というのも、「自己同一性」について、ライプニッツに倣って「ある物事が、真理を失うことなく、別の物事に置き換わりうること」と言うのであれば、そこで問題となるのは、はじめに一瞬垣間見えた真理が失墜した直後に、事物に対して真理が再確立されねばならないということだからである。置き換えられた事物は、こうして判断の対象となり、言説の秩序に参入するとミレールは言う。自己へ同一であることをぐって、事物は対象となるのである。加算可能な対象を論理のうちに導入するこの「自己同一性」の概念、これに数1が割り振られる。自己同一性をひきうけるこの1は、世界のあらゆる事物のうちで反復的に見つかることになる。

一方で、「自己へ非同一」であるという概念を考えてみれば、そこには、右で述べた真理の機能に見合ういかなる対象も包摂されないことは明らかであろう。欠如、空白を包摂するこの概念に割り当てられる数として、数0が登場する。さて、この数0とは、いかなる経験論的参照もなしに、思考のうちで初めて獲得されたひとつの事物である。この数0は、「数0という概念」の下にやってきて、その対象として包摂されることになるが、その際、この概念自体には、数1が割り振られることとなる。つまり数0が1として数えられるのである。1を生み出しうるこの循環（概念「自己への非同一」—欠如0—数0—概念〈数0〉—数1）は、ある数から次の数へと移行する過程に介入している。連続して進行する数の中で、絶えず、欠如0が、1として数えられているというわけである。

このようにして働く欠如をこそ、ミレールは主体の機能と呼ぶのである。「論理言説が自己に非

(40) *Ibid*., p. 40.

同一なものとして呼び出し、純粋否定として拒絶するこの不可能な対象。論理言説が自らをあるがままに構築するために呼び出し、拒絶するこの不可能な対象。論理言説がこうして呼び出し、拒絶しながら、そのことについては何も知ろうとしないこの不可能な対象。この対象が数の連続のうちで働く過剰として機能する限りにおいて、我々はそれをこう名づける――主体と」[41]。無論、それはラカンがデカルトから出発して〈科学の主体〉として提示したものに、論理学的基礎を与えようとする試みに他ならなかった。つまりシニフィアン連鎖のうちで、何ものも意味しないものとして登場し、その限りにおいて排除されるが、他方で1として記述されることで、序数の次元を構成するものである。

この発表が整理されて『分析手帖』誌第一号に掲載された際、ミレールはこのようにして解明されたシニフィアン連鎖を「構造の構造」と呼び、これを説明するこの論理のうちに「構造的因果性」の身分、つまり効果としてのみ現れる不在の原因の身分が追究されるだろうと述べてこの論を閉じている[42]。周知のように、ミレールのこのシニフィアンの最小論理についての議論は、一方で、既にラカン自身が興味をもって取り組もうとしていた問題に対する洗練されたひとつの貢献でありながら、他方で、アルチュセールの「複合的全体」の構造における「最終審級における決定」の問いに対するひとつの応答であろうとするものでもあった[43]。アルチュセールは、ミレールも参加したセミネールを土台とした論文集『資本論を読む』において、ミレールからの寄与を利用しながら、経済現象と構造との関係を「換喩的因果性」と呼びつつ、「構造が構造としてのその結果の中に内在することの形式そのもの」とし、「スピノザ的意味で結果に内在する原因」であると論じている[44]。

ミレールはこのようにして、〈科学の主体〉を、純粋論理の次元で説明しようとした。そしてそこに、構造の基本要素、構造を支える構造それ自体が見出せるとしたのである。この試みは、確かにラカンの理論に、科学についての明晰な視野を与えようとする点で重要な貢献である。しかし、一方で、こうした記述によって、「理論の実践」が果たすべき課題が達成されているか、慎重に考えなくてはなるまい。そのために我々は続いて、アルチュセールが、まさにこうした到達点において表明するひとつの異議を確認しよう。

---

(41) *Ibid.*, p. 47.

(42) *Ibid.*, p. 49.

(43) ミレールの精神分析研究が、アルチュセールに及ぼしたであろう影響については以下を参照。市田良彦『アルチュセール——ある連結の哲学』平凡社、二〇一〇年、第二章。同書は、以下に続く「言説理論についてのノート」の解釈をめぐっても有益な指摘を行っている。

(44) L. Althusser, «L'objet du *Capital*», *Lire le Capital*, II, François Maspero, 1968, p. 65.（「資本論の対象」『資本論を読む』中、今村仁司訳、ちくま学芸文庫、一九九七年、二五五—六頁）「換喩的因果性」の概念については、ミレールとランシエールとの間で、著作権をめぐる揉め事が生じており、その点は六〇年代におけるラカン派とアルチュセール派の間のある種の溝を象徴していよう。É. Roudinesco, *Jacques Lacan*, p. 399.（三三二頁）

また佐藤は、『資本論を読む』においてアルチュセールが「換喩的因果性」と「構造的因果性」を区別していることに注目しながら、効果における原因の不在に強調を置く前者よりも、効果における原因の内在を含意する後者をアルチュセールがより重要なものとみなしたとし、その点を通じて、静態的なイデオロギー理解を突破する視座をアルチュセールから取り出している。佐藤嘉幸『権力と抵抗』人文書院、二〇〇八年、二三八—二五〇頁。

6　アルチュセール――イデオロギーの中での実践

六六年一〇月、アルチュセールは自分の仲間内でノートを回付し、自らの理論的実践の新たな局面を開始しようと試みるのだが、そこでは改めて精神分析の身分が問題とされている。このときアルチュセールは、六四年に述べたことを裏切りながら、それゆえほとんどミレールのミニマルな定式化に反論するような仕方で論を進めていく。もはや彼にとって精神分析は科学ではない。というのも、精神分析は局部理論に過ぎず、それが依拠すべき一般理論、すなわちシニフィアンの一般理論はいまだ到来していないからだ。一方、ラカンは、言語学が精神分析の一般理論に相当すると考えているようだが、そうではない、とアルチュセールは断ずる。言語学もまた、それが依存する一般理論を必要とする局部理論なのであり、ラカンはこの点をイデオロギー的に誤認しており、まさにそのことをラカンのデカルトの利用は示していると指摘する。[45] アルチュセールのこの評価が適切かどうかはさておき、とにかく、ほんの三年足らずの間に精神分析とラカンの地位は、まったく正反対のものへと変わってしまったように見える。

この転換が示している新たな方向性とはどのようなものだろうか。シニフィアンの一般理論という以上、そこには無意識のみならず、様々な言説が関わることとなるのだから、まずもって「複合的全体」を構成する異質な諸審級の間の接続に目を向けるという課題が生じる。さて、このときアルチュセールは、イデオロギーの概念を、それまでとは違った仕方で、決定的に重要な審級として再導入している。のちに「イデオロギーと国家イデオロギー装置」で論じられることになるイデオロギー論の素描が、実際、ここに認められると言ってよいだろう。すなわち、構造の担い手たる主体として個人を呼び止める言説としてのイデオロギーである。芸術、科学などの他の言説は、このイデオロギーの言説との連接を通じて、その動きを捉えられなければならない。無意識の言説とてこのような接続の例外ではなく、無意識が作動するのもまた、イデオロギー的なものによって以外にはありえない。無意識は「イデオロギー的言説の諸構成体、イデオロギー的なものの諸構成体のなかで自らの構成体を産出する」[46]のである。いわば問題は、イデオロギー的なものを要として凝縮するような様々な言説の複合的な構成を見る、ということであり、単にイデオロギーによる錯覚と逸脱を認識論的な面から批判することだけが問題なのではないのである。

こうしたイデオロギーの概念とは、それによって、様々な言説からなるひとつの生の具体的状況が構成されるものである。さて、精神分析の領域を制限し、より包括的なイデオロギーの問題のうちに位置づけなおそうとするアルチュセールのこの転換は、六四年の「フロイトとラカン」において未回収のままになっていた問いに対して応答するものとしても考えられよう。エディプスを「構造の構造」として紹介した後に、アルチュセールはこう問うていた。「一方で無意識の存在ならび

(45) L. Althusser, *Écrits sur la psychanalyse*, p. 127.（一四三頁）デカルト的主体の問題は、アルチュセールの六三―四年の講義において既に議論されている。ルイ・アルチュセール『精神分析講義』、一五七―一六六頁。
(46) L. Althusser, *Écrits sur la psychanalyse*, p. 142.（一五九頁）

にその理解のための絶対的な可能性の条件である言語の形式上の構造、他方で親族関係の具体的な構造、そして最後に親族関係の構造のなかに前提として含まれている特殊な機能（父性、母性、幼児性）が生きられるときの具体的なイデオロギー構成体、これら三つのものの関係を厳密にどのように考えるべきなのか[47]」。六九年の英語版の注では、この問いはその重要性を再発見され、ひとつの命題によって答えられている。つまり、「史的唯物論（家族イデオロギーの形成体に関する理論は、結局のところこの史的唯物論にかかっている）に基礎をおくことなしに精神分析理論を生産することはできない[48]」。

ここで賭けられているのは、なにより理論的にアプリオリな枠組みとしての「構造」が、ある「状況」の具体性あるいは歴史性と如何に関わるのか、という問題である。[49]「構造」はいかに生きられるのだろうか——イデオロギーを通じてでなければ。アルチュセールの新たな展望にはこうした命題が潜んでいるように見えるが、そこでは、主体を構造の所与として機能させたミレールの、巧みに過ぎる形式主義的理論化に、事実上の反論が加えられているとも言える。シニフィアンの論理は歴史のアプリオリなのではない。それが実践のうちで動いている状況を認識しなければならず、そのためには、イデオロギーとともにそれが作動している様を見、主体がイデオロギー的に産出されたものであることを理解しなければならない。

かくして、「第一ノート」からおよそひと月後に書かれた「第三ノート」において、アルチュセールはさらに歩を進めて、ラカン的、あるいはミレール的な、不在として機能する原因としての主体という考えを一掃しようと心に決める。科学の主体というものはない。科学的言表はいかなる主体も必要とせずに成り立つのだから。また「自我の分裂」にかこつけて「無意識の主体」というものを語ることすら不当である。分裂とは、「私」のわきにある深淵、欠如をそのまま示しているべきなのであり、それを主体と混同するべきではない[50]。このようにアルチュセールは述べるのだ。

こうしたアルチュセールの見解は、確かに、我々が先に見た〈科学の主体〉の概念を適切に踏まえたものとは言えないだろう。ラカンにとって〈科学〉とは、近代的主体性の条件それ自体に相当するものであり、言説の特殊領域を指すのではない。しかし、そうした条件を論理的形式化によって脱イデオロギー的に確保することが、理論の実践の答えなのだろうか。ミレールによる形式化を

---

(47) *Ibid.*, p. 46.（四九頁）
(48) *Ibid.*, p. 54.（五九頁）
(49) アルチュセールのこのような逆転は、ドゥルーズとガタリの『アンチ・オイディプス』へと至るような、精神分析の唯物論的基礎づけという問題を拓くように思われる。いわば、ひとつの天上の舞台であるかのように振る舞うエディプスを、地に引き下ろしてくるという課題として。この点をめぐっては、論文「フロイトとラカン」においては精神分析からアルチュセールが引いてくる演劇のモチーフが、「資本論の対象」においてはマルクスの「上演 *Darstellung*」のスピノザ的解釈へと移動していることは興味深い。L. Althusser, *Lire le Capital*, pp. 64-5.（中、二五四—二五六頁）
のちにドゥルーズとガタリは、構造的必然としてのエディプスという考えそのものに批判を向けることになるが、その際、まさしくその「演劇」的性格が問題にされたことを思い出しておきたい。そのとき彼らは、この脈絡で、直接にアルチュセールに批判を向けている。Cf. G. Deleuze et F. Guattari, *Anti-Œdipe*, Minuit, 1972/3, p. 365.（『アンチ・オイディプス』上下、宇野邦一訳、河出書房新社、下、一六九頁）
(50) L. Althusser, *Écrits sur la psychanalyse*, p. 165.（一八三頁）

踏まえ、おそらくアルチュセールは、反対に、実践への強調へと戻るのだ。イデオロギーのもとで構成された「私」という、実践の拠点から出発する配置に沿って、科学は無垢なるものとして場を持たねばならず、深淵は主体と交わることのない隣人でなくてはならない。そのように状況の地図を描くことが重要なのだ。

おそらくこのような視野にアルチュセールが立っていることは、当時、彼が、恋人エレーヌに続いて、ＳＰＰの分析家ルネ・ディアトキーヌと分析を開始していることと無縁ではないかもしれない。[51] 彼が論じる主体の座は、まさに分析主体のそれであると考えることができよう。第一ノートにおいて、彼は分析の概念たる「転移」について語っている。「転移という現象は、もし、そこにおいて無意識の言説がイデオロギー的なるものの言説の構造の中で反復されるということが問題であることを見誤れば、理解することはできない[52]」。我々は、アルチュセールがここで、フロイトの「想起・反復・徹底作業」における議論を参照している可能性について考えてみてよい。つまり、幼年期の経験が分析の中で想起されない時、この経験は行動として反復される、というものである。フロイトが運命強迫と名付けもした、この同じ行動の反復は、ひとが新たなことを発見し、開始することを妨げ、生を常同症に封じ込める。

それゆえにアルチュセールは、イデオロギーをむしろ強調することで、実践する主体と、それに結びついた真の切断の概念を模索しようとするのだ。いまや問題は、バリバールの言葉を借りて言えば、六四年にそう見えていた〈真理／誤謬〉の対から、制度の〈形態変化としての実践／再生産としてのイデオロギー〉の対へと、彼自身が移動することなのである。[53] また、「理論的実践」についても、その位相がはっきりするだろう。のちに彼自身が述べるとおり、いかに理論的に真理へと近づくのか、ではなく、いかなる実践が正しいのか、いかなる実践をなすべきか、と問われねばならない[54]。理論の生産の目的は、真なる理論を作ることではなく、理論の生産を通じて理論そのものが接続されているイデオロギー的状況に介入することなのである。こうして、認識論の平面から、行為の平面へと移動が生じる。「理論の実践」の内部で、強調が「理論」から「実践」へ、と移動するのだ。

さらに、イデオロギーの再評価を通じてアルチュセールが行ったこうした強調は、科学の身分にも新たな色を添える。ここではイデオロギーと科学の共立性が問題となる。「科学」として、あるいは「現実[55]」として評価されるようなイデオロギーの「外部」は、それを可能にするイデオロギーの内部以外のところで考えられることはない。アルチュセール自身すでに述べていたように、「イ

(51) アルチュセールと彼が実際に受けた精神分析との関係については以下を参照せよ。市田良彦「アルチュセールにおける精神分析の理論と実践」、ルイ・アルチュセール『終わりなき不安夢』市田良彦訳、書肆心水、二〇一六年。.
(52) L. Althusser, *Écrts sur la psychanalyse*, . p. 153.(一七〇頁)
(53) エティエンヌ・バリバール『ルイ・アルチュセール――終わりなき切断のために』福井和美訳、藤原書店、一九九五年、九四頁。
(54) ルイ・アルチュセール『科学者のための哲学講義』西川長夫、坂上孝、塩沢由典訳、福村出版、一九七七年、一四頁。
(55) ルイ・アルチュセール『再生産について』西川長夫・伊吹浩一・大中一彌・今野晃・山家歩訳、平凡社、二〇〇五年、三六七頁。

デオロギー的世界観だけが、イデオロギーなしの社会を想像できたし、イデオロギーなるもの（イデオロギーの何らかの歴史上の形態ではなく）が痕跡を残さずに消滅し科学にとって代わられるような世界についての、ユートピア的な観念を認めることができる」[56]。である以上、実践として重要なのは、この内部において、ユートピア的観念をあえて横切って、そのもっとも内側で排除されている極限に向けて手を伸ばしていくことである。であればこそ科学は、一九六七年のテクストで言われるように、この内的極限に対する緊張として、つまり「持続する切断」として定義されることとなる[57]。

さて、アルチュセールにこのような移動を見ることができるなら、それは彼がラカンよりも遠くへ来たことの証左であろうか。ミレールを挟んでいささか複雑になった両者の関係を改めて整理してみよう。

7　原因 - 真理へ向かって

以上のようなアルチュセールによる移動を、ミレールの形式化への応答として捉えることができるだろう。そこではイデオロギーのもとで捉えられた実践状況の中、内的極限としての科学へ向かう、絶えざる切断が問題とされると考えられる。では、ラカンの〈科学の主体〉は、こうしたアルチュセールの議論との関連から、改めてどのように考えられるのだろうか。

ここですぐに思い起こすべきは、ラカンの理論は、ミレールの論理学的形式化に直ちに還元されるわけではなく、むしろ、精神分析臨床の実践場面と最初から強く結びついているということだ。アルチュセールが「転移」に手がかりをえてイデオロギーの重要性を見出すとすれば、ラカンにおいてもまた、〈科学の主体〉と〈他者〉の間を架橋する欲望の構造は、転移の理解を進めるための重要な指針である。先に見たとおり、デカルトにより開始されたこの主体性は、騙さない〈他者〉を想定して初めて表象される可能性を有するものであった。だが、この想定自体、何らかの根拠に支えられたものではない。『四基本概念』のセミネールでラカンは、この〈他者〉が、間違えるおそれを問題にし、その点に「転移」を位置づける。「転移は、愛がかつて繰り広げた騙し合いの亡霊ではない。転移とは、愛が持つ騙しの純粋機能を、現在的なもののうちに析出させることである」[58]。それは転移の構造的な規定であり、そこではもはや個々の過去の再体験が問題にされるのではなく、純化された騙しの構造が操作されることになる。

このようなラカンの転移の定式化は、やはり実践の問題と不可分に提出されている。ただし、実践が位置づけられる内部がアルチュセールとは根本的に異なる。〈科学〉こそが、精神分析が座する内部なのであって、まさしくその構造からの切断こそが、分析実践における課題なのだ。したが

(56) L. Althusser, *Pour Marx*, pp. 238-9.（四一二頁）
(57) ルイ・アルチュセール、「ヒューマニズム論争」『哲学政治著作集Ⅱ』市田良彦・福井和美・宇城輝人・前川真行・水嶋一憲・安川慶治訳、藤原書店、一九九九年、一〇六五頁。
(58) *Sé XI*, p. 229.（三四三頁）

ってラカンの問いは今や、「精神分析を含むような一つの科学とはどのようなものか[59]」となる。

ではそのとき、切断とは、科学へ向かう持続的切断としてではなく、どのようなものとして考えられうるだろうか。この関心において、我々はここで、ラカンにおける、主体とは別のもう一つの論点を取り上げなくてはならない。セミネール一三『精神分析の対象』の初回となる六五年一二月一日の講義は、「科学と真理」の題で『分析手帖』第一号に収録されているが、ラカンはそこで次のように述べている。「いま精神分析の対象という問いを立てることは、なるほど、この演壇に我われが登って以来導入してきた問題、つまり科学の内か外での精神分析の立場という問題をあらためて取り上げることだが、ともかく、同時に示しておきたいのは、この問題を解決するには、おそらく科学それ自体において対象の問題が修正されなければならない、ということである[60]」。

ここにおいて、ラカンは精神分析が発見し得た対象をもって、〈科学〉のいわば裏面を指摘しようとする。すなわち『四基本概念』のセミネールで予告されていたように、問題は「主体と現実界」の二点から、明らかにされるのだ。主体については先ほど、ラカンのデカルト解釈を通じて見たところであるが、現実界の方はどうだろうか。「科学と真理」でのコギトへの言及を取り上げながら、議論を進めよう。そこでラカンはコギトについて、このように指摘する。「何ものも原因を支えとしてしか話をすることはない[61]」。確かに、我々が先ほど見たように、〈科学の主体〉は、欲望に依拠して、騙さない〈他者〉へ向けて発話を行う。だとしても、そこには欲望を想定することを可能ならしむだけの、支えが必要だったのではないか。デカルトをして「我思う、我あり」と発話せしめる原因が。〈科学の主体〉が機能するには、欲望という虚構に土台を与える何らかの原因が不可欠なのだ。

ミレールにおいては、この原因そのものが主体と一致させられたがゆえに、「縫合」が構造の必然のように語られてしまっていた。だがラカンは、この原因を主体とはきっぱりと区別し、これを対象として別に扱うことを強調する。六六年の哲学学生からの質問への応答（『分析手帖』第三号に収録）では、次のように述べられている。「欲望の主体はいない。幻想の主体がいるのだ。つまり、ある対象を原因として生じた、主体の分裂があるのだ。対象によって栓をされたと言ってもよい。あるいはもっと正確に言えば、原因のカテゴリは、主体のうちでこの対象の場を占めるのである」[62]。ここではアルチュセールが主体を構造の支えとしては拒否したのと似て、ラカンもまた、シニフィアン連鎖を支えるものの場に、主体（欲望の主体）を置くことを拒否し、分裂をそのままに維持する。その場に置かれるのは対象という原因であり、主体は、まさしくこの対象によって分裂を被っているのだ。

この原因‐対象――これをラカンは対象aと呼ぶ――の機能が、発話において担う重要性を論じる機会については次章に委ね、ここでは、その概念規定について、六二―三年の『不安』のセミネ

（59）J. Lacan, «Les quatre concepts fondamentaux de la psychanalyse», *AÉ*, p. 187.

（60）J. Lacan, «La science et la vérité», *É*, p. 863. 強調は引用者。

（61）*ibid.*, p. 865.

（62）J. Lacan, «Réponses à des étudiants en philosophie», *AÉ*, p.207.（「精神分析の対象――哲学科学生への回答」三好暁光訳、『エピステーメー』一九七七年八月号、朝日出版社、三九頁）

ールを参照して、確認しておこう。それは第一に、表象的な認識可能性の外部に位置するがゆえに、誤謬を免れるものとして規定される。主体が構成される舞台であるところの世界の認識から零れ落ちた残余であり、そのため認識の入り口たる鏡像においては「不気味なもの」として現れ、不安の原因ともなる。そして、であればこそ、表象に由来する錯覚を免れた、唯一「騙さないもの」としてその特異な身分を獲得する。ラカンはそのような対象の、不安における特殊な現れを、「ないわけではない pas sans」という仕方で強調している[63]。また、この対象がこうしたねじれた身分を持つということは、この認識の外部が、欲望の支えとして最も内側において含みこまれているということに他ならない。別のところでラカンは、この逆説的構成を、鏡像イメージが、鏡で捉えられない対象に服を着せるのだと表現している[64]。すなわち鏡像イメージも表象的虚像でしかない以上、意味的把握のうちから取りこぼされるこの対象だけが、質料として、イメージに現実の重みを与えるのである。

「科学と真理」においては、こうした対象の定義の響きのうちで、改めて科学と精神分析が対比されている。科学は、表象的な虚像に依拠して真偽の判定を問題にするに過ぎず、その限りで、精神分析で問題となるような原因を忘れてしまう。ラカンはここでは「原因としての真理」という言い方を用いながら、次のように述べている。「科学は構成された途端、自らを生む波乱万丈を忘れる。言い換えれば、精神分析が駆動させるような真理の次元を忘れるのだ[65]」。科学は、「原因としての真理についてては何も知ろうとしない[66]」のである。さらにラカンは、科学が原因に関わる仕方を、アリストテレスの原因の四分類を取り上げながら、形相因のそれであるとしているが、それはもちろん、そこで探求されえない質量因について、精神分析こそが引き受けねばならないことを示すためである[67]。

このように科学と精神分析の関係それ自体が、形相と質量、あるいは知と真理の分裂として論じられることとなる。精神分析が置かれた〈科学〉という実践条件の内的極限を、ラカンは「原因としての真理」として指摘するのだ。先に我々は、アルチュセールの実践を、イデオロギーの中で科学へと向かう切断としてまとめることができたが、これにならうならば、今やラカンの実践、すなわち精神分析を、〈科学〉の知の中で真理へ向かう切断として説明することができるだろう。アルチュセールが《真理と誤謬》の対から《実践とイデオロギー》の対へと移動したのと全く似て、ラカンは《真理と知》の分裂へと移動を行っているのだ。

そしてまさにこの真理を扱う点において、ラカンは〈科学の主体〉の議論を、臨床実践へと接続することになるだろう。つまり、症状においてこそ、真理の回帰を見るという点において。ここで六六年の『エクリ』出版に際して書き下ろされたテクスト「ついに問われる主体」の、次の一節を見てみよう。

---

(63) J. Lacan, *Le séminaire livre X : L'angoisse*, Seuil, 2004, p. 120. 以下 *Sé X* と略記。
(64) J. Lacan, «subversion du sujet et dialectique du désir», *É*, p. 818.
(65) J. Lacan, «La science et la vérité», *É*, p. 869.
(66) *Ibid*., p. 874.
(67) *Ibid*., p. 875. ちなみにアリストテレスの四原因になぞらえたこの説明では、残り二つのうち作用因が呪術に、目的因が宗教に割り当てられている。

精神分析以前から、いわば症状の次元が導入されていることは見過ごせない。この次元が明らかになるのは、これが真理の回帰そのものを、知の裂け目のうちに表象する時である。誤謬という古典的問題ではなく、「臨床的に」評価すべき具体的な現れについて述べているのだ。そこに暴露されるのは表象の欠陥ではない。一つの真理である。この真理は指示を持つが、それは、この真理のために秩序が揺るがされる表象や表象以外とは別の指示物である。(68)

真理とは、知がひび割れるところに見出されなくてはならない。だがこの真理の現れは、表象の失敗という否定的な側面を指すのではなく、もっと別の次元を目指している。この「指示référence」、記号の外部に指し示される対象については、立木が指摘する通り、ラカンが当時参照していたフレーゲ論理学における意味 Sinn と意義 Bedeutung の区別のうち、意義 Bedeutung との強い関連が認められる。(69)記号が指し示す限りでの外部の対象であるが、ただしラカンにとってこれは、素朴実在論的な意味での外的対象ではない。というのも、表象に還元されない対象が探されているのであり、そうである以上、先に見たとおり、その対象は「不気味な物」として生じざるをえないからだ。

こうして症状としての真理は、シニフィアン連鎖が紡ぎ出す表象の秩序の裂け目において、つまり知の裂け目において、何か別の次元について知らせることとなる。この次元こそ、〈科学の主体〉と騙さない〈他者〉の間の欲望を通じた絆の背後で忘れられた、原因の次元なのだ。精神分析とは、こうした〈科学〉の条件の中で営まれる実践であり、構成された知のあらゆる可能性を横切って、この「原因としての真理」が切り取られる瞬間を捉えようと目指すものである。『四基本概念』へと遡れば、まさしくこの症状としての真理の身分は、フロイト的無意識の次のようなあり方として述べられていた。「断絶、裂け目、開口の線が不在を出現させる。ちょうど、沈黙の基礎の上で叫びが輪郭をとるのではなく、反対に叫びが沈黙を沈黙として生じさせるように[70]」。痛々しい傷口、唐突な叫び、しかしそれらは、主体が知の欲望に導かれ〈他者〉へ語りかけるその節々のうちで、闖入の瞬間を待っている。精神分析は主体にではなく、この真理をして語らしめることを目指す。騙すことなき対象として真理を析出すること――それがいかに知にとって攪乱的であろうとも――を、ラカンは科学の主体に実践として課すのである。

8　対象の純粋喜劇

最後に我々は改めてアルチュセールとラカンの距離を見定めておこう。六六年の議論を見るなら

(68) J. Lacan, «Du sujet enfin en question», *É*, p. 234.

(69) F・L・G・フレーゲ「意義と意味について」土屋俊訳『フレーゲ著作集四巻』黒田亘・野本和幸編、勁草書房、一九九九年。フレーゲの邦訳では Sinn を「意義」、Bedeutung を「意味」と訳すならいであるが、本書では、フランス語を経由するため、本文中に示したような訳語を採用している。ラカンによるフレーゲ読解については以下の論考が重要である。立木康介『精神分析と現実界』人文書院、二〇〇七年、第二章。

(70) *Sé XI*, p. 28.（三二頁）

ば、両者ともに実践への強調が目を引く。アルチュセールにとっては、イデオロギーを開始条件とすることで、切断の実践が強調されるのに対し、ラカンにとっては、〈科学〉が主体の一般的条件となることで、真理という特異点へと向かう実践のあり方が浮き彫りになる。ただし両者の差異がもたらす帰結についても無視してはなるまい。イデオロギーを第一の言説とみなすことは、歴史・社会的な条件のもとに主体性を置き直す限りにおいて、具体的な「状況」を常に問題とすることであろう。このことは、アルチュセールにとっての主体が、呼び止められる主体、そして「ひとりで歩む」主体であり、[71]ひいては、それぞれの苦悩を抱えて「分析主体の名の下に[72]」話す主体であることに大きく関わっていると思われる。それゆえに、科学を目指す理論は、実践の傍にある一つの潜在性として保護されていなくてはならない。

しかしラカンにおいては事情が異なる。〈科学〉という条件は、分析実践を「状況」としてではなく、構造として抽象的に把握するという企図と深く結びついている。様々なデコレーションをそぎ落とし、純粋形態における欲望を、つまり、原因‐真理の支えの点に引っかかっているに過ぎない虚構としての欲望を目指すのである。ラカンにおいてこの試みは、論理学や数学への参照を深めることで、ますます徹底化されていくことになろう。しかし、ラカンが、のちにアルチュセール批判として投げかけた点が、ラカンのこの試みの賭金を我々に教えてくれる。つまり七二年のセミネール一九『ウ・ピール』で言われるように、アルチュセールは〈他者〉を神と同一視してしまったのであり、[73]この〈他者〉そのものを内在的な隘路へと徹底的に誘うことへ到達しなかったのだ。ラカンは切断の実践を支えるこの構造を、理論的に追求することにいっそう拍車をかけるだろう。

我々は本書の続く部分で、さらにラカンのその後の展開を見ていくことになる。
ともかく我々がこうして認めるようになった地点とは、あのそもそもの始まりの「切断」の経験、つまり「破門」の経験が、既に開いていたひとつの洞察を、精神分析の原理として確認することでもあったろう。当時既にラカンはこう述べていた。「主体の真理は、主人の立場にいるときにすら、彼のうちにあるのではない。分析が示すように、対象のうちに、本性上ヴェールをかけられてあるのだ。この対象を生じせしめること、それはまさに純粋喜劇のエレメントなのである[74]」。切断を生涯の理論的テーマとし、またしばしば自らの運命ごと切断の実践に捧げてきた二人の思想家、アルチュセールとラカンとの「理論の実践」の交錯は、かくして、真理への愛を触発するためのこうした純粋喜劇の舞台へと我々を誘うことになるのである。

（71）ルイ・アルチュセール『再生産について』、三七三頁。
（72）八〇年、パリフロイト学派の解散をラカンが決めた際に、アルチュセールはこれを「精神分析的行為」と呼ぶ会員の欺瞞を非難し、その「政治」決定における分析主体の不在を糾弾している。ここにもラカンとアルチュセールの距離を考える手がかりが見出されよう。L. Althusser, *Écrit pour la psychanalyse*, p. 247-266.（二六九―二八三頁）
（73）J. Lacan, *Le séminaire livre XIX : ...ou pire*, Seuil, 2011, p. 111. 以下 *Sé XIX* と略記。
（74）*Sé XI*, p. 10.（六―七頁）

第三章　真理への情熱
――ラカンのエピステモロジー

1　学知としての精神分析

一九六六年の『エクリ』出版後のインタビューの中で、ラカンはフロイトの読み方をめぐる質問にこう答えている。「フロイトを読めば読むほど、彼の論理的一貫性に驚かされる。彼の著作には一つの論理があって、私としては、それを文字や象徴で表現しているのだ。ブルバキの新たな数学論理表現に匹敵するような厳密さでもってね[1]」。彼によれば、一つの科学的事実として生まれたフロイトのこの論理は、医学的な教育を受けた治療実践者たちから、長らく見過ごされてきた。あるいは、その科学的なインパクトに代えて、伝統的哲学の主体 - 対象構造が呼び出されたために、そ

（1） J. Lacan, «Entretien avec Jacques Lacan par Pierre Daix», *Les Lettres Françaises*, 15 déc. 1966.

の真価を問われずに来ている。であればこそ、ラカンはフロイトへの回帰の旗印のもと「みなさんのためにエピステモロジーをやっているのだ」[2]。

エピステモロジー、これを前章で見たようなラカンの理論的実践の別の名と考えてよいだろう。すでに見てきたとおり、六三年のいわゆる「破門」は、まさしく、医学的教育と伝統的哲学の双方からの分離の契機であり、ラカンをいっそう精神分析の特異性へと差し戻すこととなった。すなわち、デカルトのコギトを画期とする〈科学〉の開始と、それに固有の主体性の条件の中での、真理の切断を目指す実践である。ラカンのエコルノルマルでの教育は、まさしくこの構造が、厳密な論理を通じて基礎づけられることを示そうとし、それによって精神分析の学たる基礎を明らかならしめようとするものであったと言えよう。エコルノルマルでの講義タイトルを眺めればうかがえるとおり、そこでのテーマは総じてエピステモロジー的であると言ってよい。精神分析の「基本概念」(六四年春)を設定することから開始し、「重大問題」(六四―六五)、「対象」(六五―六六)を規定しようと努め、そして「論理」(六六―六七)、「行為」(六七―六八)が明らかにされるよう試みられたのだ。

この試みは、ラカンにとって相変わらず精神分析の教育に関わるものであったが、しかし同時に忘れてならないのは、今や舞台をエコルノルマルに移したことによって、さらなる広がりがもたらされたことである。ここで六〇年代思潮を支えたものとしての、ラカンの学生たちの活動に触れておこう。前章で我々はすでに、その代表者ジャック＝アラン・ミレールの貢献を見た。彼は、また同輩のジャン＝クロード・ミルネールやイブ・デュルーらとともに、「エピステモロジー・サークル」を立ち上げ、六六年一月には『分析手帖』と題された小冊子の発行を開始している。「言説理論の構成に貢献せんがため、未公表の是非を問わず、論理学、言語学、精神分析、ほかあらゆる分析諸学に関するテクストを提示する」[3]と謳ったこの冊子は、ラカンの精神分析教育に大きく焦点を当てながら、のちにはデリダやフーコーをも巻き込んで、当時の知的磁場の形成に大きく貢献したものとして知られる。さらにミレールを筆頭に、彼らの何人かは、ラカンが立ち上げたばかりの「パリフロイト学派」に参加して「カルテル」と呼ばれる作業グループを組み、そこで「言説理論」についての共同研究を行ってもいる[4]。彼らのことをラカンが大いに評価していたことは、先に引用したインタビューの続きで次のように述べられるとおりである。「ユルム街のノルマリアンたちもそんなに間違っていないことがお分かりになるだろう。彼らは私の精神分析理論を、エピステモロジー的に拡張しようとしている」[5]。

ここでの出会いは、ラカンのその後の理論実践にとっての単なる逸話ではない。哲学学生たちとの出会いを、のちの七三年のテレビ放送でラカンは、インタビュアーを務めるミレールに対し、こう振り返って述べている。「特に君たちのところで初めて私は、陰鬱なのとは違う耳に聞かれていると感じたのだ。つまりこの耳らは、私が〈一〉を〈他者〉化するよう求めなかった。君たちに聞いてもらう恩恵にあずかったあの場に私を呼んだ御仁でさえ、そんな風な考えに飛びついたという

(2) *Ibid.*
(3) J.-A. Miller, «Avertissement», *Cahiers pour l'analyse*, No. 1.
(4) J.-A. Miller, «Action de la structure», *Un début dans la vie*, Gallimard, 2002, p. 57.
(5) J. Lacan, «Entretien avec Jacques Lacan par Pierre Daix», *op. cit.*

のに」[6]。前章の終わりに見たように、ここで仄めかされるアルチュセールについて、ラカンはすでにその宗教性への回帰に批判を向けていた。このテレビ放送でも、ラカンはこの箇所の直前、やはり罪としての悲しみを論じながら、それに対置されるものとして、徳としての「悦ばしき知 gay sçavoir」について述べている[7]。理解し、意味へ突入することを目的とするのではなく、意味のすれすれをかすめるような知のあり方である。さて、この「悦ばしき知」への言及は、前年の講演「エトゥルディ」の以下の一節を通って、六一年における無意識概念の規定にまで通じる道を作っている。「科学的言説に最もふさわしい言語であるべく、数学は良心なき学知である。そのことは我らの良きラブレーが約束している。哲学者は塞がれたままでいるしかない学知。悦ばしき学知 la gaya science は、これを魂の廃墟とみなして楽しむのだ。もちろん神経症はそこに生きながらえている[8]」。ここで述べられる「良心なき学知」とはラブレーから取られたものであるが、ラカンはこれをセミネール八『転移』では「無意識の本性を有すもの」としている[9]。無意識を明るみに出す「悦ばしき知」を、ラカンは一貫して追求していたのだ。

このようにラカンが若い哲学者たちと有したエピステモロジーという接点は、六〇年代を経て、晩年の数学的形式化の試みに至るまで、ラカンの理論的実践の重要な縦糸となっている。ラカンはそこにおいて、〈一〉を〈他者〉化すること、つまりはアルチュセールがそうしたとラカンがみなすように、そこにひとつの神学を再設立することとは、別の出口を模索し続けたのだ。我々はここで改めてラカンによる精神分析理論をエピステモロジーという観点から明らかにせねばならないだろう。すなわち知のあり方の徹底的な検討として。あるいはそれゆえにこそいっそう重要性が浮き彫りになるもの、つまり真理の探究の試みとして、である。

2　真理への情熱とロゴス

しかしまずは、ラカンにとってエピステモロジーと真理とは、必ずしも新しい問題ではないことの確認から出発しよう。手がかりとして目を向けるのが、四六年に『精神医学的進化』グループの進歩的精神科医たちが中心となって開催された「心因」をテーマとするシンポジウムでのラカンの講演「心的因果性について」である。[10] この講演においてラカンはさっそくとエピステモロジーと真理の関係に言及している。

プラグマティストと言われる思弁的テーゼが広まって以来、科学エピステモロジーにおいては、

（6）J. Lacan, «Télévision», *AÉ*, p. 528.（前掲書、六五頁）
（7）*Ibid.*, p. 526.（六一頁）ラブレーの「良心なき学知」については、ラブレー『第二之書 パンダグリュエル物語』渡辺一夫訳、岩波文庫、一九七三年、七一頁。
（8）J. Lacan, «Étourdit», *AÉ*, p. 453.
（9）J. Lacan, *Le séminaire livre VIII : Le transfert*, Seuil, 2001, p. 280.（『転移』上・下、小出浩之・鈴木國文・菅原誠一訳、岩波書店、二〇一五年、下、五七頁）以下 *Sé VIII* と略記。
（10）シンポジウム全体は五〇年に『神経症と精神病における心因の問題』として出版されている。L. Bonnafé, H. Ey, S. Follin, J. Lacan, J. Rouart, *Le problème de la psychogenèse des névroses et des psychoses*, Brouwer & Cie, 1950.

真という概念が哲学的にタブー扱いされているから、私がそのタブーに気づいていないのではと驚く方もいるかもしれない。要は皆さんがこれからご覧になるのは、真理の問いがその本質において狂気の現象を条件づけているということ、またこの問いを避けようとすれば、この現象の意義を失わせることになるということである[11]。

狂気を人間的自由の必然として提示することで知られるこの論文において、まず、プラグマティックなエピステモロジーにおける真理の問いの不在が指摘されている。ここでこの指摘には、精神医学という言説領野のあり方をめぐる論争的意図が込められている。シンポジウムにおいて盟友アンリ・エイが、器質力動論的精神医学の立場から精神医学を科学に回収しようとするのを、ラカンは批判しているのだ。ラカンは、エイが、デカルトを素朴にも精神 - 生理二元論に還元していると し、スピノザを参照して得られる「真なる観念」の問いがそこに欠けていると言う。いわばラカンは、スピノザを通じてエピステモロジーにテコを入れることで、精神医学における異端の立場から狂気と真理とを結びつけるのである。これは精神疾患を人間的自由への襲撃とみなすエイの対極に位置している[12]。

こうしてラカンは、医者として「心因 psychogenèse」を論ずるのではなく、哲学に依拠しながら「因果性 causalité」を問う。講演の最後に、彼は自分の立場を次のように擁護している。

探求の中での位置取りに際して、私がデカルトやヘーゲルを好んで参照したのを皆さんお聞きになった。最近の流行りは、古典哲学を「乗り越える」ことだ。私だって、パルメニデスとの見事な対話を出発点にすることもできたのだが。というのも、ソクラテスも、デカルトも、マルクスも、フロイトも、ベールを剝ぐ情熱で研究を行ったものたちだから、「乗り越え」などありえないからである。この情熱にはひとつの対象がある。すなわち真理である。[13]

真理に向けてベールを剝ぐ情熱。ここに医学との緊張の中でラカンが取る哲学的立場の重要要素がある。さて、この最後の参照は、真理についての一つの定義に関わるという点で、ラカンのその後の探究の方向をも示唆していよう。ここで思い出さずにいられないのが、事物と知性の一致という真理の定義を退け、ギリシャ古代に遡り、隠れなさというその原義を掘り出したハイデガー哲学である。フランスへのハイデガーの導入は、三〇年前後から始まっており、ラカンもこれを同時代的に吸収している。[14] 先述の「心的因果性について」においても、ハイデガーは、「真理が啓示を意

(11) J. Lacan, «Sur la causalité psychique», *É*, p. 154.
(12) この論文における論争、並びにその後の交流も含めたラカンとエイの関係については以下に詳しい。M. Charles, *Ey/Lacan : Du dialogue au débat ou l'Homme en question*, L'Harmattan, 2004.
(13) J. Lacan, «Sur la causalité psychique», *É*, p. 193.
(14) ミンコフスキーの著作『生きられる時間』についての三六年の書評でラカンはハイデガーに触れている。J. Lacan, «E. Minkowski, *Le temps vécu. Études phénoménologiques et psychopathologiques*», *Recherches philosophiques*, vol. IV, 1935-36, p. 430.

味する限りで」の、哲学史の「根源的多義性[15]」を指摘した者として参照されている。

しかし知られているように、戦後のこの時代には、フランスとハイデガーの関係に根本的変化が生じている[16]。戦前、(ラカンの友人でもある)ジャン・ヴァールを筆頭に導入されたハイデガーは、実存主義の哲学者として、キェルケゴール、ヤスパースと並べられて論じられていた[17]。だが四七年に、フランスの精神科医ボーフレとの間で交わされた書簡が『ヒューマニズム書簡』として刊行されるのを契機に、一転、ハイデガーはその非実存主義、反ヒューマニズムの側面からフランス哲学に影響を及ぼすこととなる。ハイデガーへの並々ならぬ関心をすでに持っていたラカンが、五一年からボーフレの分析家となったのには偶然以上のものがあるようだが[18]、ともかく彼はそのおかげで、ハイデガーの新たな議論に十分に通じることとなった。五五年にはフライブルクでこの哲学者と直に会うことにも成功している。

また、こうした新たな非実存主義的ハイデガー読解は、この時代のもう一つのラカンの関心と結びついて、彼の精神分析理論に大きな寄与を果たすようになる。すなわちルディネスコが述べるように、五一年は、ラカンが、人類学のレヴィ=ストロース、言語学のバンヴェニスト、数学のギルボーとの間で、「構造」に関する相互の研究を果たした年でもあった[19]。「構造主義」の先駆けと名付け得るような「集団作業」だが、我々の文脈にとっては、ラカンがそこで、新たな科学パラダイム、「推測科学」の示唆を得たことが重要であろう。改めて述べれば、数学的な組み合わせに支配される象徴的な法をめぐる科学であり、ラカン理論を終始、特徴付けることになる、判断や意識なき合理性の科学である。

この合流の成果は、五六年にラカンが編集責任者となって刊行した、フランス精神分析協会機関誌『精神分析』の第一号を眺めることで確認できる。テーマを「精神分析の行動と領野における発話の使用と言語の構造」とするこの号は、バンヴェニストの論文が巻頭を飾り、五三年のラカンのローマ講演が採録されているのだが、さらに目を引くことは、ドイツで五四年に刊行されたハイデガーのテクスト「ロゴス　ヘラクレイトスの断片五〇」の、ラカン自身による翻訳も掲載されている点であろう。

　このテクストにしばし目を止めよう。そこでハイデガーは、ヘラクレイトスのある断片の翻訳を試みる。そこではロゴスが「集めおき」と訳され、さらにそれが「現前するものを現前することへと保蔵する」、つまり「隠れなさにおいて出来し存続させる」限りにおいて、「真理と同じである」と説かれた上で[20]、「本来的に聴くこと」に結び付けられる。真理であるようなロゴスを聞くこと、

（15）J. Lacan, «Sur la causalité psychique», *É*, p. 166.

（16）ハイデガーのフランスにおける受容、特にナチズムとハイデガーの関係を踏まえてのその考察については以下を参照せよ。トム・ロックモア『ハイデガーとフランス哲学』北川東子・仲正昌樹監訳、法政大学出版局、二〇〇五年、一八二頁。

（17）J. Wahl, «Heidegger et Kierkegaard», *Recherches philosophiques*, II, pp.349-370. また、A・コイレが創刊したこの雑誌 *Recherches philosophiques* の第一号には、「自由は根拠の根拠である」と論じるハイデガーの二九年の論文「根拠の本質について」の仏訳が «Sur la nature de la cause» の題で掲載されている。

（18）E. Roudinesco, *Jacques Lacan*, *op. cit.*, p. 297.（二四六頁）

（19）E. Roudinesco, *HPF2*, p. 564.

（20）M. Heidegger, «Logos», traduit par J. Lacan, in *La psychanalyse*, no.1, 1956, p. 73(M. Heidegger, «Logos(Heraklit,

そこにラカンが、分析家による聴取を重ねて読み取ったとしても不思議はない。ハイデガーによる最終的な翻訳の一部を、ラカンは次のように訳している。「私、この話す死すべき者の話を聞くなかれ。選ばれるものが読まれるその遺贈物に耳を傾けよ。ただその遺贈物をわかるようにすれば、その時お前は、このことで持って本来的に聞くことになろう Ne m'oyez pas moi, le mortel qui parle ; mais soyez à l'écoute du lais où se lit ce qui s'élit ; êtes-vous seulement d'entente avec celui- ci, alors vous ouïrez de ce fait à proprement parler[21]」。

この翻訳作業が、どのようにラカンの精神分析理論に反響しているか、ここで彼の同年の講演「フロイト的モノ」との比較で検討したい。この講演は、ラカンのいささか奇妙な振る舞いによって特徴づけられる。講演内でこれを語る一人称を、真理へと譲り渡すのだ。「〝私の今いるところに私を見つけるために、どんな印で私を見分けるべきか、これからあなたに教えよう。人間たちよ、聞きたまえ、私があなたに秘密を教えるのだ。私、真理が話しているのだ[22]〟」と。そこでは、こうした語りを聞くことの重要性が説かれる。先の翻訳のパラフレーズのようにも見える、以下のラカンの解説を読もう。

心理に関する客観化がその原理においてしたがっているのは、主体を観察対象としてのみならず、観察者としても支配している誤認の法則である。だが、あなたが主体へ向けて話さねばならないのは、主体についてではない。〔心理的客観化の〕仕事にはそれで十分であろうが、だとしても、そもそも主体が話しかけているのはあなたに対してではないのだから。あなたが主体にむけて何かについて話さねばならないとすれば、それは文字通り、別のモノについて、つまり、主体について話すときに問題となるものとは別のモノについてである。そのモノが、あなたへと話しかけている。主体が何を言うにせよ、このモノは主体にとってずっとアクセスできないままであるだろう――あなたへと向けられた発話となったこのモノが、あなたのうちにその応答を引き出すことができなければ。そして裏返しの形でそのメッセージを聞いたあなたが、それを主体に向けなおしながら、それを承認しつつ、彼にもその真理を承認させてやるという二重の満足を彼に与えることができないのであれば[23]。

すなわち、死すべき自我に耳を傾けるのではない。モノがあなたへと話しかけているのであり、分析家はこのモノと主体の媒介者として振る舞い、そのメッセージを捉え、主体にその真理を認めさせてやらねばならない。ここではモノ＝真理が、ハイデガーにおける真理＝ロゴスと同じ位置を

Fragment 50)», *Gesamtausgabe* Bd. 7, S. 225／「ロゴス」『ロゴス・モイラ・アレーテイア　ハイデッガー選集三三』宇都宮芳明訳、理想社、一九八三、二七―二八頁）

（21）*Ibid.*, p. 78.（S. 230／三六―三七頁）遺贈物 Legs のフランス語古語 lais については、七〇年のポケット版『エクリ』序文で、以下のように論じられている。「「lais」とは、〈女〉が決して持たなかったがゆえに遺贈するものを云う。そこからして真理は井戸より出るが、ただし半身のみである」。J. Lacan, «Préface à l'édition des Éctis en livre de poche», *AÉ*, p. 387.

（22）J. Lacan, «La chose freudienne», *É*, p. 409.

（23）*Ibid.*, pp. 419-20.

占めている。

さらにこの同じ場には、言語を記号の配列の次元へと開く、推測科学的な象徴法則が重ねあわされている。「精神分析的アクション」とは、このとき、この象徴的法則のうちに刻まれた負債へと主体をアクセスさせてやるチャンネルを開くことであった。発話を押しとどめている意味作用の想像的抵抗、自我を支える威光の効果による抵抗を弱め、発話の自白を促すこと、つまり想像的関係から象徴的軸を浮き立たせることである。ラカンは、こうした発話に、真理としてのロゴスの働きを見い出すのである。

とはいえ、ここで、ラカンとハイデガーの間に、すでにある種のもつれが生じていることも見逃してはならない。例えば『ヒューマニズム書簡』で論ぜられるように、ハイデガーにとっては、存在者を明るみのもとに持ちきたらすこと、「脱自的な実存的自由」のもとにこれを存在せしめることとは、形而上学的ヒューマニズムで語られるものよりも、いっそう本来的に人間的なものへ接近する試みである。『ヒューマニズム書簡』に併録された「プラトンの真理論」で議論されるとおり、形而上学的・神学的ヒューマニズムは、隠れなさとしての真理をイデアの太陽の軛のもとに繋ぐことにより、訓育＝パイディアの支配を導き入れるものであった(24)。ハイデガー的存在論は、こうした形而上学を批判しながらも、「非人間」を擁護するのではない。「存在の真理に奉仕するようなフーマーニタース(25)」を思索することをもって、いわば形而上学あるいは技術的なものの支配からの快復を示唆するものだと考えられよう(26)。

他方でラカンにとっての真理の規定において欠かせない特徴とは「非人間的」、ということだ。

「フロイト的モノ」の末尾にすでに次のように言われている。「というのも、そこに現れる真理とは、とびきり込み入ったもの、その使い道の乏しいもの、現実性にとってのよそ者、性選択に抗うもの、死に近しいもの、そしてつまるところ、むしろ非人間的なもの、だからである」[27]。このラカンの立場、ハイデガーよりも非治療的にさえ見えるこの立場をいかに捉えるべきであろうか。同時期の別のテクストでは、次のようにも述べられる。「フロイトが抑圧されたものの回帰の様態のもとに認めた、真理の恥ずべき顕在化[28]」と。ラカンがハイデガーとの間に置くこうした隔たりは、後年において、存在論 ontologie をもじって恥在論 hontologie[29] へと、あるいは「死へ向かう存在」を「性へ向かう存在[30]」へとずらすことで、自覚的に表現されるようになる。精神分析家ラカンは、セクシュアリティに触れる領野を足場にしながら、明るみの中に照らし出されるロゴスとは別のものを、真理の場に重ねているようだ。このもつれを深めんとするラカンの歩みを確認するために、もう一度、

(24) M. Heidegger, *Platons Lehre von der Wahrheit : Mit einem Brief über den "Humanismus"*, Francke Verlag, 1947, S. 49-50.（「プラトンの真理論」『ハイデッガー選集一一』木場深定訳、理想社、一九六一年、七七―七八頁）
(25) *Ibid*., S. 104.（『「ヒューマニズム」について』渡邊二郎訳、ちくま学芸文庫、一九九七年、一一二頁）
(26) しかし『ヒューマニズム書簡』でハイデガーは、存在のもとでの悪＝病の訪れについても述べ、存在を「争い含みなもの」としていることは極めて重要と思われる。*Ibid*., S. 112.（一三一頁）
(27) J. Lacan, «La chose freudienne», *É*, p. 436.
(28) J. Lacan, «La psychanalyse et son enseignement», *É*, p. 458.
(29) J. Lacan, *Le séminaire livre XVII : L'envers de la psychanalyse*, Seuil, 1991, p. 209. 以下 *Sé XVII* と略記。
(30) J. Lacan, «Allocution sur les psychoses de l'enfant», *AÉ*, p. 365.

精神分析実践の問い直しの中で真理の問題が拾いあげられる場面を調べねばなるまい。

3　私、真理が話す

ここで我々はラカンの六〇年代における理論の発展に目を移したい。前章で見たとおり、ここではむしろ、ロゴスと真理のズレが強調されていくこととなる。つまり知と真理の分裂が問題化されていくのだ。ラカンはこのとき、精神分析実践そのものの内部に、もう一度、理論の目標を定位しなおす。そして発話行為との関連から、まずは「知」について、一つの概念規定を明らかにしていく。前章の議論と重なる部分もあるが、改めてこの分裂と発話の関係を一貫した見方で論じ直しておきたい。

ここではまず二つの場面の比較から出発したい。まずはラカンの六一年一一月一五日（セミネール九『同一化』）の講義に目を向けよう。そこで彼は、発話行為という観点から、デカルトのコギトと、嘘つきパラドクスを比較するという試みを行っている。まずは嘘つきパラドクスについて、「私は嘘をつく」という対象命題と、嘘をつく行為との間の開きを指摘しつつ、そこを埋めるものとして、ある知のあり方が取り上げられる。すなわち、「「私は嘘をつく」と私は知っている」。この知、想定された知が、行為の次元を消し去るのだというわけである。デカルトのコギトについても、同じ開き、「私は思惟する」という命題と、それを思惟している行為との開きが指摘される。そして同じく、この行為は、「「私は思惟する」と私は知っている」と表現できるような、あらかじめ想定された知に先取りされることで、無視されている。行為の前から知っている私が想定されているというわけであり、ラカンはここに「知を想定された主体 sujet supposé savoir」という概念を導入することになる[31]。

同様の議論が『四基本概念』(六四年)においても取り上げられている。ただしこのときには、知の位置づけに変更がみられる。ここでも同じくデカルトは「そこにひとつの知があると考えたせいで間違えている」のだと指摘されるのだが、さらに続きがある。「彼は、この確信について自分は何かを知っている、と言ってしまった。「我思う」を単なる消滅の点にしておかなかった。それは彼が別のことをやったということだ。何事か領野に関することを。彼はこの領野を名付けていないが、そこには彼が根本的に宙吊りにしておくのが良いと言っていたすべての知が、うようよしていよう。彼はこれらの知の領野をより広い主体のところに置いた。知を想定された主体、神のところに。知られるように、デカルトは神の現前を再導入せざるをえなかったのだ。しかしなんたる奇妙なやり方か[32]」。

知は今や、発話者とは別の場、発話の宛先へと預けられている。とはいえ、ここで重要なのは、知を想定された主体が、実際に誰なのか、分析家なのか分析主体なのか、を特定することではない。いずれの方に位置づけられるとしても、知は常に、発話の行為性そのものを先取りして、省略させ

(31) J. Lacan, *L'identification : séminaire 1961-1962*, Association freudienne internationale (hors de commerce), 2000, p. 20. 以下 *Sé IX* と略記。
(32) *Sé XI*, p. 204.(三〇二頁)

る。私が話し出すことを「知っていた」何らかの者がすでにある、といった具合に。それゆえにこそ問題は、この知る者としての〈他者〉との間で、行為の次元を再び煌めかすような、ある種の弁証法を展開させることだ。前章でも見たとおり、それは〈他者〉が「間違える」という可能性、知られていると想定されたものの外部に関わる弁証法である[33]。

　間違えることが開く、知の外部。ラカンはここに「真理」の現れを確認する。何を知っていると想定されるのか、という問いかけに対して、六四年の春にラカンはこう答えていた。「いったんそれを口にしたなら、誰も聞き逃すことができないようなこと〔……〕単純に言って、意義 signification」であると[34]。しかし、六六年には、次のような答えが返る。「分析家は実際、知を想定された主体である。なんでも知っていると想定されている。ただし、患者の真理とは何か、ということを除いて[35]」。知の想定は、こうした「取り違え」の可能性の中に、真理のかすかな隠れ家を残す。六七年のテクストで言われている通り、「フロイトの画期とは、主体把握などとは全く異なる場からこそ、一つの知が漏れてくるとしたことにある。その知は、主体についての取り違えにしか至らないのだから[36]」。

　このように六〇年代に入ると、ラカンにおいては、発話行為の問題を軸に、知の想定と、そこで取り違えられる真理という二極の分裂が強調されるようになることは、前章でも確認した。六四年以降、近代科学の身分が問い直されるのも、まさにこの分裂という観点からであった。セミネール一一『精神分析の重大問題』の六五年六月九日講義を見よう。そこでは、デカルトのコギトの歩みが「確実さ」を目的に据えていることが確認された後で、次のように明言されている。

真理を主体と知の弁証法の外部へ投棄すること、これがデカルトの歩みの豊かさの肝なのだ。というのも、確かにデカルトはまだしばらくは、思考者として、「永遠真理」の伝統的保証の殻を保持することができている。永遠真理がそれとしてあるのは、神が望むからだ、というわけだが、しかし、こうすることで彼は、真理を厄介払いしてもいるのだから。こうして開かれた道に、科学がやってきて、歩みを進めていく。科学は、真理による基礎づけにもはや煩わされることのない、一つの知を設立するのだ[37]。

ラカンにとって、デカルトはこの点で、近代科学の紛うことなき出発点、知の歴史の不可逆的な閾とみなされる。真理による基礎づけを免れた知を前方に向けて、換喩的、序数的に紡いでいく主体、〈科学の主体〉である。また、数学者にしてラカン派分析家であるシャロ一の言葉を借りれば、

（33） *Ibid.*, p. 212.（三一六頁）
（34） *Ibid.*, p. 228.（三四二頁）
（35） J. Lacan, *L'objet de la psychanalyse : séminaire 1965-1966*, Association freudienne internationale (hors de commerce), 1999, p. 152. 以下 *Sé XIII* と略記。
（36） J. Lacan, «la méprise du sujet supposé savoir», *AÉ*, p. 336.
（37） J. Lacan, *Les problèmes cruciaux pour la psychanalyse : séminaire 1964-1965*, Association freudienne internationale (hors de commerce), p. 414. 以下 *Sé XII* と略記。
（38） N. Charraud, *Lacan et mathématiques*, Ed Economia, 1997, P. 57.

そうした知のうちで「自らの確信を探し、この確信を真理の指標として捉える者の歩み[38]」に関わる主体である。ラカンはここでは知を、「想定」されるものというよりもむしろ、マルクスが資本について語るのになぞらえつつ、原蓄積されたものとしている。資本がそこで自己を増大させるのに似て、知もまた、自ら固有の法則に従って、己を生産し、増大させる。「知は、その現前、その塊、その固有の増加において、直観とは別の法則に支配されている。この法則とはつまり、象徴的ゲームの法則であり、数字と現実の緊密な交接の法則である[39]」。

ここで象徴的ゲームの法則と言われるものは、ラカンが推測科学と述べていたものを受け継いでいるだろう。ただしこのときにはもう、その位置づけが動いていることは確認しておかねばなるまい。かつてロゴス‐真理として、発話行為が到達すべきものであったこの象徴的法則は、今では、肝心の真理を取り逃がすものとして提示される。それゆえ、今後改めて問うべきは、知の蓄積に先立つ主体へと、いかに探求を延長することが可能であるか、ということだ。「近代心理学が作られたのは、いかに人間存在が資本主義構造の中で振る舞うことができるかを説明するためだった。それと同じく、主体の同一性探求の真の核は、いかに知の蓄積以前に主体が支えられるかを知ることである。まさしくこの状態、この究極状態を、フロイトの発見は揺るがすのだ[40]」。

であるからこそ、今度は発話行為は、象徴的法則の亀裂の点に位置づけ直されねばならない。コギトについてラカンは今やこう述べ直す。「私が語るところ、私が述べるところに、存在の「我あり」の予兆が生み出されるのではない。この語りのつまずき、間断に、私は自らの主体の身分を見出すのだ。そこで真理が私に予兆される。私はそのとき、私の発話のうちで訪れるものを、待ち構えてなどいない」[41]。真理を予兆する発話の行為、ただしそれは、虚をつき、隙間をかいくぐって、失敗や驚きとともに為される行為である。

そのことはまさしく、前章でも見たとおり、発話の原因という問いに、我々を連れ戻す。六五年一二月一日の講義、すなわち「科学と真理」では、ラカンはコギトが何よりも発話行為であることの確認から始めて議論を展開している。「試しに「我思う、『ゆえに我あり』と」と書いてみると読み取れるように、思考が存在を基礎付けるのは、この思考が発話において結び合わされ、そのうちで演算のすべてが言語の本質に触れるときに限る」[42]。そして、そこにすかさず付け加えられる。「何物も原因を支えとしてしか話をしない」[43]。確かにそもそも、何がこの発話行為そのものを支えているのだろうか。この発話のバネとしての「ゆえに」の身分、「原因としての真理」の身分とはどのようなものか。

なぜ話すのか、このシンプルな問いにおいて、「科学と真理」は、「フロイト的モノ」におけるラカンの擬人法に、五六年当時とは別の光をあてる。つまり「私、真理が話す」だが、今度は知の裂け目において現れるその様態を強調せねばならない。重要なのは、主体が承認すべき類の真理、そ

（39） *Sé XII*, p. 414.
（40） *Sé XII*, p. 414.
（41） *Sé XII*, pp. 414-5.
（42） J. Lacan, «la science et la vérité», *É.*, pp. 864-5.
（43） *Ibid.* p. 865.

うした真理を言うことでも、その真理について何か述べることでもない。真理そのものが話すというその行為性、出来事性をつかむことだ。従って、この真理の発話は正しく、「真理について真理を言うこと」の不可能と両面をなすものとして理解されねばならない。ある言表の真性について、真なる判断を下す審級はない。これをラカンは「科学と真理」では、メタ言語はない、と述べる。あるいは「主体の転覆と欲望の弁証法」では、〈他者〉の〈他者〉はない、〈他者〉の欠如として論じられ、法や秩序の保証者の根拠の不在として提示されていた[44]。さて、この根拠の不在は、真理それ自体の不可能を一切意味するわけではない、ということに注意する必要がある。ここではむしろ、真理を真理として保証するような知の限界を指すのであり、であるからこそ、この裂け目において、真理が、その行為性そのものにおいて、発話する契機が生じると考えねばならない。真理についての真理を言うことはできない、つまり真理を知として制定できないからこそ、真理それ自体が、「私」として話すのだ。

　真理と知の分割にさらされた近代的な〈科学〉の主体に対して、精神分析は、このような真理の次元をつきかえすこととなる。それは、精神分析がその実践において取り扱う次元である。『精神分析の対象』のセミネール、六六年一月一二日の講義では、科学の主体の議論が、臨床の面から捉え返されている。ラカンはいう、「近代神経症者は、そうとは知らなくても、この科学の主体の現前と共外延的である[45]」。なぜか。それはこの神経症者が、科学の主体にとって分離した真理を代表する者として、精神分析実践において発話の機会を与えられているからである。ここでの関係は同心円的というより、裏表の関係と見える。ラカンは改めて、話す真理とは、科学の主体の裏面としての神経症者であることを強調することになる。「精神分析が開始され〔……〕ひとつの意味を持つにあたり、神経症者とは他ならぬ、話す真理なのだ。これこそ私が真理と呼び、自らの名でそれに語らせたものである。「私、真理が話す」と。我々はまさしくそこに立ち止まり、さらには近づくよう求められている。我々〔分析家〕が耳を傾けているひとこそ、真理を代表しているのだから[46]」。

原因としての真理は、症状を通じて接近される。つまずきの発話、思いがけない発話、言われるべきでなかったはずの発話。まさしくこのような症状の次元、知に抵抗するものとしての次元において、真理は謎めいたもの、問題提起的なものとして登場するだろう。「真理そのものがそのかされる。呼び出される。科学の身分の出現のうちでプロブレマティクとして捉えられんとして、ではない。いわば法廷で自らの弁護を繰り広げんとして。真理の謎という問題を立てんとして。科学の領域で、こうした真理との関係は避けては通れまい[47]」。

こうしてラカンは、真理を発話の出来事性そのものとして提示する。知へと回収されることのない発話。謎の生起としての発話だ。精神分析は、〈科学の主体〉である神経症主体のために、このような発話を捉え返すための裏面として、生じているのである。

(44) J. Lacan, «Subversion du sujet et dialectique du désir», *É*, p. 813.
(45) *Sé XIII*, p. 99.
(46) *Sé XIII*, p. 100.
(47) *Sé XIII*, p. 101.

4　精神分析家――現代のソフィスト

以上のように、六四―六六年の議論では、真理は発話の出来事性として論じられていくことになる。そこにおいて重要なのは、何らかの意味を表現する発話内容であるよりも、むしろ、つまづきやためらい、失敗としてあらわになるような、純化された発話行為だと考えることができる。そうした発話行為が謎として、知の秩序全体に異議申し立てを行わなくてはならないのだ。

このように、分析実践における分析主体の側について、知と真理の分裂という観点から理解することができるだろう。では、他方の極、分析家はそこにどのように居合わせるのだろうか。デカルトにおける神のように、知を自らに想定されることを引き受ける者であるだけだろうか。六五年五月一二日の講義での議論は、この点について、いくらかより複雑な問いへと我々を誘っているので、ここでしばらく検討してみたい。

その日、ラカンは次のような謎めいた分析家の位置づけから出発している。「知のこうした位置づけに対する分析家のフェティッシュとしての機能[48]」と。しかしこれはどのようなことだろうか。答えは、おそらく、ラカンがこの日に行った、弁証法の起源への遡行の意義を考察することで引き出されるだろう。すなわちラカンは、プラトン後期の著作『ソピステス』[49]を取り上げながら、「知者（ソフィスト）」の位置づけについて問い直すのである。ラカンはまさしく精神分析家を、「我々の時代におけるソフィストの登場[50]」だとしている。しかしそれは、分析家が、金をもらっておとなしい動物たる人間の子弟に徳を授ける技術（223b）や、あるいは論駁による教育の技術（231b）などに関わっている、ということだろうか。そのような側面をふまえてラカンがそう述べた可能性も否定できない。だがもちろん最も重要なのは、『ソピステス』における存在論的議論のきっかけとなる技術、虚偽を作り出す技術との関わりである。『ソピステス』における次の問いかけは、そのまま転移の中に現れる分析家をめぐる問いかけと読めるだろう。「ソフィストは見かけだけの像を扱って人を欺くのであり、彼の技術は一種の欺瞞の術であると我々が主張するとき、我々は、我々の魂が彼の技術のために、虚偽をおもいなす（誤った判断をする）のだと主張することになるのだろうか」（240d）。

思い出しておけば『ソピステス』では、この虚偽の身分、あるいはシミュラクル／パンタスマの身分について論じるために、「存在するものが存在する」としたパルメニデスの議論に対して、「父殺し」（241d）が仕掛けられていくこととなる。すなわち、モデルのコピーではないような、「見かけ」のみによって存在するものが確かに存在していると言うために。この非存在もまた存在である、と言うために。バルバラ・カッサンの言い方を借りれば、『ソピステス』は存在論を横切って新たな存在論を生産する。「『ソピステス』の客人は、ゴルギアスの『非存在論』のリメイクを提案する。

（48） *Sé XII*, p. 341.
（49） 以下を参照。『プラトン全集三　ソピステス・ポリティコス』藤沢令夫・水野有庸訳、岩波書店、一九七六年。
（50） *Sé XII*, p. 348.

全てはプラトンを利する。というのも、彼はすでに亡き父祖パルメニデスをもう一度殺しながら、同時に、その栄光を自分のものにするからだ。このようにしながら、彼は、存在論の根本的な批判を緩め、新たな存在論言説のために存在を生産する言説とする。もちろんプラトンの言説のことである。そこでは非存在は「他」として、すなわち〈存在〉の類の一つとして場を持つことができる」[51]。ここで確認のため、該当する『ソピステス』での議論を引用しておこう。「「あらぬ」や「ない」を示す否定詞「非」（メーやウー）が前に付せられる場合、この否定詞は、後に続く語とは別の——むしろ、否定詞の後に発音される語に対応する所の事物（ことがら）とは別の——様々のもののうちの何かを告げているのである」（257bc）。

非存在を「他」として設立するこの議論が、分析において〈他者〉の場を占め得る分析家の身分を模索するラカンの関心を引いたことは疑いない。その上で、ラカンはここに、一点、彼自身の論点を追加している。それによれば、この〈他〉とは、「余分の一 un-en-plus」である。また、さらなる言い換えに従えば、欠如でありかつ特異であるものだ。このような規定を通じて、ラカンは何を言おうとしているのだろうか。

ところが実のところ、ラカンは、自分自身でこのテクストの読解を進めていない。このテクストをもとに、「歴史の中で提示される、精神分析家それ自身の現在的痙攣の特徴が読めるような、玉虫色の輝き、見事な相似[52]」を示す役割を彼の聴衆に委ねている。これに答えたのがラカンの古き聴衆、精神科医グザヴィエ・オドゥアールと、新たな聴衆、ノルマリアンであるミルネールであり、二人がラカンのゼミ内で行った発表はそれぞれ、「精神分析の対象」を特集する『分析手帳』第三号に掲載された。ここで問題として提示され始めたことは、六〇年代フランス思想の急所にも関わることと思えるので、ここで整理しておきたい。

分析家がその場を占めることがありうるような非存在の身分とは、いかなるものか。これについて、六五年五月二六日に精神科医であるオドゥアールが行った報告は、『ソピステス』における「見かけ（シミュラクル／パンタスマ）だけを作る技術」をめぐる議論（235D-236C）に手がかりを得ている。そこでは、ちょうど巨大な彫刻が鑑賞者の視点を先取りして頭部を大きく作る場合のように、「あるがままの釣合いではなく、美しいと思われるような釣合い」（236A）を像に与える技術が取り出されていた。これを踏まえオドゥアールは、「シミュラクルはコピーと異なり、観察者の視角を含む構成物である」[53]とし、またそれゆえソフィストとは、対話者の視点から見た錯覚を生み出すものだとする。さて、ここで問われるべきコピーとシミュラクルの隔たりを、彼は、普遍的主体と特殊な主体の隔たりに回収する。「非存在は、実際、我々にとっては主体の問いである。というのも、もしパンタスマが可能なら、それは、主体が、普遍的で全てを見通す〈主体〉との関係で占める特殊な位置に由来するからだ[54]」。すなわちシミュラクルとは、〈主体〉から主体を作り出す「構

(51) B. Cassin, *Jacques le Sophiste*, Epel, 2012, p. 64.
(52) *Sé XII*, p. 348.
(53) X. Audouard, «Le simulacre», *Cahiers pour l'analyse*, vol. 3, 1966, p. 63.
(54) *Ibid*., p. 65.

成的隔たり」[55]として理解されるのである。

我々はここで、真理と仮象の関係をめぐる問題に接近していると言って良いだろう。オドゥアールが議論に導入する一つの遠近法主義（＝観察者の視角）の存在は、我々にニーチェの有名な箴言を思い出させる。「真理とは、それなくしては特定種の生物が生きることができないかもしれないような種類の誤謬である」[56]。では、シミュラクルとは、こうした誤謬としての真理なのだろうか。ハイデガーが論じたように[57]、この命題とともに遂行されるニーチェの反プラトン主義においては、真理と仮象の世界は、その反目的関係ごと同時に廃絶される。また、そのことはそれらが整理される位階秩序の単純な逆転ではなく、むしろ別様の組織化を要求する。しかるにオドゥアールが、全てを見通す普遍的〈主体〉からの隔たりとしてシミュラクルを規定しようとする限り、非存在たる〈他〉は、せいぜい普遍に対する特殊に過ぎず、依然として、全体からの逸脱、例外、劣化として位置づけられることになるだろう。そこでは、『ソピステス』における父殺しの未遂が、むしろ再確認されるのだ[58]。

それでは、非存在の身分を論じるための別の展望とは、どのようなものだろうか。ここで、もう一人の報告者ミルネールの議論も見ておこう。六月二日、彼は「シニフィアンの点」と題するその報告の中で、もう一度、『ソピステス』における非存在の生起を辿ろうとする。肝心の点だけまとめておこう。そこで、彼は『ソピステス』で論じられる「存在」の振る舞いを、「項としての存在」（あるいは単に「ある」）と、「拡張としての存在」（あるいは「〜である」）とに区別した上で、その明滅的な交代の動きを以下のように追っている。1．「項としての存在」が、拡張によってどんな項にも混合され得るものとして定義される。２．拡張としての働きにより、存在があらゆる項に割り振られる。こうして各項が存在するようになる。３．存在するようになった各項は、「項としての存在」を否定する（『ソピステス』で論ぜられる「他」の局面）。各項の元には非存在が輪郭として現れる。４．「項としての存在」は、各項を拒絶する（「同」の局面）。非存在は、すべての項を飲み込む深淵として固定される。[59] こうして、非存在は、存在が拡張として潜在化し、項として顕在化するその運動の中で、自らも輪郭として不定に現れつつ、また深淵として固定化されるのだと、ミルネールは論じるのである。

さて、この議論におけるミルネールの狙いは、『ソピステス』における存在‐非存在の議論を、シニフィアン連鎖の理論へと接続することであった。実際、この議論は、彼がミレールらと共同で

(55) *Ibid*., p. 71.

(56) フリードリヒ・ニーチェ『権力への意志』原佑訳、ちくま学芸文庫、一九九三年、下、三七頁。

(57) M. Heidegger, *Nietzsche : Gesamtausgabe, Bd. 6.1*, Virrotio Klostermann, 1996, S. 202-213.（『ニーチェ』Ⅰ・Ⅱ、細谷貞雄監訳、平凡社ライブラリー、Ⅰ、二七四―二八八頁）

(58) しかしこのオドゥアールの議論について、ドゥルーズは強く読み込んだ上でこう論じている。「シミュラクルは、観察者が見渡すことのできないほど、大量の次元、深さと隔たりを含意している。観察者が類似性の印象を体験するのは、観察者がそれらの次元・深さ・隔たりを見渡すことがないからである。シミュラクルは自己の内に示差的な観点を含み込んでおり、観察者の方は、自己の観点とともに変換され変形されるシミュラクルそのものの一部になる」。G. Deleuze, *Logique du sens*, Minuit, 1969, p. 298.（『意味の論理学』上下、小泉義之訳、河出書房新社、二〇〇七年、下、一四二頁）

(59) J.-C. Milner, «Le point du signifiant», *Cahiers pour l'analyse*, vol. 3, 1966, p. 76.

作業している「言説理論」プロジェクトを背景として準備されている。先に見たように、「縫合」においてミレールは、0と1の交代的継起をシニフィアンのミニマルな構造であると主張していた。ミルネールのここでの議論もまた、拡張と項の動きに即して、存在および非存在の現れを規定するものであり、広い意味で「構造的因果性」概念に合流するものと捉えることもできるだろう。オドゥアールの見方が、普遍的〈主体〉からの構成的隔たりを強調するものであるなら、ミルネールの見方は、二つの様相の内在的展開として非存在を位置づける限りで、新たな見方を提示している。

さて、こうした二つの議論をラカンがどのように評価したかについては、実のところ、発表後の彼のコメントからも判然とはしない。しかしおそらくラカン自身の見解については、第三の見方と呼べるようなものを認めることができる。この点を最後に確認しよう。

六月九日の講義でラカンは科学と精神分析の接点を、「プラトンのイデアとは反対に」、「知の近代的弁証法における真理の復活の場に結びつく関係性、そこから何が実現され得るか」という点から考えようとしている。[60] すなわち、ラカンにとっては、観察者的主体性の一種の分有が問題なのではない。とはいえ、ノルマリアンたちの言説理論をそのまま採用するというのでもない。重要なのは何より、分析家の位置を、この考察の中に特定するという実践的な問題なのだから。先に記した通り、この位置は、欠如にして特異的なものとしての「他」の規定に関わる。すなわち「他」の場に、ラカンは「欠如としての主体の絶対的特異性」の生じる場を見るのだ。さらにそのシミュラクル的な現れを、彼はここで「分析経験で自我イメージの源泉として与えられるのよりも一層ラディカルな想像性 imaginarité」として把握しようとする。[61] つまり他者としてのソフィストのシミュラクル性は、自我の誤認の効果であるようなイメージよりも、一層ラディカルな想像性を根拠とする、というわけである。ここにラカンは、イデアの軛に従うのでもなく、また在‐不在の自律的連鎖の帰結とも異なる形で、真理と仮象の新たな結びつきのあり方を探るのだ。真理の到来をめぐる次の決定的な論述に目を向けよう。

主体がその真理を見出すたびに、彼はそこで自分が見つけるものを対象aに変えてしまう。そこにドラマ性があるのだ。分析経験が我々を押しやる、絶対的に前例のないドラマ性が。というのも、そこでこそ我々は、プラトンが、泥のイデアや垢のイデアもあるだろうかと問うた時、それが些細な問いでも、おまけの問いでもないことに気づくのだから。分析経験が明らかにするように、人は分析経験において、彼が真理の点において到達するものを、黄金以外の多くのものへと変えるようになる。対象aの支えの可能性の一つの本質的項としてクズを導入すること。そこにまさしく、私が前例なき手がかりと呼ぶものがある。隠されつつ部分的には暴露不可能な第三項の代わりにあるような対象aの身分。そこでこそ分析経験は、知の彼岸にあるもの、主体との関係ではつまり真理を、ラディカルに問うよう我々を導くのである。[62]

（60） *Sé XII*, p. 411.
（61） *Sé XII*, p. 418.
（62） *Sé XII*, pp. 418-9.

対象 a として示されるこの想像性が、真理と結ぶパラドクサルな関係に注意しなければなるまい。真理はまさしく見出されると同時に見失われる。ミダス王のように、手に入れた瞬間に別物へと変化する。ラカンは、ハイデガー的な隠蔽と暴露の両義性を、まさにその両義性自体に定位し強調を付しながら引き受けるのだ。仮象と真理の設立された二元性ではなく、両者にとっての境界的なもの、架橋的なものとしての「手がかり」が問題となる。ここで強調せねばならないのは、泥や垢やクズのイメージのもとで、「他」として生じる何かを通じてこそ、普遍でも特殊でもない特異性が捕まえられる、というラカンの考えである。そうしたクズを、イデアからの遠ざかりにより測るのではなく、それ自体によって真理の身分を請求しにやってくるものとして肯定せねばならない。内容をもっともすり減らしたこのイメージ、想定された知の余剰を構成するこの取り違えの契機こそが、それ自体として肯定されねばならず、そこにラカンは真理の再浮上を見るのである。

分析家がソフィストであるならば、まさしく彼は、分析主体の真理の発話に応じる形で、こうした知の余剰に閃く想像性を、自ら引き受けるものでなくてはならない。そこでの真理の手がかりは、決して新たな知の要素に加わるのでも、まして自我の新たな承認の基礎となるのでもなく、謎めいたボロ布として、分析家にまとわれるのだ。

5　数理的形式化——マテームと真理

以上を通じて我々は、特に六四年から六六年にかけてのあいだ、知と真理の分裂というテーマが、どのように分析実践の構成と重ねあわせられるようになったかを、確認したと言えるだろう。神経症的主体における、つまずきの発話、だがそれゆえに純粋な出来事として取り出しうるこの発話、つまりは症状的な発話にこそ、真理の出来を見る。と同時に、それが非存在のまま存在しうるための手がかりとして、分析家の身分が検討される。分析家は、知の亀裂に由来するボロ切れをまとわされるべく、そこにいることになろう。

さて最後に我々が検討しておきたいのは、こうした分析実践の理論的定式化の側面である。ラカンはそこで数学・論理学に取り組むことになるが、そのとき真理はどのように接近されることになるのだろうか。

ここでまずは現代論理学への関心を見ておこう。六六年一月一二日のセミネールで、ラカンは真理の二つの形態を区別することから議論を開始している。第一に科学が真理の機能をそこに還元するものが「アレーテイア」として示される。ここで我々が想起すべきは、知から分離され、また隠蔽される限りでの非隠蔽的な真理という、これまで確認してきた真理の身分であろう。

しかしラカンはここでは、隠蔽のパラダイムによって捉えられる真理から、いったん距離をとる。その代わりに彼が注目するのが「アレーテース」、「中性の真、属性の真」というものだ。すなわちストア派論理学に胚胎し、また近代論理学において復活する、「値」としての真、「真理値」である。(63)

(63) ストア派における「属性の真」について以下を参照のこと。E. Brehier, *La théorie des incorporels dans l'ancien stoïcisme*, Librarie Alphonse Picard et fils, 1908, p. 23.（『初期ストア哲学における非物体的なものの理論』江川隆男訳、月曜社、二〇〇六年、四三―四六頁）

真理についてのアリストテレス＝ハイデガー的な視野から離れながら、ここでラカンはラッセルへと接近している。こうして彼は命題論理学によって真理へのアプローチを試みるのだが、それは何より、この論理学それ自体が象徴的論理操作の体系から出発しているからだ。存在論的前提から出発するのではなく、推測科学的前提から出発して、いかに真理の概念的身分を確保するかが問題となる。

このときラカンが強調するのは、そうした象徴的論理において、真理とは、命題が何を「指示」するか、という問題でしかない、という事実である。この点においてラカンは「指示」を三種類に区別している。第一は、ラカン曰くアリストテレス的なものであり、存在への指示関係、「真とは存在するものが存在するかどうか」、である。第二は「ラッセル的出口」と彼が呼ぶものであり、すなわち「出来事」への指示である。「この賭けはラッセルがおこなったのだが、その唯一の出来事的参照、つまり時空間の突合せは、出会いと呼べるような何かである。それ以来、真をある出来事の蓋然性として定義することができ、偽を、不可能な出来事の蓋然性として定義できるのだ[64]」。

しかしラカンはこの出来事への指示に、ここでさらなる一捻りを加える。第三の指示として、「真理との出会い」があると指摘されるのだ。

〔ラッセルの〕この理論、この領域にはひとつの弱点しかない。それは〔……〕真理との出会いがあることだ。従って〈他者〉の場の次元として私が描くこの次元を、消去することはできない。発話として分節化されるものはすべて、この次元で真として立てられるのだ。嘘さえも。嘘の次

元は、うわべの次元と反対に、真理として肯定される力を持つものである。(65)

ラカンが精神分析において探求する「真」とは、いわば言表行為そのものが持つ肯定的力を差し止める値である。騙しや嘘は、その効果が内容に依拠するわけではないという限りにおいて、まさしくそうした言表の力能自体を指し示す格好の例である。このとき言表は、間違う〈他者〉、知としてそれを位置づけることのできない〈他者〉を介して、純粋な「言われる se dire」という出来事となるだろう。

その上で改めて確認するなら、こうした精神分析的出来事へのラッセル的アプローチは、真理の問いをいわば二重化して提示している。一方で真理とは出来事である（「真理、私が話す」）。他方で、この出来事を参照することにより、言表の真理値が考えられねばならない。この後者の要請は、真理そのものが謎なる発話として生じることとそれ自体を、実践の中で扱い、一つの理論として定式化する必要性と関わっているだろう。つまり精神分析においては、真理との出会いの真性に目印をつけることが実践的に要求されるのだ。

それゆえ重要なのは、ハイデガー的な真理とは別に、命題論理学的な「真理値」という考えを保持することで、分析における真理の手がかりについて理論化することである。すなわち発話が〈他

(64) *Sé XIII*, p. 102.
(65) *Sé XIII*, pp. 102-3.

者〉の欠如を通じて、行為それ自体において把握されるような、出来事の指標について。時にラカンは対象aという自らの概念を真理値として定義しようとしたり、あるいはもっと一般に症状を真理値と呼んだりしているが、いずれにせよ賭けられているのは、真理とは何かという問いそのものよりもむしろ、真理との出会いとはどのようなものであるかを定式化することであると言ってよい。

こうした関心に、我々はラカンにおけるエピステモロジーの試みの主要な動機を認めることができる。最後に、そのうちで最も重要なものの一つ、ラカンにおける数理論理学への関心の高まりを見ておきたい。六七年度講義『精神分析的行為』の概要の報告において、ラカンは、メタ言語はない、という命題についてこう述べている。

「この後者〔「メタ言語はない」という命題〕を、次の点から裏付けておこう。数学でメタ言語と呼ばれるものは、まさに次のような言説である。そこから一言語が除外されんとしている言説、すなわち一言語が努めて現実界たらんとしている言説である。〔……〕まさしく外から、数理論理は数学の構造たる一つの〈他者〉を立証し、また論理であるがゆえに、自らを覆うことはない。それこそが、我々のグラフで言うS（Ⱥ）である」[66]。

次のように理解しておこう。メタ言語は、言説から排除された現実界の言語であろうとする。数学に対して数理論理がその役を引き受けようとするのだが、この数理論理自体は決して数理論理をその外から保証しはしない。しかし数理論理はまさしく、この不可能性を自覚的に定式化する領野であり、その限りで、〈他者〉の欠如についてのシニフィアンS（Ⱥ）の析出に貢献することとなる。ここでは、〈他者〉の欠如ではなく、〈他者〉が欠如することを示す印の存在が重要である。真理の発話の相関項としての欠如が、シニフィアンとして象徴操作に組み入れられるという展望を論理学が開く。であるがゆえにのちにラカンは、大学での精神分析教育において扱うべき学知として、言語学、トポロジー、反哲学に加え、論理学をあげた上で、これを「不可能の様相へのアクセスを可能にするための、現実界の科学[67]」と呼ぶのである。

そこにはまた、真理との関わりにおいて、成果を伝達可能な文字として具体化してきた、数学への関心が接続される。六〇年代後半から七〇年代にかけて、ラカンは、周囲の数学者との対話を経て、その関心をさらに深めていったが、ここでは、その影響の色濃い七一年一二月二日、サンタンヌ病院で行われたセミネール『精神分析家の知』のうちの一講に目を向けたい。ラカンがマテーム〔学素〕概念を最初に導入するものとして知られる講義である。そこで彼は、自らの学説に対する「わからなさ」と数学に対する「わからなさ」とを、ともに「真理愛」から規定しようとする。ラッセルを引きつつ言われるように、数学的形式化は、真理も意味もあらかじめ問題となるのではないような命題をめぐっている。しかし、それでもやはり真理との関係は感じ取られざるをえない――「わからなさ」という一つの症状として。この「真理の受苦性〔ル・パテティーク〕」に取り憑かれた様を微積分の歴史の中で確認する時に、ラカンはいくつかの項や関数すなわちマテームが、まさしく非歴史的な仕方で登場したことを強調している。「今述べたマテームには、一切、遡及的な

(66) J. Lacan, «L'acte psychanalytique», *AÉ*, p. 377.
(67) J. Lacan, «Peut-être à Vincennes...», *AÉ*, p. 314.

系譜学も、歴史的という語を使う必要があるような説明も伴わない」[68]。つまり微積分の定式化が歴史限定的ではなく、ギリシャ数学をもまたよりよく説明するようになるというのなら、そこには歴史的条件を超えた、真理要請との不可分な結びつきがあるはずだ。このようにして、象徴の操作以上のものに数学の形式化を結びつけながら、ラカンは、真理との出会いをめぐる知の析出として、マテームを基礎づけようとしている。

そこには、精神分析の実践が〈科学〉に対して開く謎としての真理から出発して、一つの学知を設立しようとするラカンの飽くなき情熱が認められる。同じ講義でラカンは言う、「精神分析において問題となる真理とは、言語を使って、すなわち発話の機能を通じて、一つの現実界に近づくものである[69]」。だが実践で生じたことを、いかに理論的に定式化するか。マテームによってにほかならない。「言説を定義するもの、言説を発話と対置するもの〔……〕それは言説を規定するのは現実界だ、ということだ。それこそマテームである。私が言う現実界には、数学的道を通ってでなくては、絶対に近づくことができない[70]」。マテームとは、真理の発話の実践をめぐる理論実践が析出する、知のリミットの印なのである[71]。

こうして我々は、ラカンが自らの理論実践をエピステモロジーとして捉えながら、繰り返し分析実践における真理の位置づけを問うてきた様を確認した。五〇年代、想像界の彼岸にロゴス＝真理が見出そうとされたのに対して、六〇年代には、ロゴスそのものが、知と真理の分裂の場となる。このとき真理は分析主体にとって、知として設定されそこなう謎めいた発話として生じるが、他方、分析家は、そうした真理の出来の手がかりの位置に自らの身を置かねばならない。『ソピステス』の読解は、非存在としての〈他〉に、知からこぼれ落ちた真理が回帰する位相を求め、そこに精神分析家の身分、ボロをまとうラディカルな想像性の身分を見出そうとする試みだったとまとめられるだろう。

まさしくこうした分析実践を定式化する作業こそが、ラカンを論理学・数学の厳密さへと向かわせた。真理はそこで、記号／文字と電撃的な接触を果たし、伝達可能性を開くことが期待されるだろう。ラカンのエピステモロジーは、そうした接触を目指す一つの試みだったのである。

(68) J. Lacan, *Je parle aux murs, op. cit.*,p. 57. ここでラカンが「マテーム mathème」の語を導入した背景として、ジャック・セダは、当時、数学に関する助言者の一人であった哲学者ジャン＝トゥッサン・ドゥサンティによる、七一年一一月二七日の講演「マテーシス概念についての考察」との関連を示唆している。以下を参照せよ。Jean-Toussaint Desanti, «Réflexion sur le concept de *Mathesis*», *Figure de la psychanalyse*, 2005/2. No 12, pp. 103-127. ドゥサンティの「マテーシス」論について以下も参照。國領佳樹「J・T・ドゥサンティにおける〈問題〉概念と多元主義」『国士館哲学』一六、八一―九六頁、二〇一二年。

(69) *Ibid.*, p. 60.

(70) *Ibid.*, p. 68.

(71) マテームについてはさらに、アラン・バディウの九四年一一月九日講義での読解も参考になる。そこでバディウは、現実界について教え得るものが科学であるとしつつ、その科学の行き詰まり、すなわち彼曰く「現実界の現実界」ないし「原‐科学的なもの」の場に、マテームを位置づけている。A. Badiou, *Lacan : L'antiphilosophie 3 : 1994-1995*, Fayard, 2013, pp.43-46.

第四章　運命とのランデブー
——ラカン、ドゥルーズ、ストア哲学

1　ストア哲学、ドゥルーズとの間で

一九六九年三月一二日、エコルノルマルでの講義の冒頭、ラカンは、その数日前に著者から送られてきた一冊の本について話題にしている。『意味の論理学』——ドゥルーズの主著のひとつに数えられるこの本を取り上げるにあたって、ラカンは同時代の哲学者に対するものとしては極めて珍しいことに、著者のエレガンスを率直に賞賛している。ただし自らの仕事とこれを関連付けることを忘れずに。

気づいて悪い気はしないが、彼は幸運にも時間を取ることができて、私の語りが表明してきたことの中心にあるものばかりか——この語りが彼の本の中心にあることは疑いない、というのも

そこでまんま自白されているのだから、「『盗まれた手紙』の講義」がその導入になっており、入り口を定義していることも——私の語りを助けてくれ、養い、あるときには装置を与えてくれたもの、たとえばストア派論理学のようなものまでも、ひとつのテクストに集めることができたようだ。(1)

ドゥルーズが実際にどれほど、またどのように、ラカンからの影響を受けたか(否か)、言うことはそれほど簡単ではない。二人の直接の出会いについては、ドッスの評伝が、そのあまり芳しくない成果を伝えている一方、(2)確かにドゥルーズの六〇年代後半の著作にはラカンの影響が色濃く反映されているように見える。テクスト内で六七年との日付が示唆されている「何を構造主義として認めるか」(発表は一九七二年(3))では、ラカンの精神分析の中心概念であった象徴界の発見をもって、構造主義の第一の公準としながら、議論が開始されている。(4)場所論的に組織化され、また差異に基づき構成される構造の基本概念のここでの提示は、さらに彼の学位論文である『差異と反復』(一九六八)で、同一性の系譜に対し差異の系譜を打ち出す大胆な哲学史の再構築へと合流している。そこでもやはりラカンは、重要な参照の一つとなっている。(5)

「論理的で精神分析的な小説(6)」とドゥルーズが自ら呼ぶ『意味の論理学』では、ラカンのプレゼンスはほとんどその初めから効いている。確かに一見すると、「精神分析的」と称される部分は、本書後半、第二七セリー以降、メラニー・クラインに大々的に依拠して開始される動的発生の記述にのみ関わっているようにも見える。しかし、ラカンにかんして言えば、『意味の論理学』の最初から、直接、間接に、同じ参照、同じ議論の土台が提示されている。ラカンの六六年の論文集『エクリ』はもとより、当時それほど読まれていなかったようなラカンの五二年の講演が取り上げられるほか、さらにはラカンの弟子たちの仕事にまで、細かい参照がなされている。[7] 確証は難しいが、おそらくはなんらかの仕方で、ラカンのエコルノルマルでのセミネールがどのような風だったかまでも、耳に入っていたのではないかと思わせるのは、フレーゲ、ラッセル、ルイス・キャロルといった登場人物が二人の間で同時代的に共有されているからだ。キャロルに関して言えば、ラカンは六四―六五年のセミネールでキャロルのテクスト『不思議の国のアリス』の分析を予告しており（実現はしていない）、また六六年末にはラジオ『フランスキュルチュール』でキャロルへのオマー

（1）J. Lacan, *Le séminaire livre XVI : D'un Autre à l'autre*, Seuil, 2006, pp. 218-9. 以下 *Sé XVI* と略記。

（2）フランソワ・ドス『ドゥルーズとガタリ　交差的評伝』杉村昌昭訳、河出書房新社、二〇〇九年、二〇一―二〇四頁。

（3）フランソワ・シャトレ『西洋哲学の知Ⅷ　二十世紀の哲学』中村雄二郎訳、白水社、一九九八年。

（4）G. Deleuze, «À quoi reconnait-on le structuralisme?», *L'île déserte et autres textes*, Minuit, 2002, p. 239.（「何を構造主義として認めるか」小泉義之訳『無人島1969-1974』河出書房新社、二〇〇三年、六一頁）

（5）例えば『差異と反復』の第二章、「第二の総合」をめぐる議論をみよ。G. Deleuze, *Différence et répétition*, *op. cit.*, pp. 135.（上、二七八頁）

（6）G. Deleuze, *Logique du sens*, *op. cit.*, p. 7.（上、一四頁）

（7）ここでドゥルーズの関心を引いた一つの鍵言葉は、「倒錯」および「幻想」であったようだ。彼も参照した以下の仕事は、ラカンの学派に属する臨床家による。P. Aulagnier-Spairani, J. Clavreul, et al. *Le désir et la perversion*, Éditions du Seuil, 1967.（『欲望と幻想』佐々木孝次訳、サイマル出版会、一九七〇年）本書は日本で最初に、ラカン『エクリ』よりも早く世に出た、ラカン派精神分析の邦訳文献である。

ジュについて語ってもいる。[8] ドゥルーズは第六セリーの最後の注で、ラカンに現れるキャロルの影響についてコメントしている。[9]

さて、こうした共通項のうち、我々にとってはいささか意外なものが、先ほどの引用でラカンが敢えて口にしている「ストア派」の名であろう。もしラッセルやフレーゲといった現代論理学が二人に通底しているに過ぎないというのであれば、おそらくラカンは、それほどまでにドゥルーズを褒めはしなかったのではないか。すでにジャック＝アラン・ミレールら若きノルマリアンたちも飛びついていた現代数学、現代論理学への関心の背後で、まるでラカンとドゥルーズの二人は、ストア派を合言葉に目配せを送り合っているようである。

『意味の論理学』でのストア哲学の重要性は、言うまでもない。ドゥルーズは、まさしくこの本を、この哲学について論じることから開始している。第一に、ストア哲学はここで、彼のプラトン主義の転倒の試みの最前線を担う新たな哲学者のイメージとして呼び出される。エミール・ブレイエを引きつつ早くも第二セリーで論じられる通り、ストア派とは、物体同士が混在し、相互に原因の連結を作り上げるものとしての運命を思考する一方で、そうした混在から生じる別の秩序として、出来事という非物体的なものを見出していた人々である。[10] 彼らはこうして、高所の哲学者が深層に貶めるシミュラクルを、物体の表面における効果として浮上させる。ドゥルーズは、そこに、出来事としての意味が言葉と物との間を循環する様を追求するための探求の地平、つまり表面のトポスを見定めたのだ。[11]「プラトンでは、事物の深層、大地の深層において、イデアの作用に従うものとこの作用を逃れるもの（コピーとシミュラクル）との間に、暗い論争が続けられてきた。この論争の反響が見つかるのは、ソクラテスが次のように問う時だ。すべてのイデアがあるか、毛、垢、泥にもイデアはあるか、それとも何かずっと執拗にイデアを逃れるものがあるか、と。ただしプラトンでは、この何かは、十分に物体の深層に埋められ、抑圧され、遠ざけられも、海に没しきりもしていなかった。今やすべてが表面に浮かび上がる。それがストア派の操作の帰結なのだ」[12]。

この引用におけるプラトンの問い、シミュラクルの問いに、ラカンもまた直面していたことは、先ほど第三章において見たところである。ドゥルーズにおいては『差異と反復』および「構造主義を何に認めるか」に比べて『意味の論理学』で追加されたこのストア派の問題系は、構造主義を精神分析的に新しくすることと不可分であろう。では、その新しさとは何であったのか。こう問うことは、ラカンとドゥルーズの間の強いつながりとともに示唆される、フランス現代思想の核心的問題へも近づくことになるだろう。

こうした関心から本章は、ドゥルーズに先立って、ラカンがストア哲学をどのように取り上げてきたか、確認したい。これまで、ドゥルーズにおけるストア哲学の意義についてはしばしば論じら

（8）J. Lacan, «Hommage rendu à Lewis Carol» ,*Ornicar?* No.50, 2003.
（9）G. Deleuze, *Logique du sens*, p. 55.（上、八六頁）
（10）*Ibid.*, pp. 13-8.（上、二一―九頁）
（11）ダヴィッド・ラプジャード『ドゥルーズ――常軌を逸脱する運動』堀千晶訳、河出書房新社、二〇一五年、一四〇―一四一頁。
（12）G. Deleuze, *Logique du sens*, p. 17.（上、二六頁）

れてきたが、[13]ここでは、そうした議論に先立つ一つの思想史的前提として、ラカンの探求の道のりを整理し、その上で最後に再び両者の接近について考察したい。

2 「構造主義」再考

出発点として、ラカンとドゥルーズの間にある構造主義論の輪郭についての、おさらいをしておこう。周知のように『意味の論理学』の一部は、それに先立ち執筆されたテクスト「構造主義を何に認めるか」と大きく重なっているが、まさにその重なりの箇所に、ドゥルーズのラカン理解は描き出されている。この構造主義者ラカンの要諦は、ドゥルーズのセリー概念により記述されるのだが、そのとき、この例としていくつかの文学と併せて、ラカンの二つのテクストが参照されている。ひとつは『エクリ』所収の「『盗まれた手紙』のセミネール」であり、もうひとつが五二年に哲学コレージュで発表された「神経症の個人神話」である。

さて、ドゥルーズがすでに『差異と反復』で準備していたセリーの概念は、『意味の論理学』では、構造を論じるための基本概念として姿を現している。構造が常に二つの異質なセリーからなる事、それらは相互に反映も同一視もされない仕方で組織化される事、そうした相互関係の中で特異性が配分される事、そして最後にこの二つのセリーはそれらの差異を生み出すパラドクス的要素に収斂していく事がそのとき論じられる。[14]「盗まれた手紙」の例では、国王・女王・大臣と、警察・大臣・デュパンの間に、こうしたセリー化の方法が見出され、またその両者にまたがる「手紙」という対象が取り出されている。一方、「神経症の個人神話」の例に関しては、フロイトの症例「鼠男」(『意味の論理学』でドゥルーズは誤って「狼男」としている)に関して、「借金」という収斂の点を通じて結ばれる、親のセリーと子のセリーとの二つが取り出されている。[15]

ここで、ドゥルーズが「セリー的方法論にとり本質的[16]」と呼ぶこの後者のテクストに戻り、ラカンの実際の議論を確認しよう。「鼠男」症例[17]は、フロイトが神経症の「中核コンプレクス」という考えを打ち出す強迫神経症の症例として知られているものだが、哲学者に向けてのこの講演の中で、ラカンはこれについて、誕生以前から主体を待ち受ける「家族的星座[18]」を強調している。すなわちこの症例では、借りてもいない借金をともかく返さねばならないという強迫をめぐり、主体の生まれる以前にその父親が行った選択、貧しい恋人を捨て、金持ちの婚約者を選ぶという選択が主体のうちに反響を持つ様が浮び上らされているのだ。これを受け、ラカンは、親と子の二つの世界が、単純な解決を与えられない仕方で接続される様を強調する。「状況が示すのはある種の多義性、複

(13) 近藤智彦「「出来事」の倫理としての「運命愛」——ドゥルーズ『意味の論理学』におけるストア派解釈」小泉義之・鈴木泉・檜垣立哉編『ドゥルーズ/ガタリの現在』平凡社、二〇〇七年。

(14) cf. G. Deleuze, *Logique du sens*, pp. 65-66.(上、一〇〇—一〇一頁)

(15) *Ibid.*, p. 54.(上、八二—三頁)

(16) *Ibid.*, p. 55.(上、八六頁)

(17) S. Freud, «Bemerkungen über einen Fall von Zwangneurose», *Gesammelte Werke VII*, Fischer, 1941.(「強迫神経症の一例についての見解」福田覚訳『フロイト全集一〇』、岩波書店、二〇〇八年)

(18) J. Lacan, *Le mythe individuel du névrosé*, Seuil, 2007, p. 20.

視である。負債という要素は同時に二つの面におかれている。まさしくこれら二つの面を一緒にすることの不可能性の中で、神経症者のドラマすべてが演じられる[19]」。

このような症例を、ドゥルーズはセリーとして取り上げるのだが、ここで我々の目を引くことの一つは、彼がこの症例における子、すなわち主体の側をシニフィアンのセリー、親の側をシニフィエのセリーと呼んでいることである。このことは、おそらくラカンのその後の五〇年代の論の展開を思えば、いささか意外であろう。というのも、ソシュール言語学の積極的利用を開始することで、ラカンがその後に展開したのは、シニフィアン連鎖の優位による主体の決定という方向性のように思われるからだ。実際、言語学的な理論化の試みの中で、主体の誕生以前にある「家族的星座」は、「シニフィアンの宝庫[20]」たる〈他者〉の言説である、とされていく。さらに、シニフィアンの優位が強調され、シニフィエの次元が従属的なものへと落とし込まれる。「シニフィアン理論の還元主義的性格」とのちにガタリが呼ぶこの傾向は[21]、例えば五七年の論文「文字の審級」での、次のような言に端的に表現されるだろう。「主体は、言語の奴隷とみえるかもしれないとしても、それ以上にひとつの言説の奴隷なのである。彼は生まれたときに、固有名という形にすぎないにせよ、その位置をこの言説の普遍運動のうちに書き込まれている[22]」。

このようにして出てくるものは、例えばアルチュセールが、その「言語の形式上の構造とその「メカニズム」が持つ優位性[23]」を強調するような、ラカンの構造主義精神分析理論である。一方、ドゥルーズのラカン読解は、ここでは全く独自の道に置かれていることは重要だ。シニフィアンとシニフィエは、彼にとっては二つのセリーにおける意味の機能に応じて定義されている[24]。例えばドゥルーズはある箇所でこれを、「存立するもの insistant としての意味」と「後から加わるもの survenant」としての意味の配置により区別している。[25] あるいは二つのセリーをシニフィアン、シニフィエへと割り振るのは、意味の配分を司るパラドクス的要素である。シニフィアンのセリーにおいてパラドクス的要素は過剰としてあり、シニフィエのセリーにおいては不足としてある、とする定義だ。こうしたパラドクス的要素を中心に、同時成立的な二つのセリーの差異形成的関係を記述しようとする点には、いわゆるラカンのシニフィアン優位をドゥルーズが越えていこうとする様が見出されるだろう。

しかしそれでもやはり、我々はここでラカンの五二年のテクストにとどまって、両者の接近にも目印をつけておきたい。強迫神経症患者の側をシニフィアンのセリーとみなす、言い換えれば、「負債」というパラドクス的要素を過剰として含むセリーとみなすドゥルーズの見解は、このテクストでラカンがさらに展開する主体化の議論との関係から、光をあてることができるように思われるのだ。鼠男に関する議論に続けて、図式的であるがと断りつつ、ラカンは男性強迫症の主体一般

(19) *Ibid.*, p. 30

(20) J. Lacan, «subversion du sujet et dialectique du désir», *É*, p. 806.

(21) ドス、前掲書、一三頁。

(22) J. Lacan, «L'instance de la lettre dans l'inconscient», *É*, p. 495.

(23) L. Althusser, *Écrits sur la psychanalyse*, p. 38.(四一頁)

(24) G. Deleuze, *Logique du sens*, p. 51.(上、七八頁)

(25) *Ibid.*, p. 266.(下、九四頁)

に関する次のような論を提示している。男性主体にとっては社会的役割の引き受けが、その主体化にとって欠かせないが、それには性的対象の二重化が伴う。彼曰く、一方で、社会的同一性の獲得に伴い、主体はそれに相応の対象と付き合うが、そこにはどこか「打ち消しの雰囲気」が漂う。他方では、その反対の極に情熱的な追求の対象としての人物が現れ、そこで主体は「致死的な次元の同一化」にまで押しやられる。「この人物に対して、彼は、世界の中で彼を表象して自分の身代わりに生きる任務を任せる。実際、それは彼ではない。彼は排除されていると感じる。自分の生の外へと。彼は生の特殊性と偶然性とを引き受けることができない。自分の実在に一致していないと感じ、行き詰まりが生み出される」[26]。ここに示唆されるシャミッソー的な「分身」の主題は、例えばセミネール二では、想像的な水準で捉えられた症状として議論されており、その際には、象徴的な〈他者〉への通路を開くことが、治療的介入として議論された[27]。しかし、すでに我々が知っているように、のちにラカンは、こうした対象に伴う、「致死的」ないし精神分析の古典的表現として言えば「不気味な」特徴を、むしろ積極的に評価することになる。いわば、この致死的な「ナルシシズムの関係」を、症状と主体性の共実在的な構造として探求すること、そこにこそ、ラカン理論を貫く一つの問題を見ることができる。過剰を伴う主体性の理論、あらかじめ失われた恋人のための「空虚な座 place vide」を伴う主体性の理論としてのラカンである[28]。

してみればドゥルーズによるラカン読解は、まさしく、ラカン理論の基礎にある、こうした主体と空白の二重性をセリー構造として整理したものとみなせるだろう。我々は次いで、ラカン自身がこの問題へとどのように再び取り組むことになるか、確認していきたい。

3　「運命の彩」

言説への従属の裏面としての致死的ナルシシズムという問題を提示していた五二年のこの講演のことを、ラカンは六一年五月二四日のセミネールの中で再び取り上げている。『転移』というテーマで続けられていたこの年度のセミネールでは、分析臨床における分析家の機能が問題とされていた。そうした文脈のもと、ラカンは五二年の講演を思い出し、その後、次のように述べている。「被分析者は分析に何を探しにきているのか。見出すべきものを探しに来ているのだ。いやより正確にいうなら、彼が探すのは、まさに何か見出すべきものがそこにあるからなのだ。彼にとって見出すべき唯一のもの、それはまさしく、極めつけの転義、転義中の転義である。彼の運命というやつだ。……運命、それは何か彩 figure の次元にあるものである。つまり修辞の彩と言うのと同じく、運命の彩と言うためにこの語を使って言えば[29]」。

(26) J. Lacan, *Le mythe individuel du névrosé*, p. 33.
(27) 例えば以下の箇所を参照せよ。*Sé II*, p. 311.（下、一六〇頁）
(28) この点は、ラカンが唯一『意味の論理学』について中身のある、しかし奇妙なコメントを行っている箇所の理解に役立つかもしれない。そこで彼は、ドゥルーズがシニフィエの側で不足としてあるとした対象＝Xを、ぶらぶらうろつく「風船人形」と呼び、さらに「女」と関連付けている（*Sé XVI* , p. 227）。ラカンの運命のテーマと「愛」の関連について以下も参照のこと。D. Eleb, *Figures du destin : Aristote, Freud et Lacan ou la rencontre du réel*, Érès, 2004.
(29) Sé *VIII*, p.376.（下、一八六頁）

運命に関する実践としての精神分析。ここを強調することは、純粋精神分析の追求者ラカンにとって本質的であることに注意しなければならない。第一章ですでに見たように、ラカンにとって精神分析とは、医療行為に還元されるような実践ではない。症状とは単に消失されるべきものではなく、この運命と精神分析の関係を忘れることは精神分析とは何かを見失うことなのだ。ラカンは言う、「もしフロイトの発見が我々に教えたことがあるとすれば、それは、症状のうちに、運命の彩と関わる一つの彩を見るように、ということである(30)」。

さてここで我々は改めて、こうした純粋精神分析への傾斜が、単に個別実践の指針であるだけでなく、精神分析運動全体をも射程に収めたものであることを確認しておきたい。すなわち、分析実践において治療の要求よりも重要なものとして運命の彩の探求を置くことは、まさに精神分析の全体の意義をその開始の点へと遡って、立て直すことである。それは先に論じた「原因としての真理」を、主体のみならず、精神分析そのものに向け直すことである。

この論点は六四年には「破門」を契機に前景化することとなる。彼の新たな学派の設立趣意書は次のように始まる。「私は設立する——精神分析的大義＝原因との関係の中でいつもそうだったように独りで——、フランス精神分析学派を(31)」。問題はここでも二重である。個々の精神分析において主体の探求に関わる「原因」という問題。さらに、まさにそうした「原因」を探ろうとする実践すなわち精神分析を生み出すこととなった「原因」。いわば個体発生と系統発生が合流するようなこの原因の探求の手がかりは、ラカンにより「精神分析家の欲望」として提起されている。「フロイトの欲望については、これをもっと高いレベルに置いた。分析実践というフロイト領野は、ある原欲望に依存したままだと述べたのである。この原欲望はいつも、精神分析の伝達において、曖昧ながら重要な役目を果たしている」[32]。個別の分析の中に働きながら、精神分析全体の大義をも示すような起源が、そこでは問題なのである。

さて、このような原因についてラカンが強調する一つの特徴を抑えておこう。「無意識というcause――この cause という語は、多義的に捉えられるのがわかるだろう。支持すべき大義であり、同時に無意識のレベルにおける原因の機能である――この cause は、必ずや失われた原因＝大義として理解されねばならない、ということだ。それが、この原因＝大義を獲得する唯一の可能性である」[33]。つまり、原因とは失われたものである。だが、それは我々がこの原因からすっかり無縁になってしまった、というわけではない。原因は単に効果において不在になってしまったのではない。「効果のロンド」のうちに参加しようとする、「超事実的、原因的次元の圧力」を認めることが必要である[34]。だが、それはどのような現れをとるだろうか。ラカンは次のように述べている。「この場所で、無意識的原因を定義せねばならない。存在者としてではない。ウーク・オン οὐκ ὂν つまり非存在者としてでもない……この原因はメー・オン μὴ ὂν である。存在がまだ到来していないに

(30) *Ibid.*, p. 379.（下、一九〇頁）
(31) J. Lacan, «Acte de fondation», *AÉ*, p. 229.
(32) *Sé XI*, p. 17.（一七頁）
(33) *Ibid.*, p. 117.（一六七―一六八頁）
(34) *Ibid.*（一六八頁）

も関わらず、それを存在者とするような禁止のメー・オンであり、確信の基礎となるような不可能性の機能である[35]」。

我々はこのような議論のうちに、五二年の主題が姿を変えて現れるのを見るだろう。問題であるのは、存在することの否定ではなく、未到来のものに存在者としての身分を与えるための「空虚な座」である。ここで、ラカンがこのメーという否定辞の機能を取り上げて論ずる箇所を思い出しておこう。セミネール七では、ソフォクレスの戯曲『コロノスのオイディプス』にあるオイディプスの最後のセリフ「生まれてこない方が／メー・プナイ μὴ φῦναι」を取り上げながら、彼は、この接続法的に使用される否定辞に主体の表れを見るべきなのだと論じている。つまりそれは「虚辞のne」なのだと[36]。翌年の『転移』のセミネールでも、ラカンは同じ議論を繰り返している。「私が生まれないことがあったとしたら puissé-je n'être pas」に無意識の主体の真の座を見出しつつ、ギリシャ語のメーを「言表行為の起源となる主体」とみなすのである[37]。テーバイを追放されたオイディプスが、末娘アンチゴネに手を引かれながら、人知れぬ墓へと消えゆくこの物語の末尾に登場するこの否定は、確かにここで、オイディプスの運命が全うされるような特別な主体の到来を示している。すなわち、家族的星座とともにもたらされた致死的な出会いにまで、今や主体はたどり着くのである。ラカンは言う、この選択に基づき「オイディプスの人間的実存は、終わらざるをえない。彼の実存はあまりに完成されてしまったので、万人の死、つまり偶発的死を死なず、代わりに自分で自分の存在を抹消するような真の死を死ぬのである[38]」。

『転移』のセミネールでは、これが次のように述べ換えられている。「これは何が示されているの

か。まさしく、この男へ一つの運命が課されることにより、つまり親族構造に定められた交換によ

（35）*Ibid.*（一六九頁）

（36）J. Lacan, *Le séminaire livre VII : L'éthique de la psychanalyse*, Seuil, 1986, p. 353.（『精神分析の倫理』上・下、小出浩之・鈴木國文・保科正章・菅原誠一訳、岩波書店、二〇〇二年、下、二一〇頁）以下 *SéVII* と略記。ラカンはしばしばフランス語の虚辞の ne それきりでもって、主体の表れについて論じている。例えば以下。J. Lacan, «Subversion du sujet et dialectique du désir», *É*, p. 800.フランス語で「恐れ」の表現など特定の文脈で使用されるものとしての虚辞の ne については、ne を「不一致的 discordant」否定として論じたJ・ダムレットとE・ピションからラカンが受けた影響が指摘されている。以下に詳しい。赤間啓介『ユートピアのラカン』青土社、一九九四年、第二部四節。ここで赤間は、ピションらが pas の特性として論じた「排除」の上で、ピションのナショナリズムとラカンのコスモポリタニズムが対決したとの仮説を論じていて興味深い。

一方、ギリシャ語 μη の存在論的意義に関しては、ラカンについては、ハイデガーの影響を考えてみるのがもっとも妥当であろうが、確実な参照関係についてはさしあたり不明である。『ニーチェ講義』ではハイデガーは、感性的なものをメー・オンとしており、そこでの文脈は第三章で見た『ソピステス』における非存在の議論に直結している。M. Heidegger, *Nietzsche :GA 6.1*, S. 156.（I、二二四―二二五頁）

さらにメー・オンと虚辞の ne を明示的に接続しているのが、やはりドゥルーズであり、『差異と反復』の以下の箇所は、ラカン‐ハイデガーの問題圏の反響を感じさせる。「メー・オンは、問題的なものの存在を意味しており、否定的なものの存在は全く意味していず、否定の「否」を意味するかわりに、虚辞の ne を意味している。このメー・オンがそう言われるのは、それがあらゆる肯定に先行しているからである。その代わり、このメー・オンは、十全に定立的なものである。……問題の定立性を構成するのは、「定立されて」いるという事実である」。G. Deleuze, *Différence et répétition*, p. 343.（下、二五八頁）

（37）*Sé VIII*, p. 358.（下、一六〇頁）

（38）*SéVII*, p.353.（下、二一一頁）

り、何かが覆い隠されていることだ。この何かによって、彼が世界へ入ることは、呵責なき負債ゲームへ入ることになる。要するに、彼が咎を問われるのは、ただ、彼に先行するアーテーの負債から受け取った重荷についてなのである」[39]。「アーテー」とは、『倫理』のセミネールで、ラカンがやはりソフォクレスの手による戯曲『アンティゴネ』の読解から「過剰な狂気」として取り出していたものである。兄の埋葬のために、都市の掟に背いて、ついには幽閉された洞窟の中で死を選ぶこのオイディプスの末娘に、ラカンは運命との直面の果てに消え去る主体の姿を見る。親娘はかくして、己の法に従い、己の狂気にまで到達するのである。

ラカンは『倫理』のセミネールにおいては、この悲劇の枠組みをそのまま精神分析実践に重ねている。「精神分析において主体が制覇するもの」とは「己自身の法」であり、これを「主体は一票一票つまびらかにする」。「この法とは何より常に、先の世代で、主体以前に紡がれだしたもの、まさしくアーテーの受け入れ[40]」なのだ。精神分析はかくして、主体がとらわれる法、そしてそこに潜む狂気について、つまびらかにするように主体を誘う。ラカンは、分析家がまさにそこで、主体に「分析家の欲望」を与えることになると述べている。

こうしていわば、家族の法の下での起源的主体化に伴う狂気との接触が、ギリシャ悲劇を題材に確認される。しかし、神経症的な我々の時代に目を移せば、この狂気への接触自体が困難になっている、ということが問題として浮かび上がるだろう。『転移』のセミネールでラカンは、ギリシャの悲劇的次元と隔絶されたキリスト教的伝統（ラカンはここで「みことばVerbe」に言及している）の地点から、問題を見直している。「我々はもはや、象徴的負債のために有責でありうるだけではない。負債を我々の負担として持つことが〔……〕我々において見咎められもするのだ。つまり、我々が自分の座を持っていたこの負債自体が、我々から奪われることがあり、まさにそのとき、我々は自分が全面的に疎外されていると感じるのである。おそらく古代のアーテーが我々をこの負債の責あるものとしたのに対して、今や我々がそうできるようにこの負債を諦めてしまうことで、我々は一層大きな不幸、つまりこの運命がもはや何ものでもないという不幸を引き受けるのだ[41]」。

すなわち自らに固有の運命など、現代の主体に直ちに許されていないのだ。この二重の疎外の観点からは、ラカンが、のちに法と出会いを明確に区別して論じることとなる必然性が垣間見られよう。主体を従属せしめる法は、むしろ運命的な狂気への接触から主体を引き離している。それゆえに、法への従属の対極において、「生まれてこなければ」と反実仮想で表現される運命の先端を強調することが必要なのだ。

これはラカンにおいては、アリストテレスを参照しつつ、テュケーとオートマトンの対として論じられる。五七年二月に分析家ファヴェスが行った「精神分析家とのランデブー」と題する発表へのコメントで、ラカンは次のように、運命との出会いについて述べている。

まず言っておきたいのだが、ランデブーという言葉が極めて気に入っている。その反響はただ

（39）*Sé VIII*, p. 358.（下、一六〇頁）
（40）*Sé VII*, p. 347.（下、二〇一頁）
（41）*Sé VIII*, pp. 358-9.（下、一六一頁）

恋愛的なだけでなく、気品の資格がある。いつもランデブーと心の底で翻訳してきたのが、アリストテレスのテュケー[42]という用語である。そこを通じて我々にはっきりと、出会いの感じ le sentiment de la rencontre が与えられている。我々の中で最も深く問われうる何かとの出会い、通常、運命と呼んでいるものとの出会いである。アリストテレスが偶然 hasard というとき、彼はオートマトン、つまりくじで当たるものと、このときに生じる驚嘆すべき出会いとを区別している。この出会いは全く別物である。思うに、他のどんなところよりも、精神分析は実際、ランデブーだ。というのも、それは主体と、真と認め得るもの verifiable、あるいはともかく真と認められたもの verifié とのランデブーなのだから[43]。

周知のように、ここで引き合いに出される二つの偶然は、アリストテレスが、原因について論じる『自然学』第二巻の、特に第四章以降で詳しく述べているものである。そこでの例示が示す通り、テュケーとは、例えば「誰かが市場に行って、前から会いたいとは欲していたが、そこで会おうとは思いもうけもしなかった人に出会った時[44]」や、宴会の費用の「取り立てのためではなしにそこに行き、そしてそこに行ったがために、取り立てをすることが、彼に付帯した[45]」場合、すなわち意図せずに何事かが達成されるような出会いの契機として語られている。その限りでテュケーは、行為と、また幸福と関連付けられるのであるが[46]、他方でオートマトンについてアリストテレスは「マテン」における「無駄に」という意味を強調している点は興味深い。つまりそこでは物事は、なんらの達成も、出会いもなしに、「一人で」、「無駄に」生じるとされているのである[47]。

かくして六四年のセミネール『四基本概念』では、法の秩序（オートマトン）に代えて、真の死へ向かう選択に主体を連れ戻すような、原因との出会い（テュケー）が大きく強調されることとなる。「原因は連鎖の中での決定因、言い換えれば「法」と異なる」[48]。法とは、例えば作用、反作用の連鎖であり、そこにはいかなる裂け目もない。「反対に原因という時には常に、反概念的で不定のものがある。……つまりうまくいかないものにしか、原因はない」[49]。このように、切れ目なき回帰をもたらすシニフィアンの網目構造をオートマトンと呼ぶことで、ラカンはその「背後にある」「現実界」[50]との出会いの契機を探索するよう訴えかけるのである。

そこでは、ただの不在を埋め合わせるというよりも、むしろ、より積極的な死を呼び込むことが問題になろう。こうして「運命の彩」という問いは、精神分析実践における未到来の原因との待ち

（42）記録されたものにおいてはguetとなっている。しかし文脈からここはテュケーと発話されたとみなす。

（43）«Actes de la société, Séance du 5 février 1957 : M. Georges Favez. Le rendez-vous avec le psychanalyste». *La Psychanalyse*, No. 4, 1958, p. 308. アリストテレスにおける両者の区別については、ほぼ同時期のテクスト「「盗まれた手紙」のセミネール」も参照せよ。J. Lacan, «Le séminaire sur «la lettre volée»», *É*, p. 39.

（44）『アリストテレス全集三　自然学』山本光雄・出隆訳、岩波書店、一九六八年、五八頁。

（45）同前、六四頁。

（46）同前、六七頁。

（47）同前、六八頁。

（48）*Sé XI*, p. 25.（二七頁）

（49）*Ibid*.（同前）

（50）*Ibid*., p. 54.（七二頁）

合わせとして理論化されていくのである。

4　ラカンのストア的記号論

こうした運命をめぐる議論は、ラカンのシニフィアン理論にも刷新を迫るはずである。実際、六〇年代のラカンの考察は、主体を「特異性／単称性」において位置づけ直すという努力と関わっていた。そうした記号論をめぐる反省は、この問いを理解しそこねていた彼の教え子たちの議論との関係からも理解できるだろう。ボンヌヴァルコロックでの発表においてラプランシュとルクレールが行ったラカン理論の解説は、語の多義性を一次的とみなすものであり[51]、まさしくその点をドゥルーズは、『意味の論理学』の最後の脚注で、条件付きではあれラカンへの批判として取り上げたのだった[52]。一方、ラカンは、かつての弟子のこの見解について六四年のセミネールで批判的に論じ直している。「解釈は全ての意味に開かれていない。解釈なら何だって良いわけではない。それは意義のある解釈、失敗するはずのない解釈である。とはいえ主体の到来に欠かせないのはこの意義ではない。欠かせないことは、――どんな――ナンセンスで還元不能でトラウマ的な――シニフィアンに自分が主体として従属しているか、主体がわかることである」[53]。すなわち解釈は、主体を多義性へ開くよりはむしろ、その特異性へと差戻す行為として位置づけられるのだ。

このことは六四年以降に確認できる大きな理論変化を説明する。つまりソシュールの記号論の参照では後景に退いた「指示物 référent」の次元、記号が参照するものの次元が、再び理論的射程に入ってくるのだ。セミネール一一『精神分析の重大問題』、六四年一二月二日講義では、「シニフィアンと主体の関係」が、「指示物」との関連のもとで次のように位置づけられている。

主体を先ほど、意味と呼んだものに具体化したが、この意味のうちで主体は主体として消え去る。そう、〔シニフィアン／シニフィエを分かつ〕横棒のところで意味の効果が生み出される。今日の私の出発点は、もし最初に指示物がなければ、どれほどシニフィエの効果があらゆる意味に開かれてしまうのかを示すことであった。意味の効果は、それとはまったく別である。シニフィエの側での意味の効果の側面は、意義なし unmeaning, non-signification なのではなく、無意味 meaningless、つまりナンセンスという表現で翻訳されるものである。我々の分析経験で重要なものを切り出すために知るべきは、探求されるのが意義の無限の大海ではなく〔……〕この無意味の障壁〔……〕つまりシニフィエの側で意味が提供する拒絶の面であるということだ。[54]

このような議論の組み立てにおいて、まず第一にラカンは、意味と意義を区別して論じるフレー

(51) J. Laplanche, *Problématiques IV*, PUF. 1981, pp. 296-308.
(52) G. Deleuze, *Logique du sens*, pp. 289-90.（下、一〇四頁）この点について、六九年度のセミネールの枠内で、ジャック・ナシフが発表を行っている。
(53) *Sé XI*, p. 226.（三三八―三三九頁）
(54) *Sé XII*, p. 19.

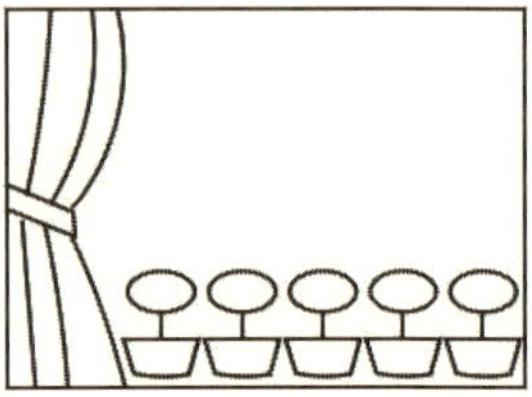

図1　六五年四月七日の図

ゲやラッセルの現代論理学を参照している。だがさらに、この視点のもとラカンがストア論理学へ接近した可能性をここでは考えておきたい。ヤコブソンのフランス語著作『一般言語学』は、しばしばシニフィアン／シニフィエの対の起源がストア派に遡ることを指摘しており、この点は特に七〇年前後にラカンも繰り返すことである。[55] またさらに、ストア派へのこうした遡行は、三項関係の記号論の再導入を可能にするだろう。ストア派の論理学は、音声であるセマイーオン、概念であるセマイーノメノンに加え、記号が指し示す事象であるテュンカノンの三つ組みを提示するものとして知られていたからである。[56]

この当時にラカンが実際にどのような文献でストア哲学に触れていたかを示す資料は、今のところ見当たらない。推測にすぎないとはいえ、六二年に第三版が出たブレイエの『初期ストア哲学における非物体的なものの理論』が与えた影響を考えてみることは、それほど的外れではないだろう。特にこの第二章第一節では、異国人を含む発話状況の例を引き合いに、物体の表面に付加される「意味される」という非物体的属性、レクトン（ブレイエはこれを「表現可能なもの l'exprimable」と訳す）について論じられている。[57] ラカンはこのレクトンについて、六五年四月七日および五月六日の講義で、ある議論を展開しているので、これを確認してみたい。

そこでは、どこかの言語学者が持ち出した説明のパロディとして、恋人同士の逢いびきのための記号のことが語られている（図1）。窓の左端にカーテンが寄せてあり、これが「seule（独りの女〕」を示す。また植木鉢の数によって時間が示される。五つの植木鉢、すなわち「cinq heures〔五時〕」である。部屋では女が、男がやってくるのを待っている。

ラカンの説明は分かりやすくはないが、いくらか筆者の読みを交えつつ、ここでの議論の理解に努めてみよう。ラカンは、まずこの図が恋人同士の逢いびきであるということを踏まえて、「seule」のうちに、これとつがいになるべき別の「seul〔独りの男〕」、すなわち男の到来の契機を透かしみる。したがってここで待ちぼうけの主体が表象されるなら、それは男の到来により裏打ちされる主体、「この seul が来なければ気落ちするものとしての主体」である。さて、この事実は、「seul」が「cinq heures」に送られる時に開かれる宙吊りの時間においてこそ顕になるだろう。まさにそこには、対象の到来の未完了の様相においてこそ、維持される主体が見出されるのだ。そのためにラカンは「seule」と「cinq heures」の二つのシニフィアンの「間隙において、この seul が対象 a の機能として……孤独を埋める唯一の男として」呼びだされねばならないと述べ、そのうえで、次のようにストア派の用語を借用する。

シニフィアン構造としてこれが支えられ持続するのは〔……〕レクトンが〔……〕欲望の機能

---

(55) 例えば以下。J. Lacan, *Le séminaire livre XX : Encore*, Seuil, 1975, p. 22. 以下 *Sé XX* と略記。
(56) この最後の次元があることは、ストア派論理学をフレーゲと接近させる展望を開くことをロングが指摘している。アンソニー・A・ロング『ヘレニズム哲学』金山弥平訳、京都大学学術出版会、二〇〇三年、二〇九頁。
(57) É. Bréhier, *op. cit.*, p. 14.（二九―三〇頁）

が構築される開かれを、あけっ放しにしている限りにおいてである。このレクトンが差し向けられるひとは、彼がそれを読もうと読むまいと、レクトンのうちで、この開けのうちで機能するよう呼び出されている。[58]

ここでラカンは、ストア派が設けた二つの区別、物体的でもあるような語から、非物体的であるような命題や判断の水準への移行の瞬間を捕まえようとしていると言えるだろう。シニフィアンのざわめきが、読まれうるものとして生じるような開かれである。「レクトン」はここでは、シニフィアン連鎖の欲望形成的な瞬間を指している。実際、ラカンはのちに、レクトンの翻訳として自らが五五年ごろ、シニフィアン連鎖において、文の終わりから遡及的に意味生成的なまとまりが作られる機能を示すために提示した「刺し縫いの点」という概念を提案している。[59]

S_1 : seule ⟶ S_2 : cinq heures
レクトン
（主体）欲望 ◇ テュンカノン（対象）

図2

さてラカンは、こうした「レクトン」の開けのうちで、二つの方向性を区別している。ひとつは「待ち合わせ」の実現であり、ラカンはここで語源を踏まえつつ、そこにストア派のテュンカノン、すなわち指示対象との出会いを置く。さらに別の方向がある。それは主体が自らを〔彼にとって〕「唯一の女 la seule」と見なしているような幻想であり、そこでは欲望が結果に至る手前のところで宙吊りにされている。ここでの議論を、筆者の手により図2のように整理してみたい。

ここでは seule の孤立が、cinq heures という別のシニフィアンとの関係の中で読みの可能性を与えられるということがまず示されよう。この二つのシニフィアンは、こうしてレクトンの表面を構成し、そこに主体と対象を呼び出す。主体とは、このレクトンのうちで、出会い（そこね）の対象との吊り合いのもとに引き出されるものなのだ。こうした主体と対象の分配の平面は、まさしくラカンが「幻想」と呼んだものに他ならない。付言すれば、ラカンはさらにここで臨床的な応用を試み、対象の方に固執するものを神経症、欲望の主体の場に留まるものを倒錯としている（また、レクトンそのものが重要性を増すものを精神病とする。この病態に関して、意味生成の機能不全ではなく、むしろ臨床的にも観察されるその過剰繁殖が強調されているのであろう）。

まとめると、ストア派をめぐるラカンのこうした議論は、シニフィアン連鎖の議論を二つの点で先に進めようとしているとみなせよう。第一にシニフィアン連鎖が主体を捉え決定し構成するのだというのではなく、むしろ、そのような構成の手前において、物体の秩序から可読性それ自体が生まれる宙吊りの時間が指摘される。第二に、そうした幻想の次元でこそ、主体は、指示物との延期された出会いのもと、固有の仕方で表象され、維持されるのである。

5　必然性から共運命へ

（58）*Sé XII*, p. 296.
（59）J. Lacan, «Préface à l'édition des écrits en livre de poche», *AÉ*, p. 390.

以上を通じ、我々は、ラカンの理論的取り組みの中で、ストア哲学の読解が果たした役割を見てきた。シニフィアン連鎖と主体の関係を中心に組み立てられるラカンの構造主義には、その初めから、失われた原因（あるいはそれを待ち受ける「空虚な座」）との出会いという問題がつきまとっている。ラカンは、この問題を主体における「運命の彩」に関わるものとして、精神分析の実践内部で扱おうとしたのだが、六四―六五年におけるストア哲学の参照は、まさしくそうした実践の基盤を、理論的に準備することに寄与したものと考えられよう。ストア派の「レクトン」に寄り添って語られる欲望の開かれの契機、未到来のものとして対象を呼び出すこの契機が、シニフィアン連鎖の上に、いわば立ち込める霧のような次元を開き、そこに主体と対象のカップルを一つの効果として配置する。こうしてラカンは、ストア派を媒介とすることで、シニフィアンの言説的連鎖の支配下から、幻想という効果の舞台上へと、主体が問われる場を移動させたのだ。

構造主義の思想史という面からは、ここに、ストア派を介して幻想的効果の問題系がそこに追加される局面を見出すことができよう。またそこにこそ、この時代のラカンとドゥルーズの思想的共鳴の中心をも見定めることができるだろう。もちろん、言語の圏域の内部にとどまり、（音という物体としての）シニフィアン連鎖とその効果の表面を分けるラカンに対して、ドゥルーズが追加した重要な視点も確認しておかねばならない。つまりドゥルーズは、シニフィアンとシニフィエのセリー的関係それ自体を表面のトポス上に位置づけることで、かえって深層、あるいは記号的表面の破断のうちに見つかる物体の一次秩序へと思想の射程を伸ばすのである。(60)

さて、こうした両者の違いは、ストア派に戻れば、まさに物体の混在たる「運命」が両者でどのように捉えられるかに関する差異としても表れよう。ドゥルーズにおいては、ニーチェを引き合いに述べられるとおり、病や死のうちに実現される身体的次元が、この物体的混在としての「運命」として考慮される。[61]出来事、あるいはドゥルーズが導入する準原因の概念は、こうした唯物論的運命の上を駆け巡る、一つの操作性の平面と見なされることになろう。

一方で、本章で論じたラカンにおいて、ストア派的な意味での「運命」とは、シニフィアンの宝庫たる言語的〈他者〉である、と見える。ただしラカンにとっても、六五年以降、享楽概念の掘り下げとともに、言語的〈他者〉を身体性のもとで読み替えていく試みは着手されるのであり、この点については、後の第七章で扱っていくこととなる。いわばシニフィアンの唯物性に関する検討の機会が、そこで問題となるであろう。

（60）ここでは『意味の論理学』のうち、アルトーとスキゾフレニーが取り上げられる第一三セリー、またメラニー・クラインに依拠した動的発生の議論が開始される第二七セリーが特に重要である。ところで前者のセリーは、『意味の論理学』より少し早く、六八年の『クリティーク』誌に「スキゾフレーヌと語」の題で発表されている。G. Deleuze, «le schizophrène et le mot», *Critique*, XXIV, no. 255-6. 1968, pp. 731-46. 深層における語の物体的存在のあり方を、キャロルの倒錯性より明らかに優遇しつつ論じたこのテクストには、ラカンの影響を超えた展望が兆している。ちなみに、ラカンの弟子で、パリ第八大学でドゥルーズの同僚となるS・ルクレールはこのテクストでの洞察をもって、ドゥルーズを「見事な臨床家にして、フロイトの優れた読み手」と評している。S. Leclaire, «Les mots du psychotique», *Lettres de l'école freudienne de Paris*, No. 6, 1960, p. 115.

（61）G. Deleuze, *Logique du sens*, pp. 131-2.（上、一九六頁）ただし近藤が指摘するように、ドゥルーズはこうした物体の混在がむしろ無底に開かれる可能性を重視するのであり、ストア的自然の秩序だったあり方とは異なる。近藤智彦、前掲論文、四九頁。

ここで改めて確認しておきたい。つまり、こうした理論的作業のすべて、ラカンにとっては、精神分析実践の操作に、一つの教育可能な理論的形式を与える努力と関わっていた、という点である。寝椅子の上で、未だ言表として聞き取られるか定かでない（むしろ絶えず失敗する）音の響きを連ねることが、いかなる精神分析的な効果を産出しうるのか。ラカンによるシニフィアンの定義、「シニフィアンは別のシニフィアンに対して主体を表象する」の傍に、セクストス・エンペイリコスの言、「あらゆる物体は別の物体に対して（前者が後者へ作用するとき）非物体的なものの原因となる」[62]を並べてみるならば、まさに主体が表象として提示されるその横に、その出現自体を、特異的出来事として把握する機会も生じることが示唆されよう。シニフィアンの音的列がこうした出来事でありうることを認めるときに、まさしくそこで表象される主体と、期待される意味を担う対象（すなわち対象*a*——未到来のメー・オンであり、「ストア派の主要なる非物体的なもの[63]」）との出会いの舞台が、介入すべき局面としての輪郭を取りもどす。シニフィアン連鎖が構造の運命的部分を引き受けるのだとすれば、まさしくその表面上には、一つの彩として効果の平面が生じるのであり、この平面上でこそ、出会いの可能性を扱う理論的かつ実践的な可能性もまた開かれるわけである。

　ストア派は、そのような可能性に「共運命性」という名を与えることができた。ストア派論理学は、述語の主語への内属を扱う名辞の論理学ではなく、動詞により意味される出来事の主体への結びつきを扱う限りでの命題の論理学である[64]。そこでは命題の間の、すなわち出来事の間のつながりは、何らの存在論的な連続を含むのではなく、むしろ、同じ運命への所属を示す。「太陽が昇るならば、夜が明ける」。その間にあるのは直接的な物質的因果性の連鎖とは異なる、出来事同士の出会いの可能性だ。キケローが議論している通り、そこでは例えばオイディプスの誕生と、ライオスとその妻との性交の間が、必然性ではなく、「共運命的なもの」と捉え返される。[65]ラカンにおける幻想の臨床においてもまた、そのような出来事の起源性を、主体化の痕跡としてつかみ直すことが目指されるであろう。主体の誕生と、その原因としての対象aとを、存在の連鎖の必然としては切り離しつつ、しかし、同じ語らいの運命性へと帰属させる。それはストア派がその記号論の中で打ち立てた「形而上学的排除」あるいは「脱存在 désêtre の事実」[66]を、実践的に扱いうるための一つの思想的構えである。精神分析はかくして、主体が自らの運命へと触れるための出会いの舞台となる。そこに新たな存在、精神分析家が生まれることを期待しながら。

(62) É. Bréhier, *op. cit*, p.12（二六頁）
(63) J. Lacan, «Préface à un thèse», *AÉ*, p. 400.（アニカ・ルメール『ジャック・ラカン入門』長岡興樹訳、誠信書房、一九八三年、xvi頁）
(64) 以下を参照せよ。『西洋哲学の知I　ギリシア哲学』藤沢令夫監訳、白水社、二六五頁。フランソワ・シャトレ編纂の哲学史のこの一節でのピエール・オーバンクによるストア派解説は、我々が扱っている時代に最も近いものである。
(65) キケロー「運命について」五之治昌比呂訳『キケロー選集一一』、岩波書店、二〇〇〇年、三〇四頁。
(66) J. Lacan, «Radiophonie», *AÉ*, p. 404（「ラジオフォニー」市村卓彦訳、『ディスクール』前掲書、四七―四八頁）

第五章　精神分析実践とマゾヒズム

――教育の舞台装置

1　精神分析的行為の問い

一九六七年秋から六八年春にかけて、騒乱の五月を待ち構えるあの政治の季節にジャック・ラカンが取り組んでいたのは、精神分析の終結の決め手となる「行為」とはどのようなものか、という問いであった。終結とは、もちろん、純粋精神分析の終結であり、したがって問題の行為とはすなわち、「精神分析主体が精神分析家へと移行する選ばれた瞬間[1]」である。さて、六八年五月が起こり、〝破門〟以来二度目の中断で幕を閉じるこの年度のセミネールにおいて追求された「精神分析的行為」というこの問いは、彼が同時に考案した「パス」と呼ばれる制度ともあいまって、ラカン

（1）J. Lacan, «L'acte psychanalytique», *AÉ*, p. 375.

の精神分析の追求における、重要な転回点をなしている。本章は、これを問うにあたっての、一つの思想史的土壌を明らかにしておくことが目的となる。

さて、我々がこれまで見てきたのは、いかに精神分析実践が出会いの場として構想されるか、ということであった。しかし行為の問いは、まさにこの出会いからの、さらなる一歩という問題を含んでいる。そこでは出会う二人の間の微妙な交錯をめぐる二重の問いが見出される。一方で、分析を受けにくる者――この者をラカンは『精神分析的行為』のセミネールの最中に「被分析者 analysé」から「分析主体 analysant」へと呼び変え始める――がいかなるプロセスを自ら潜り抜けるものであるのかという問い。他方で、分析主体の目の前にプロセスの目的地点として現前している「分析家 analyste」とは、どのような存在であり、またあるべきなのかという問い。移行とはまさしく、分析主体と分析家とのあいだのこの二重性がひとつの点に重なる瞬間を示唆する契機である。しかし、この一致を単なるコピーの原理、例えば分析家の自我の健康な部分への同一化などといった原理によって理解してはならないことは、ラカンの度重なる自我心理学批判を知る者にとっては自ずと明らかだ。にもかかわらずやはりそこには、分析主体と分析家という二極のあいだをつかのまなりとも接続する、同一性の閃きを見なくてはならないのではないだろうか。そのときこの同一性、共通性とはいかなるものとして考えられるのか。

この問題に関して重要なテクスト、「パス」の提案が公表されたことで知られる「一九六七年一〇月九日のエコル分析家についての提案」に、ここでまず目をやっておこう。彼は精神分析主体から精神分析家への移行には「ひとつの扉がある」と延べ、こう続けている。「彼らを分かつこの残余がその扉の蝶番である。というのもこの分割は主体の分割に他ならず、この残余は主体の分割の原因なのだから」[2]。この分割について手っ取り早く考えを持つためには、例えば『不安』のセミネールで検討された「割り算」を念頭に置くのがよいだろう[3]。「シニフィアンの場としての」〈他者〉と「いまだ実在せぬ」ものとしてのなまの主体の両者の対峙からは、一方でこの〈他者〉によってくまなくスキャンされることで斜線を引かれたものとして有らしめられる主体が、商として析出し、他方でこの〈他者〉のシニフィアン的輪切りから零れ落ちる余り、割り切れぬものが生じる[4]。この残余こそが対象*a*、いわば主体として実現しそこねた存在のかけらである。我々がすでに見たように、ラカンはこれを、原因‐真理の働きとして位置づけようと試みてきたのであるが、今まさに、精神分析的行為の決定的要素としてこの対象が名指されたのである。

　では、それはどのように分析家‐分析主体の関係に関わってくるのだろうか。同じ六七年のテクストを参照したい。そこでは、分析主体と分析家の分割は、デカルトのコギトの一変奏として取り上げられている。「我思う」と「我あり」を、「ゆえに」という必然性で接続するのではなく、「あれかこれか」の離接として並べおきつつ、ラカンは、「思う」を選択することのうちに分析主体の

(2) J. Lacan, «Propositon du 9 octobre 1967 sur le psychanalyste de l'École», *AÉ*, p. 254.
(3) *Sé X*, p. 37.
(4) さらに以下の点も指摘しておこう。この「割り算」において〈他者〉もまた、割り切れぬものに逆照射される形で、己に斜線を引かれる。つまりこの〈他者〉は主体を余すところなく照らし出すことのできるような者ではない。この認識は「〈他者〉の〈他者〉はいない」という定式のもと、やはり六〇年代ラカン思想の重要な核となっている。

疎外を認める。(5)

この選択は、思考が享楽の「我あり」を排除する限りにおいて、思考の選択である。享楽の「われあり」とはすなわち「我思わない」ということだ。

現実性は思われたものである、そこに主体疎外の真理がある。それは、主体を脱存在 désêtre へ投げ捨てること、あきらめられた「我あり」のうちに投げ捨てることである。(6)

ここでの分割はそれゆえ、「思う」ことによって「ある」ことをあきらめた分析主体と、「ある」ことの場を引き受けるために「思わない」ことを課される分析家との分割となる。分析主体の疎外のいわば対抗旋律として、分析家は脱存在の土台となるのだ。そのとき分析家は「a の機能を与え」られるのである。

しかし、ここに注目すべき論述が続く。「分析家が a になるとしても、そのとき彼はたちまち消えうせてしまう」(7)。このような消失の契機が、分析的行為と関係しているらしいのだが、しかしそれは、どのようにしてなのか。これが問題である。「提案」のテクストで記述されたこのプロセスについては、次章で詳しく検討しよう。ここでは、その準備として、一つの思想史的な背景を明らかにすることを目指したい。

そこで改めて問おう――「対象の能動」により開く「移行」の扉とは、いかなる経験として潜り抜けられるのか。この問いに向き合うために、我々はラカンの思想遍歴のうちから、ひとつの流れを取り出すことにしよう。手がかりは、ラカンの次の発言である。「分析家が分析主体と共有するのは不測に生じるマゾヒズムのみである。このマゾヒズムの享楽に関し、分析家は慎重になっているのだ[8]」。分析実践のうちに共有物として潜むマゾヒズム。この項に手がかりを求めようとすることは、『精神分析的行為』の翌年のセミネール、『一つの〈他者〉から他者へ』の一講で、ラカンが倒錯としてのマゾヒズムと分析実践とのあいだの比較について示唆を行っていることからも正当化されるだろう。「精神分析的行為について何か別のことを言うこともできたと指摘した。幸運にも言わずにすんだと述べたことだ。マゾヒストとは何かという地平にこそ、この説明を置くのがよいだろう。精神分析的行為とマゾヒスト実践とを混同するためではないが、それらを付き合わせることはためになる[9]」。この接近から出発し、ラカンの倒錯についての考察をいまいちど辿りなおすことによって、最初に我々が確認したあの謎の外堀のいくらかでも埋められるのではないか――こうした期待のもと、以下に我々は、ラカンにおけるマゾヒズム論を検討しなおすこととしたい。

（5）疎外とその不自由な選択については以下も参照。*Sé XI*, pp. 192-3.（二八四頁）
（6）J. Lacan, «De la psychanalyse dans ses rapports avec la réalité», *AÉ*, p. 358.
（7）*Ibid*., pp. 358-9. このとき分析家の「我あり」は、非思考であると同時に、知であるという維持困難な条件をつきつけられる。こうした知について次章で検討する。
（8）J. Lacan, «De la psychanalyse dans ses rapports avec la réalité», *AÉ*, p. 359.
（9）*Sé XVI*, p.352.

2　理論家サド——不道徳な教師の不能

本論の中身に入っていく前に、このマゾヒズムへの注目は、一見、外在的な別の契機からも正当化されることを確認しておこう。それはラカンの理論発展の歩みに直接関わるというよりは、その前提となる戦後から六八年にかけてのフランス思想のひとつの曲折と関わっている。すなわち、六七年のジル・ドゥルーズによる『ザッハー・マゾッホ紹介』の件である。ラカンも言及しているこの著作は、サディズムの単なる反転としてではないマゾヒズムの思想鉱脈を示したテクストとして知られている。第一に重要であるのは、そこで精神分析的精神医学による構築物としてのサド＝マゾのカップルがついに解消させられたということ。しかしより本質的には、まさにそのことによって、文学者マゾッホに潜在していた思想が、二〇世紀前半、クロソウスキー、ブランショ、バタイユなどによって取り上げられた、思想のひとつの支配的シンボルであったサドに、オルタナティブとしてはっきりとつきつけられたのである。

しかしそうしたドゥルーズの慧眼は、それに先立つラカンによる同じ主題の取り上げと無関係に発露されたのでもあるまいとも予想される。ここで思い出されるのは、ラカンが『不安』のセミネールにおいて、マゾヒズムとサディズムについて既に行っていたひとつの示唆だ。「ひとつの指摘を行って、古い考えを移動させ、さらにはぐらつかせよう。みなさんは、サディズムやマゾヒズムと言われている機能を、まるでそこでは一種の内的攻撃性の領域とその裏返しが問題であるかのようにして済ませてしまうのに慣れているからだ。その主体的構造のうちに入るならば、異なる特徴が現れてくる」[10]。この当時、ラカンはひとつのテクストの執筆に取り掛かっていた。「サドでカントを」である。一九五九年一二月二三日の講義ではじめてそれぞれを接近させて以来、カントとサドのカップルは、ラカンにとってたびたび参照される重要な道標であった。しかし、しばしばそこで見逃されがちなことは、このカントとサドという二つの似通った理性の展開を追うまさしくその傍らに、ラカンはマゾヒズムというテーマを、その単なる裏返しではないものとして携えていたということである。したがって、マゾヒズムというテーマが、ラカンにおいて何を明るみに出すのに役立ったのかについて迫るためには、なにはともあれまずカントとサドのカップルに戻らなくてはならないだろう。

そもそもラカンは何ゆえにカントとサドを取り上げるのだろうか。その文脈のひとつをここで取り出してくるために、やはりもう一度、精神分析家の養成、精神分析の教育という問題に出発点を取ってみよう。というのも、依然としてラカンの思想の核はそこを中心としているからだ。さて、そのとき、ラカンが自分自身の組織を設立した際に、彼がそれを「エコル」と名づけたことには十分に興味を払ってしかるべきであるよう思われる。もちろんまずはそこに、ラカンももちろんそのように使うこともあるように、ユング学派やクライン学派と呼ぶ時の「学派」という含みも聞き取ることができるだろう。あるいは、分析家を教育するための「学校」が問題であろうか。これにつ

(10) *Sé X*, p. 123.

いては我々は、そもそもラカンの教育の軌跡に、五〇年代はじめにSPP内で起こった教育制度としての「インスティテュート」設置の計画をめぐる紛糾が、大きな転機として存在していることを思い出さずにはいられない。ただし、その後、ラカンがIPAの教育観の中に登場する「インスティテュート」計画を次のように批判していることも踏まえての限りにおいてである。「これらインスティテュートにおける教育とは職業教育でしかなく、それ自体としては、歯科医学校のおそらくご立派な目的を超えるような目的も計画も、そのプログラムの中では示していない[11]」。一九五六年のこの論文では、ラカンはフロイトにさかのぼり、精神分析の教育がまさしく医学教育に回収されてもならないことを力説している。その限りにおいて、エコルとは決して普通の意味での学校ではありえないことは明らかであろう。

むしろ我々は「エコル」という言葉に含意されるものを、意外なテクストのうちから探してこなければならないのかもしれない。そこで目を向けることになるのが、エコル創設に一年ほど先立つテクスト「サドでカントを」である。六三年に出版されたサド全集のうち『閨房哲学』の序文に採用されるはずであったこのテクストで[12]、ラカンは、サドの幻想と哲学が繰り広げられる閨房を次のように形容する。「反対に、サドの閨房とは、古代哲学におけるエコルがその名をとったあの場所に匹敵するのだと我々は述べよう。つまり、アカデミー、リセ、ストア。そこでもここでも、倫理の位置を修正しつつ、学問が準備される[13]」。倫理の位置を修正し、科学が準備されるような場としてのエコルというひとつのありうる定義がここに認められよう。さらに、この一節は、もっとのちにラカンがやはりエコルの由来について率直に明言している次の言葉のうちに共鳴してもいる。

「エコルという用語は、古代においていくつかの避難所、既に文明の居心地悪さと呼ばれえたものに対抗する作戦基地をいわんとしていたという意味で受け取られねばならない」[14]。もちろんここで明らかに指摘できるのは、ラカンのエコルと古代のエコルのあいだのつながりであるが、最初の引用を見れば、いっそサドの閨房をこの仲間に加えてやるべきではないかと問うてみたくもなる。すなわち、ラカンにおけるサドへの関心を、まさしくこのエコルが担う教育という点から見直してみることはできないか。もちろん、ラカンにとっての教育の理想をサドに見出すというのなら、それは行き過ぎであろう。しかし少なくとも、カントをサドとともに取り上げることにおいて問題なのが、単なる倒錯の臨床ではなく、ましてや批評的軽業の披露などでもなく、「精神分析の倫理」であったのだということに立ち戻るならば、右で示された接続はいっそう我々の関心を引くのではないか。つまり、サドへのアプローチを通じて、ラカンは学問と倫理をめぐるいかなる教訓を導き出

(11) J. Lacan, «La psychanalyse et son enseignement», *É*, p. 457.
(12)『エクリ』で確認できるとおり、我々には未知の事情で、このテクストはこの全集の序文としては採用されず、その代わりに六三年の『クリティク』誌一九一号に掲載された(«Kant avec Sade», *Critique*, n. 191, pp. 291-313)。この六三年のテクストは、若干の無視できない加筆修正をうけ、六六年『エクリ』に採録される。さらに『エクリ』出版後のラカンの名声の高まりを受けてか、問題のサド全集には一九六六年以降、『閨房哲学』の「あとがき」として掲載されるようになった(ここには大きな異同はない)(«Kant avec Sade», *Oeuvres completes du Marquis de Sade, tome 3*, Au cercle du livre précieux, Paris, 1966)。本論は基本的に『エクリ』版を参照している。
(13) J. Lacan, «Kant avec Sade», *É*, p. 765.
(14) J. Lacan, «Acte de fondation», *AÉ*, p. 238.

そうとしたのか、問うてみることができないだろうか。

　こうした目論見は、そもそもサドにおける教育の情熱が決して隠された特徴ではないことを思い出すなら、いくらかの前進の気概を得るであろう。サド自身によるものかどうかは括弧つきながら、「不道徳な教師たち」や「放蕩の学校」といった副題が、啓蒙と革命の時代を結局は生き延びたサドの作品の特徴を長らく我々に伝えてきたのは事実である。彼のテクストを読む人は、繰り返し繰り返し行われる拷問と虐殺のあいまあいまに、くどくど述べ立てられるあの長ったらしいお説教に、うんざりさえした覚えがあるだろう。ドゥルーズは、このサドのお説教の機能を、サドの文学が抱え込む暴力性と不可分のものとして指摘している。「サドにあっては、論証能力の驚くべき展開に出くわす。言語の上位機能としての論証が、舞台の描写と描写のあいだ、リベルタンたちの休息のつかの間、号令と号令とのあいだに現われる。リベルタンのひとりが厳《いかめ》しいパンフレットを読み上げ、自らの理論を尽きることなくまくし立て、憲法を練り上げるのが聞こえる。あるいは彼は、自分の犠牲者との会話や議論も辞さない」[15]。しかし、そこにおいて説得の身振りは表面的なものに過ぎないともドゥルーズは述べる。むしろ「理屈付けはそれ自体で暴力であること」、「暴力と論証の一致を示すこと」が問題なのだと[16]。そこでは、サドの理性に不可分な破壊の傾向性に目を留めなくてはなるまい。サドは、その内容によってよりもむしろ彼自身のスタイル、言葉の使用法によって、破壊的な教師として現われてくるのだ。

　まさにこの点においてこそ、サドとは、いかにおぞましく見えたとしても、純粋な非理性のモデルであるというよりは、むしろ加速されて歪んだ理性の姿を示すのだと言えよう。またそれゆえにこそ、ラカンがそうする以前にアドルノとホルクハイマーがその先鞭をつけていたように、サドは同時代の大哲学者カントとともに、近代的合理主義の起点の守護者に任ぜられる。つまりカントの言でいうパトローギッシュなもの、あらゆる感情、同情、心の揺らぎを禁じ、黙殺することによる、呵責ない批判の力の全面展開を指揮するものとして。そこではこのフランクフルト学派の思想家たちが述べるように、破壊の力にまで高まるこの「形式主義的理性にとって」、サドに見られる「良心の呵責からの自由」は、カントの道徳法則が要求するような「愛憎からの自由と同様に本質的なのである」[17]。

さて、ラカンが、『閨房哲学』は『実践理性批判』の「真理」を提示しているというとき[18]、その入り口として我々に提示するのは、やはり同じ見方である。カントがある格律を普遍的法則とする手続き、パトローギッシュなものの拒絶と法の形式主義は、同じくサドのうちに確認できるものなのだ。しかし、もしラカンがそうした形式主義的理性の告発において為したさらなる貢献があるのだとしたら、それは、この手続きを動かしている幻想の論理を、欲望の軌跡を、そして享楽という賭金を明らかにしたことに他ならない。我々は「サドでカントを」を整理しつつ、まずはこの点を

(15) G. Deleuze, *Présentation de Sacher-Masoch*, Minuit, 1967/2007, p. 18.(『マゾッホとサド』蓮實重彥訳、晶文社、一九九八年、二七頁)
(16) *Ibid*.(同前)
(17) M・ホルクハイマー、T・W・アドルノ『啓蒙の弁証法』徳永恂訳、岩波書店、一九九〇年、一四六頁。
(18) J. Lacan, «Kant avec Sade», *É*, p. 766.

追っていこう。

開始の合図は、『閨房哲学』のうちに登場する小さなパンフレット、「フランス人よ、共和主義者たらんとすればもうひといきの努力を……」を要約し、サドの格律を次のように定式化することである。

私には君の身体を享楽する権利がある、誰であれ私にそう言ってよい。そしてこの権利を私は執行する。その際、やりすぎてしまうのが私の趣味だが、その気まぐれにおいてどのような限度にも私は立ち止まらない[19]。

もちろんこの格律は、カントの場合と同じ理由で、普遍的道徳法則とならねばならない。そしてそのときには、カントのそれよりも正直に、格律が導入する分裂、言表行為の主体と言表内容の主体との分裂が露わにされるだろう。ラカンの言うとおり、「相互性」をきっぱりと排除するこの格律は、その言表の内容によって指定される主体と、言表を発する場にいる主体とを根本的に分断する。実際どうして、自らの身に執行されさえするであろう限界なしの享楽を、万人の権利として言いうるような者があるだろうか。これはあまりに一方的な宣告文に過ぎないことは明白である。事実、このことはサドの人生における皮肉として回帰する。まさしくそのように書いているサドこそが、自分の身を拘束され、多年に及ぶ牢獄の孤独のうちに叩き込まれていたのである。であればあたかもサドは、彼を拘束するものたちのための格律を自ら用意しているかのようですらある。そして実際、サドにとっては、事態はそれと変わらない。というのも問題は、彼があらゆる女性を所有ではなく享楽の対象として解放するために参照したとおり[20]、革命とともにやってきた人権の言説、自由の言説に、この原理に基づく指令を発させることなのだから。この自由のゆえに、サドをも含め、ひとは享楽の対象とされねばならないだろう。それゆえに、この格律の言表行為の主体の場を、ラカンは、「自由なる〈他者〉」、「〈他者〉の自由」として指し示すのである[21]。この場にこそ、享楽の権利は予め委ねられている。

ここで少し確認しておけば、「自由」という主題は「サドでカントを」を貫くひとつの重要なテーマである。〈他者〉の自由が宣言する享楽の権利は、先に述べたとおり、言表内容の主体たるサドそのひとの側で、彼自身の監禁という帰結をその対として持っている。これについて考えようとするとき、ラカンが我々に差し向けるのは、フーコーが『狂気の歴史』で示した、この革命の時代に解き放たれた自由をめぐる皮肉な状況である[22]。すなわちピネルを中心に組織される「狂人」の解放は、相変わらずの監禁の実践を続けながら、医師たちの言葉により新たに定義された自由を、医

(19) *Ibid.*, pp. 768-9.
(20) 「所有行為は決して自由なる存在に対して執行されることはできない。またある女性を独占的に所有することは、奴隷を所有するのと同様に不公正である」。Sade, «La philosophie dans le boudoir ou les instituteurs immoraux,» *Œuvres complètes du marquis de Sade , tome 3*, Au cercle du livre precieux, 1966, pp. 501-2.
(21) J. Lacan, «Kant avec Sade», *É*, p. 771.
(22) 『エクリ』にはない脚注。一九六二年の『クリティク』誌版、および「あとがき」版では確認できる。この脚注でラカンは読者を、フーコーのこの著作の第三部へと差し向けている。

学的空間のうちで解放してやっているのに過ぎない。監禁された狂人たちは、「今や、自分の自由をすでに失ってしまった広い空間のなかで自由なのだ[23]」。その空間こそ、まさしくサドが大革命後に過ごすシャラントン病院の一三年間に相当する。そのような牢獄の孤独のうちで、自由は行き場もなく、いたずらに解き放たれるに過ぎない。ラカンはこう述べる、そこで可能となるのは、「空しく欲望する自由」でしかないのだ、と[24]。

この予め虚しい自由の空間を、フーコーが『狂気の歴史』で示唆しているように、サドの作品において予め死ぬ以外の役割を与えられない犠牲者たちが閉じ込められる空間と比してみることは正当であろう[25]。いわば言表内容の主体たちの空間である。さらにブランショが示唆していたとおり[26]、そこでは犠牲者たちは、予め死に、そうして記号と化しているがゆえに、ほとんどその可能な組み合わせだけが問題となる。ならば自由もまた同じように、その虚しさのゆえに、恐るべき多義性のうちで理解されねばならないだろう。そのようなわけで、カントが自由意志に道徳法則を優先させるために例証として用いたあの有名な例、情熱をおさえがたいある女性との一夜を、出口で待ち構える絞首台と天秤にかける男の話は、サドという光のもとでは、まったく異なる物語として現われる[27]。カントにとっては、こうした二者択一の前で敢えて死を選ぶことなどそもそも話にならない。しかし、生命に対する愛着すらもパトローギッシュなものとともに予め葬り去るサドの、とことん空虚な世界から見るならば、あらかじめ「享楽には――いかなる昇華の必要もなしに――まさしく死の受容が含まれている[28]」のである。もっともらしく「生きるために生の大義を失うべからず[29]」といった格率すら掲げることができるかもしれない。だが、むしろこの例で本質的なことは、自由の多義性は、死という彼岸への跳躍に基礎付けられている、ということであろう。欲望する自由の空しさは、「死ぬ自由」として唯一、現実的な出口を見出すように思われる。[30] この点は次節で取り上げることとなろう。

ここでは、以上を踏まえ、サドとカントが接近する線をラカンが辿りなおすひとつのシェーマを読み解いていくこととしたい（図1）。二人ながらに、パトローギッシュなもの（S）の拒絶、あるいは抹殺によって現れるのは、いわば原理から流れ出す論証展開のプロセスに予め切り刻まれてい

（23）M. Foucault, *Histoire de la folie à l'âge classique*, *op. cit.*, p. 636.（五三六頁）別の文脈ながら、ここでフーコーは一方で「抵抗」としての自由を、かつての狂人のあり方のうちに見ていることも指摘しておきたい。

（24）J. Lacan, «Kant avec Sade», *É*, p.783. またラカンにおける自由と狂気については以下も参照。J. Lacan, «Sur la causalité psychique», *É*, p. 176.

（25）「ある人間の名を持った個別現象としてのサディズムが、監禁から、監禁のなかで生まれたのは、また、サドの作品すべてが砦、独房、地下、修道院、絶海の孤島といった非理性の自然な場所の形を取るものに支配されているのは、偶然ではない」。M. Foucault, *Histoire de la folie à l'âge classique*, p. 453.（三八五頁）。

（26）サドの予め死んでいるがゆえに複数的な犠牲者については以下を参照。モーリス・ブランショ『ロートレアモンとサド』小浜俊郎訳、国文社、一九七三年、四二一—四三頁。

（27）I. Kant, *Kritik der praktischen Vernunft*, Suhrkamp, 1956, S. 140.（『実践理性批判』波多野精一ほか訳、岩波文庫、六九—七一頁）

（28）*Sé VII*, p. 222.（下、三六—三七頁）

（29）J. Lacan, «Kant avec Sade», *É*, p. 782.

（30）*Ibid*.「死ぬ自由」について以下も参照。*Sé XI*, p. 193（二八四—二八五頁）.

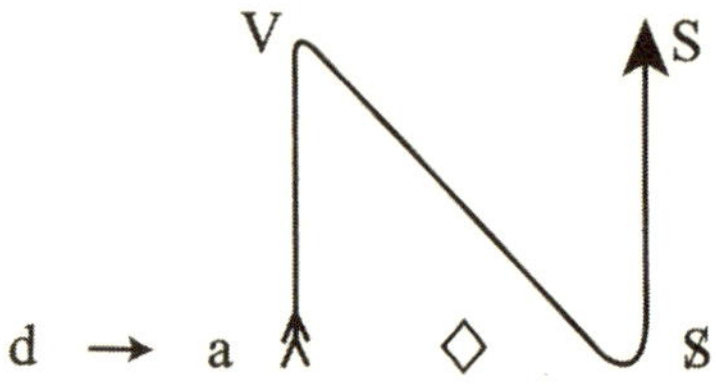

図1

る主体（$\$$）である。主体とシニフィアンとのあいだの「モノトーン」な関係が、こうして〈他者〉の場に現われるのだ。(31) この形式主義の支えとして、カントにおいては意志が登場することは知られている。サドにおいても同様である――ただし、この意志は、むなしく欲望する自由、死へと押しやる圧力のうちに主体を捕獲し、そのうちであらゆるシニフィアン的な組み合わせのうちに絡め取るような、享楽意志の姿をとる（V）。かくして、カントにせよサドにせよ、問題はもはや、幸福への順応主義、快原理に基づく功利主義を越えたところにある。享楽の倫理、これこそが賭けられているのだ。

　別のところ（一九六七年六月一四日）でラカンが用いた表現に依拠しつつ、このプロセスを、「享楽主体 sujet à la jouissance」との戯れと呼ぶこともできよう。(32) それはひとつの原理の展開、ある残酷な理性の展開であり、「分裂《スキゾ》を導入する欲望」(33)が主体を享楽の関数として生産するプロセスとみなせる。しかし、空虚のなかにこそ充満しているこの享楽意志について、その支えにまで遡るとき、サドとカントのカップルの真の秘密、つまりラディカルな理性の深い秘密が指し示される。すなわちラカンは、この意志の出発点をひとつの対象（*a*）として指し示すのだ。それは「放送点」としての「声」であり、またサドにあっては、その「現存在」たる拷問の執行者たちの姿である。(34) もちろん、これらを「支え」として指摘することは、何かこのような理性や意志の保持者がすべてに先立って存在すると想定することではない。この対象は、論理に先立つ与件で

あるよりは、むしろ、享楽主体という効果に直面したときに、後ろ向きに遡って探求される原因である。我々はここで再び「サドでカントを」の執筆時期と重なる『不安』のセミネールでの議論を思い出すことができる。ラカンがそこで、こうした対象を欲望の原因‐対象と呼んだのは、それが、欲望が生息するための、おそらくは虚構的と呼べるような諸条件――幻想――の、現実的支えとしてやってくるものだからである。[35]享楽の意志となったこの欲望においてもまた、問題なのは、それを支えるひとつの状況を演出してみせることである。つまり、主体の憂き目を支える現実的な対蹠点をおびき出すことで、ひとつの儀礼的な状況を作り出すことだ。サディストは、このように享楽の責め苦に苛む主体の生産に対する、便宜的な責任者として呼び出されているのだ、ともいえるだろう。主体の生産を支える幻想をあらしめるために、彼は自らを享楽の意志の道具として提供しなければならない。

(31)ラカンにおける「四足のシェーマ」の系譜を踏まえつつ、図1のシェーマの右側二項を〈他者〉(語られる側)として、左側二項を主体(語る側)として読む見方をここで提示してみたい。右側(対話者)においては、いわばパトローギッシュなものと法形式のあいだでの、主体の疎外が実行される。左側(語り手)においては、享楽意志と執行者現存在という形で、疎外の原因としての「エージェント」が措定されている。

(32)*Sé XIV*, p. 441.

(33)*Sé X*, p. 123.

(34)J. Lacan, «Kant avec Sade», *É*, p. 772.

(35)ラカンはこれをフェティッシュを例に説明している。特に以下を参照、*Sé X*, p. 122.また「サドでカントを」を素材に論じたものとして以下も参照のこと。立木康介『精神分析と現実界』、前掲書、第三章。

このようにして見るならば、サドにおいて問題となる理性を支えているのは、分割された主体と、原因対象とのあいだの一種の共犯関係に他ならない。サドのうちではサディストも犠牲者も、同じ陰謀を肯定する共犯者でしかないのだ。この共犯関係をこそ改めて幻想と呼ぶならば、まさにその点を通じてこそ、サドの、「教育的意図が一般に発揮される際の不能[36]」をよりよく理解する道が開けるだろう。「幻想が対抗努力を行っている。そこから教育効果の有効な説明全てに対する障害が生まれている[37]」。というのも、享楽意志（欲望）の存在を両側で支えるためにでっちあげられた、サディストと犠牲者のあいだのこの共犯的幻想の構造においては、ひとりよがりな説教は決して真の意味での説得あるいは「誘惑」に成功することはないからだ。そこでは単に、予め死の空間に放り込まれた言表の主体のために、後付に要請される口実のみが問題なのだとすらいえるだろう。いずれにせよ、いかなる意味においても主体と対象の二つの立場のあいだの移行はここには存在しないのである。

それゆえにこそ、一九七〇年の『精神分析の裏面』のセミネールで再びサドに言及するとき、ラカンは改めて、理論家としてのサドの不能を強調するのだ。「殺人活動をすすめる中で自然にこうして激烈にすがるとき……サドは何をしているのだろうか。自らが神の享楽の道具に他ならないという不能を見せしめているのでなければ。これぞ、理論家サドである[38]」。そして、この道具、この「放送点」から発される「声」は、それ以上、いかなる出口も指し示さず、事態はいつも同じように、幻想を支えとして進んでいることを確認して満足する。教師サド、理論家サドの論理は、幻想において支えられる限りにおいて、予めこのような不能を宣告されている。こうして「幻想」によって規定された理性の道、理論家の道は潰える。

3　実践家サドのディナミスム

ここでラカンのサド読解のひとつの特徴として、彼がサドの二つの側面をほとんどいつも区別していたことに注目したい。理論と実践の二面である。「サドでカントを」では、ラカンはこれをシェーマの四分の一回転によって示唆する。つまりラカンは、サドの幻想の施工図を示した後に、それを四分の一回転させることによって、幻想に騙されることのなかった彼の人生の論理を示すのだ。これを我々は、実践家サドの側面と見なすこととする。さてこのとき、ラカンはもしかすると、この操作によってマゾヒズムについての理解の道を開こうとしたのかもしれない。第一に、この四分の一回転の操作は、『不安』のセミネールでは、サディズムからマゾヒズムへの移行として考えられようとしていた（ただし詳しくは発展させられていない）[39]。また別のいくつかの箇所において、ラカンは実践家サドをマゾヒストとみなすことがある。『裏面』のセミネールでラカンは理論家サドに言及した右記の引用の後で、こう述べている。「実践家サド、それは別物だ。彼の筆からそもそも

(36) J. Lacan, «Kant avec Sade», *É*, p. 787.
(37) *Ibid.*
(38) *Sé XVII*, p. 75.
(39) *Sé X*, p. 207.

証言を得ているいくつかの物語から知られているように、実践家サドは単にマゾヒストであった」[40]。ただし、こうした見方においては、ドゥルーズが特に強調するような、マゾッホの文学形式に由来するようなマゾヒズムの固有性が評価されているわけではないことにも注意が必要だ。それでもなお、実践家サドを通じて、ラカンがマゾヒズムのほうにいくらか舵を切ろうとしていると考えることはそう的外れではないだろう。

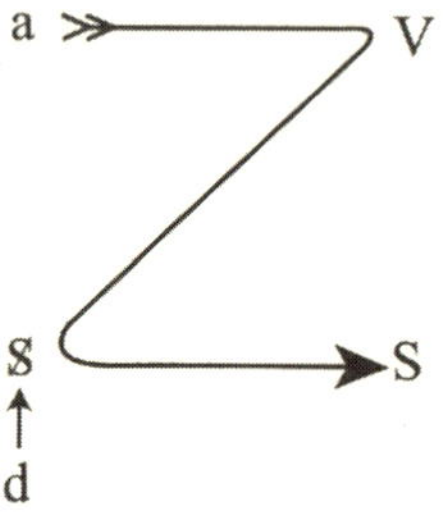

図2

いずれにせよ、先にも見たようなサドの人生の孤独は、サドの作品理解のための単なる挿話を超えて、享楽の倫理につきまとう別の側面を示唆している。こうして幻想の論理は四分の一回転する（図2）。欲望の出発点の場に来たS̸ことサドは、彼の義母であり、彼の監禁に責任のあるひととされるモントゥルイユ夫人に移された「享楽の意志」（V）によって分割されている。サド自身が、犠牲者の役割を引き受けることになるこのような局面において、この「分裂」を導入しようとする享楽の意志の背後に、やはり対象（*a*）が析出されるだろう。しかし、今度はそれは、加虐者の姿としてではなく、サド自身の生の根源に遡って投げかけられる呪いの永遠化として凝結させられる。主体サドは人生から消えうせることを望みながら、「生まれてくることがなければ」という嘆きを、いわば起源の無という原因として奉じるのだ[41]。

こうしたいわば理論の論理から実践の論理へ向けての四分の一回転は、「サドでカントを」のテクストに戻ってみれば、そのテコともいうべきひとつの議論を挿入せずには進められない。ラカン自身、ひとつの脱線であると断るこの議論は、確かにカントとサドの親和性を論ずるという文脈の外に位置づけられるべきものであるが、しかし、それゆえにこそ、このテクストの射程の最大値がそこで示されていると見るべきであろう。つまり犠牲における美という問題である。「犠牲者の姿のうちに、いつも了解不能〔……〕に分類されるひとつの美が要請されることは、別の問題である」[42]。これはラカンが『倫理』のセミネールの際にすでに着手していた問いである。美と欲望とを結びつける形式としての「陵辱」についてラカンはこのように述べていた。「陵辱に動じないことが美の本質であるように思われる」[43]。このとき、「陵辱」の問題は、サドからソフォクレスの悲劇『アンティゴネ』の女主人公という「おそろしく意志的な犠牲者」[44]へと引き継がれる。ポリスの掟に逆らい同胞を埋葬したがゆえに、生きながらにして墓に入れられた乙女のイマージュである。

しかしここで問題にしたいのはこの陵辱が位置づけられる特殊な空間である。サドの場合、それ

(40) *Ibid.* こうした指摘をするとき、ラカンの念頭には、マルセイユ裁判で明らかになったようなサドの性実践があると見ていいだろう。サドは娼婦に鞭打たれることを要求した、というのである。

(41) J. Lacan, «Kant avec Sade», *É*, p. 779. ここでも図1と同じく、左側二項を主体に、右側二項を〈他者〉と考えてみることを提案したい。右側にはサドの語りかける相手である二種類の〈他者〉（モントゥルイユ夫人―彼の信奉者）がおり、左側にはサドその人の分裂が、もはや疎外とは違う仕方で、つまり、その原因を自らの頭上に取り戻しながら記述されている。

(42) *Ibid.*, p. 775.

(43) *Sé VII*, pp. 279-80.（下、一一〇頁）

(44) *Ibid.*, p. 290.（下、一二二頁）

はまず『ジュリエット物語』に登場するサンフォンの想像する「地獄」のうちに見出される。この悪漢は、自分が虐殺した犠牲者たちが、その死後もなお地獄で拷問の責め苦にあうようにとの奇妙な願望を告白するのだ。この死後の責め苦は、サドの無神論的自然神学の中で、いっそう体系化されて現われることになる。サドにとり自然とは、人間や三領界（鉱物界、植物界、動物界）を越えでた本源的自然である。さらにこれは、死の後にも続く腐敗という形で運動を続ける物体からなるもの、永久運動の状態にある自然である。サドは、教皇ピオ六世の口から、この驚くべき自然の体系のうちでは我々の死もまた生であることを語らせている。

結局、我々が受け取るこの最初の生と、死と呼ばれるこの第二の生とのあいだにはいかなる差異もない。第一の生が、雌の子宮で組織される物質形成からできているのなら、第二の生も同じく、大地の胎で一新され再組織される物質の生命なのだから(45)。

死のあとも決して安らいを許すことのないこうした運動のうちに、ラカンは「存在の苦痛(46)」のありかを見て取る。サドの幻想において、犠牲者たちは、まさしくこの永遠の苦痛と戯れさせられるのだ。そこにおいてこそ美は、キリストの磔刑のイメージのように、永遠性に宙吊りされたものとして現われる。

だがこうした永遠の腐敗の時間、美が保持される地獄は、同時にサドにとっては、犯罪によって解決されねばならないものでもある。彼の幻想における犠牲者の不屈さに逆らって、サドにとっては犯罪こそ、まさにこの抵抗を超えて新たな死を導入するものでなくてはならない。存在の苦痛は、本来的な無へと至り、自然に改めて躍動を許しうるような徹底的破壊、いわば「二度目の死」へと追い詰められることによって解消されなくてはならない。教皇ピオは引き続き、こう語っている。

さらによく自然の役に立つには、我々が埋める死骸から生じる再生の過程にも反対せねばなるまい。殺人は、我々が打ちのめすやつから第一の生しか奪わない。もっと自然の役に立つためには、こいつから第二の生をもぎ取ってやらねばならぬのだ。消滅 anéantissement こそ、自然の望むものだからだ(47)。

ラカンはこう注釈している、「諸形式の再生産の周りでは、自然が調和的に、しかし互いに妥協なしにある可能性は、葛藤の袋小路へぎゅうぎゅうなだれ込み、行き詰まってしまっている。そんなものからは離れてしまわねばならない。そうして、この自然を、いわば、無から再開させよう。これが、この犯罪の狙いである(48)」。最初の創造の力の単なるモノマネに過ぎない自然の再生産を、

(45) Sade, «Histoire de Juliette ou les prospérités du vice», *Œuvres complètes du marquis de Sade, tomo 4*, Au cercle du livre précieux, 1966, p. 174.
(46) J. Lacan, «Kant avec Sade», *É*, p. 777.
(47) Sade, «Histoire de Juliette ou les prospérités du vice», pp. 176-7. また以下の議論も参照せよ。ピエール・クロソウスキー『わが隣人サド』豊崎光一訳、晶文社、一九六九年、一二〇―一二九頁。

徹底的に追い立てて、今一度、無からの創造の点を生み出すこと、そこにサドの犯罪の基本構想がある、というわけである。そこに見られるのは理論家サドから実践家サドへと下りて行くための転回点であろう。というのもまさにこうした無への意志を糧にして、彼は自らの消失を「実践」しようとするのだから。この転機は、「サドでカントを」の言葉を取り上げれば、「幻想の静態《スタティーク》」と消滅の「願望の力動《デイナミスム》」、「主体的力動《デイナミスム》」の相克としてパラフレーズできよう(49)。それについてのラカンの言葉を引用しておく。

サドは、自然の恐るべきルーチンに対抗して、第二の死を確保することを期待している(別のところで理解できるように、犯罪とはこの自然のルーチンを打ち壊す機能を持つ)。この確保において要請されるのは、第二の死が極端にまで進み、そこで主体の消失が倍化されることであろう。この消失を、サドは、我々の身体の解体された諸要素が、再び集まることのないように、どうかそれ自体消滅してくれるようにとの祈願のうちに象徴化するのだ(50)。

そしてそれこそがまさしく、下部における支えであることをやめ、四分の一回転により縦軸へと移動されたサドの幻想の、いわば動的配置を読み取る鍵である。サドは監禁の内側において、彼自身の描く犠牲者の如く予め死んでいる。彼が望むのは、まさにこの亡霊たる自らの身柄が、消失とともに、無への跳躍とも言うべき極を構成することなのだ。つまり、「生まれてこなければ……」という嘆きは、ここでは通常の意味での後悔ではありえない。問題は、そこにひとつの第二の死の極を構成すること、永遠の彼岸において作用する犯罪という構成的な力の場を改めて確保することに他ならない。

ひょっとすると、そこに、サドがもくろむエクリチュールによる犯罪の場を認めることができるだろうか。つまり、一度為されたならば、絶えずその効果を及ぼし続けるような犯罪の場を。[51] ラカンが、実践家サドの対象aについて語るとき、一九世紀の作家ジュール・ジャナンの次の発言を参照しているのは、そうした見方を支えてくれるようにも思われる。ジャナンは言う、「マルキ・ド・サドはいたるところにあるからだ。彼はすべての図書館にある。神秘なる隠された書棚にあるのである。いつでもそれは見つかる。ふつうは、ヨハネ・クリゾストモや、〔ピエール・〕ニコルの『道徳論』、パスカルの『パンセ』の後ろに置かれた本のひとつである[52]」。確かに、サドは、彼のもっとも重要な実践としての執筆活動によって、いたるところに潜在するひとつの犯罪を在らしめた、と言ってもよいだろう。であればサドにとっては、理論から実践へといたる道は、この二つの死のあいだに横たわる一種の文学空間に引かれていた、と考えることもできそうである。

(48) *Sé VII*, p. 303.（下、一三三頁）
(49) J. Lacan, «Kant avec Sade», *É*, p. 776.
(50) *Ibid*.
(51) サドにおける書くことと犯罪については、以下を参照せよ。モーリス・ブランショ『ロートレアモンとサド』、四四―四五頁。
(52) J. Janin, *Le marquis de Sade*, Les marchands de nouveauté, Paris 1834, p. 20.

4　マゾヒズムの舞台装置

ここで一度我々の「サドでカントを」の読解を整理しておこう。まず確認したように、カントとサドを結びつけるのは、ひとつの理性の展開、ただし享楽の意志として、分裂した主体を生み出すのに汲々としている理性である。この欲望を支えるために幻想が要請され、またこの幻想の対象として、あるいは道具としてサディストは自らの身を捧げる。したがってサドの作品に示される教育の意図とは、ひとつの理論的予定調和にすぎない。この行き詰まりの突破口としてラカンが取り上げるのが、実践家としてのサドの側面である。欲望の原因としての対象の位置を、支えとしての幻想ではなく、力動的なはずみとして、永遠性の地平に捧げることが問題となる。犠牲者にとっての原因は、幻想の中の「現存在」的なものから、もっと超越的なものに移し変えられる、あるいはラカンの言葉を借りて「神格化[53]」される、ともいえるだろう。

しかし殉教にも似たこの移動において、永遠はいかにも近づきがたく、またその実践はいかにも悲愴でしかない。果たして実践家サドのように、あるいはアンティゴネのように自らの身体的な消失を神々の法に応ずる代価とするやり方に、精神分析は留まるべきであろうか。ここで思い出しておけば、犠牲の主題において問題となるのは、欲望が美と攻撃性の重ね合わせのうちに捉えられる瞬間を指し示すことであった。しかし、この美の機能は「人間と彼自身の死との関係」を「眩惑のうちで」示すものでしかないともラカンは指摘している。さらに、欲望を可視性のうちに包み込む身体の形態のナルシシズム的機能に言及したうえで、彼はそれを「中心的蜃気楼」であり、「人間と存在欠如との関係としての欲望の場を示す」と同時に、「それを見ることを妨げる」ものとしてもいるのだ[54]。すなわち美に回収されるものとしての犠牲は、あいもかわらず享楽への障害なのである。悲劇の参照はラカンにおいて、確かにひとつの限界領域を示すためのものではあったろうが、そのことは必ずしも精神分析が悲劇的であらねばならないことを意味しない。

他方、『精神分析の倫理』においてラカンは、この点について、別の方向に向かうための手がかりを残しているように思われる――それが「マゾヒズム」である。美と苦痛を結び合わせる犠牲という主題について論じた後で、彼は、それとは別の実践としてのマゾヒズムに話を向けるのである。「マゾヒスト的苦痛のエコノミーは、しまいには善のエコノミーと似てくる。他のものをたくさん共有するように、苦痛も共有しようとする[55]」。この箇所が重要であるのは、ここにおいて初めてラカンが、倒錯の症候学者たるもうひとりの作家、ザッハー・マゾッホに言及することとなるからだ。彼の作品からラカンが受け取ったマゾヒズム理解は、このとき次のように述べられている。「最終的に、倒錯的マゾヒストの位置が投影される真の先端とは、自らを財たるこの無へ、ひとから対象として扱われるこのものへ、ひとのあいだで伝えられ、共有されるこの奴隷へ、帰そうとする欲望である[56]」。

（53）*Sé VII*, p. 304.（下、一四四頁）
（54）*Ibid*., p. 345.（下、一九七頁）
（55）*Ibid*., pp. 280-1.（下、一一一頁）

ここで我々が注目せねばならないことは二点ある。第一に、攻撃性と美の複合体として生じる犠牲者の位置から、マゾヒズム独自の位置が区別されて引き出されたということ。さらに、この位置は、同じ無を目指すものでありながら、交換や共有からなるエコノミーに捉えられ続けるものとして考えられている点である。ここでは対象が捧げられるはずの永遠が、市場に姿を変えて現われている。ラカンは、その後も折に触れて、この特徴を明らかにしようと努めている。一九六二年三月二八日のセミネールでは、やはりサドに続けてマゾッホのテクストが話題に挙げられるのだが、その中でラカンは、マゾッホが示すマゾヒストの享楽は、肉体的苦痛に耐えるべく自らを差し出すという事実とは別のところから来る、ということを主張している。それは、純粋対象となる限りでの主体の破棄だ、というのだ。さらに、そのときマゾヒストの主体は、彼を財としてやり取りする二人の他者のあいだでの値段交渉の対象、売却の対象であることが強調されている[57]。

したがって、エコノミーの次元に現われる対象である限りでのマゾヒストが問題である。そこではサドの幻想の裏面にある犠牲としての位置づけとは異なる、対象の位置の可能性が示唆されているだろう。犠牲においても、マゾヒストにおいても、まずはそこで〈他者〉をひきつけておくことが問題であることは間違いない。もっと正確に言うならば、〈他者〉の欲望を、対象としての自らの位置によって支えることである。『不安』のセミネールでは、ラカンは、欲望の対象であることの生贄性について語っていた。「生贄とは、奉納にも、贈与にも向けられたものではない。後者のものごとは、まったく別の次元で普及される。そうではなく、生贄とは、欲望のネットワークのうちに〈他者〉を捕獲することに捧げられるのだ[58]」。この示唆を受けて再び考えてみるならば、たしかに実践家サドは、自らの消失の対として、無としての自らを永遠化することにより、永遠に欲望し続ける〈他者〉の享楽についての信仰をそこに保証しようとしているのだといえるだろう。

一方でマゾヒズムにおいては、この〈他者〉は取引の場に現われる買い手の姿をとる。そのとき我々は、サドにおいて問題となるような類の永遠が、とたんに卑小で具体的な一場面にまで貶められるのを見ていることとなるだろう。『不安』のセミネールでラカンはサドと対比しつつ、改めてマゾヒストの立場をこう規定している。「彼は、自らをテーブルの下の犬とする、あるいは市場に出されたほかの対象のあいだで売りに出され、契約のうちで扱われる品物、商品とする。要するに彼が探しているのは、共通対象、交換対象への同一化である[59]」。

では、このような規定において明らかになるマゾヒズムの欲望のあり方とはいかなるものか。ラカンは、まず「自らを欲望の対象として認めることは〔……〕常にマゾヒスト的である[60]」とする定式を導入し、さらに以下のように話を展開させている。「欲望と法が一緒にあるとき、マゾヒストが、その小さな舞台上で——この次元を決して忘れてはならない——見せようとしているのは、〈他者〉の欲望が法を作るということだ[61]」。欲望と法の同一性については、ここでラカンもそうして

(56) *Ibid*., p. 281.（同前）
(57) *Sé IX*, pp. 216-217.
(58) *Sé X*, p. 320.
(59) *Ibid*., p. 124.
(60) *Ibid*., p. 125.
(61) *Ibid*., p. 126.

いるように、通常はエディプスコンプレクスの構造として理解される。すなわち一方で父の欲望が母に向かっていること、他方でそれゆえに法が母を禁じ、さらにその限りで母が欲望されるということ、この二つのあいだの同一性である。問題は、マゾヒストが、それを、舞台上で見せしめるというときに、どのような特徴が与えられるのか、ということであろう。

右に引用した箇所では、ラカンはその点について詳しく述べてはいない。我々はここで、この点についてさらなる理解を進めるために、ひとつの補助線を引くこととしたい。ラカンのこうした論点を背景にドゥルーズが『ザッハー・マゾッホ紹介』で導入している議論である。そこで彼はサディズムとマゾヒズムの差異を、「制度化された憑依」と「契約された同盟」という二つの異なる関係性の構築のあり方としつつ[62]、その両者をともに法に対する緊張のうちで捉えようとしている。その際、彼は、ラカンの「サドでカントを」を参照しつつ、前提として以下の点を明らかにしている。第一に、カントの道徳法則における〈法〉の概念は、対象の把握不可能性、それゆえ自身の無規定性により特徴づけられる。第二に、この近代的な純粋〈法〉の概念においては、それに服従することとは正義に利するのではなく、むしろ予め主体を罪あるものとすることに役だつ。そしてラカンの言う法と欲望のエディプス的同一性は、法が、欲望の対象を放棄したときに始まるものである限りにおいて、この有罪なる主体と無規定的法の深い共通の根を示すものとして提示される。

こうした法に対して、ドゥルーズの読みによれば、サドとマゾッホとは、二つの異なるタイプの逆転を企てるものたちである。サドの世界は、「法を役立たずにし、権利と義務のシステムの代わりに行為、権力、力能の力動モデルを取る[63]」ものとしての制度により、支配されている。このとき、サドにあっては、原理を法に優先させるイロニーの戦略のもとで、法の無規定性は「無限運動と永久革命の無政府主義的制度」[64]へと越えていかれることになる。

他方、マゾヒズムに認められる「契約」もまた、ドゥルーズによれば法に対抗する動きである。「契約は実際に、ひとつの法を生じせしめる。この法がそれを生み出す諸条件からはみ出し、反駁することになろうとも」[65]。このとき、マゾヒズムにおいて法は、下方へ向かう運動、法に「帰結」を優先させる運動の中で越えられていくこととなる。「法を文字通りに受け取る。その究極の、あるいは第一の特徴に異議を唱えない。あたかも法がこの特徴のためにそれ自体で、法によって我々に禁じられた快楽を保持しているかのごとくに振舞う」[66]。これはユーモアの戦略であり、マゾヒストはそうして法の適用が生む懲罰と快楽の関係を全面的に転倒させ、罪責性を「回転」させる。

ここで我々は、ドゥルーズがマゾヒズムのうちに見とった「帰結」の優位という契機に基づいて、マゾヒズムにおける欲望と法の一致のあり方に関するひとつの読み方を提示しておく。まずなにより、我々は、マゾヒズムが見せしめる法と欲望の同一性を、エディプス的主体が捉えられたそれと

---

(62) G. Deleuze, *Présentation de Sacher-Masoch*, p. 20.（三〇頁）ドゥルーズがここで述べているのは、中世の悪魔との関係であるが、我々はそれを〈他者〉（あるいは〈他者〉の享楽）との関わり方の二つの仕方として捉えることができるかもしれない。

(63) *Ibid*., p. 68.（九九頁）

(64) *Ibid*., p. 77.（一一一頁）

(65) *Ibid*. p. 68.（九九頁）

(66) *Ibid*., p. 77.（一一一―一一二頁）

は異なるものとして理解することができるだろう[67]。マゾヒズムにおける「契約」においても、やはり欲望と法とが出会っているのだが、その共通対象は「商品」の形を取って、場に現前している。エディプスにおいては死んだ父の場へと回付され、主体の有罪性を呼び出すこととなっていた「無」は、いまや「契約」という人工性のうちで、「商品」という肯定的な形態へと作りこまれる。いわばそこでは法のプラグマティックな限定化とともに、財と無の共存的二重性が肯定されるのである。この処理を通じて、対象は、普遍性の地平の上で達成される神格化から解放される一方で、この二重性を体現する形式、すなわちゴミクズという形式のもとで把握されることとなる[68]。そこに我々は、ラカンが「歪曲投射 déjet」の機能と呼んだものを認めてもよいかもしれない。「マゾヒスト自身は私が歪曲投射と呼ぶような機能において現れる。つまり我々の対象 a のことなのだが、ただし、歪曲投射されたものの見かけをとるのだ。つまり、犬に投げ与えられたもの、ゴミ山に、ゴミ箱に、共通対象廃物に投げ捨てられたものの見かけをとる[69]」。かくして欲望の対象であることは、いまやひとつの普遍と天秤にかけられた彼岸の無であることをやめ、流通し、交換される無として、契約のもと、肯定的に取り扱われるのである[70]。

さらにここで、このような効果が生み出される場として、ラカンが強調する「舞台上」に特別な注意を払う必要があるだろう。この「帰結」への限定により、マゾヒストは、いわば、一回ごとに成立するひとつの小さな実践の領域を形成する。それはサドの壮大なロマンが開く無窮のシニフィアン空間の論理とは異なるものであろう[71]。ここでマゾッホの小説の特徴へと目を向けておくならば、まさしくそのフィクション形成が現実的実践と取り結ぶ特徴的な形態が我々の目を引く。すなわち

（67）ドゥルーズ自身はより踏み込んで、マゾヒズムにおける母親の優位化およびそれにともなう父の排除を強調している。本論はこの点についての評価は控える。

（68）〈他者〉の位置を超越的あるいは神学的なものから市場へと移す見方が今日とりうる射程について、ラカンの資本主義論を検討しながら追いかけることができるかもしれない。本論においてはこれ以上の議論の展開は差し控えるが、ここでは後期資本主義というテーマとの関連も踏まえて予備的に臆見を記しておく。大雑把に述べるなら、ラカンによる資本主義理解においては、剰余価値は、労働力商品の使用価値と交換価値のギャップに由来するものと考えられているようである。さらにその前提には、マルクス『資本論』の価値形態論において取り出してくることができるように、超越論的審級として絶対化した市場が交換価値を象徴的に決定しているとする見方があることが指摘できよう（以下を参照。*Sé XVI*, p. 37および本書第六章第三節）。それに対して、後期資本主義における価値の位置づけは、「すべてではない」市場のうちで、外部からの基礎付けをもはや失いながら、価値と無価値、有名と無名、意味と無意味を明滅的に実現するようなゴミ商品のうちに実現されていると考えることができないだろうか。これに関連して思い出しておけば、「危機」ではなく「腐敗―生成」に着目するネグリの〈帝国〉をめぐる議論もまた、こうした二重的存在論に裏付けられているように思われる。A・ネグリ&M・ハート『〈帝国〉』水島一憲ほか訳、以文社、二〇〇三年、二六一―四頁。「腐敗」というテーマは極めてサド的であり、「二つの死のあいだ」を髣髴とさせる。ここでは特にネグリの「腐敗」の重要性に着目した論考として以下を挙げておきたい。藤原辰史「分解の哲学」『現代思想』二〇一三年六月号、青土社。

（69）*Sé X*, p. 126.

（70）流通する無であることにおいて、対象は様々な姿のもとでの実現を潜り抜けることとなると考えてもよいかもしれない。この点について示唆を与えるものとして、千葉による『マゾッホ紹介』の読解を挙げておく。そこで千葉は、サドにおける超越論的かつ破壊的な純粋否定――フロイトにおける快原理の「彼岸」に重なる――に対置される、マゾッホ的な否認を取り出し、それを宙吊りのうちで破壊することなく複数の死への分裂＝分身を可能にするものとして論じ、ドゥルーズの生成変化概念の理解へとつなげている。千葉雅也『動きすぎてはいけない』河出書房新社、二〇一三年、第八章。

マゾッホは自らの書いた小説をひとつの台本として、彼自身の人生を演出するのである。[72] そこには、牢獄のうちに切り詰められた生から氾濫するサド的な記号の実践とは対照的に、シニフィアンの囲い込みによる生の賦活という別の実践形式が認められるだろう。そのとき問題であるのは、まさしく享楽が問題化される範囲を実践的に囲い込むことであると言ってよいだろう。それゆえラカンは、一九六七年六月一四日のセミネールにおいて、マゾヒズムにおける嘲弄が決して永遠の聴衆に向けられていないこと、それはひとつの舞台上で、そこにやってくる誰に対しても、あるいは自分に対しても、この場所だけが享楽の場であるという証明を行うものなのだと述べるのである。[73]

最後にマゾヒズムの舞台化の最も重要な契機を指摘しよう。永遠へ上昇することなく、その場かぎりの小さな舞台のうえに集められた帰結へと享楽の場を凝集しながら、マゾヒズムは、まさしくその装置すべてを使ってさらなる戦略を開く。『不安』のセミネールへと戻れば、ラカンは既にその道筋を知るし付けていた。「しかし、マゾヒストは舞台上でしかそれを行わない。みなさんが見ることになるのは、舞台上に彼がもはや残ることができないときに何が起きるか、ということである。〔……〕我々が舞台上にいないとき、その手前に留まるとき、〈他者〉のうちに何が問題であるかを読もうとするとき、我々はそこ、Xのところに、欠如しか見出さない[74]」。この一節においてラカンが、マゾヒズムの表面的な意図を裏切る別の次元を指摘していることに注目しよう。つまりマゾヒズムにおいて問題なのは舞台を作り、維持することだけではない。そこには、自らを囮にし、クズとして舞台から転げ落ちることによって、〈他者〉の欲望の欠如を開くという契機もまた潜んでいるというのである。

この側面は、サディズムとマゾヒズムのいわばそれぞれの本音と建前のあいだのある種の対称性として、『不安』のセミネールで論じられている。我々が既に見たとおり、サドの幻想においては、表面的な残酷さのもと、〈他者〉の不安が問題であるかにみせて、実のところ〈他者〉の享楽、あるいはそれを道具として支える対象 a が隠されていた。一方、マゾヒズムにおいてはその逆が問題である。つまりあまりにもはっきりと示されているのは、対象の位置に身を置く主体であり、それを享楽している〈他者〉の姿である。自らを対象となすことでマゾヒストは、〈他者〉の欲望を引き出している、というわけだ。この限りにおいてマゾヒズムにおいては、一見、主体を欲望の対象として享楽する〈他者〉が問題であるかのように見える。しかし、その実、探されているのは、「〈他者〉のうちでの、主体の本質的落下への応答」なのだとラカンは言う。[75] そこには、欲望の対象を急に見失った〈他者〉の不安があらわになる。

---

(71)『マゾッホ紹介』について注釈したダヴィド＝メナールは、サドとマゾッホのあいだの法 droit と欲望の関係を次のように整理している。「サドは我々の行為の格率の普遍化の側にいる。マゾッホは、ケースバイケースの契約の側にいる」。M. David-Ménard. *Deleuze et la psychanalyse*, PUF, 2005, p. 35.(『ドゥルーズと精神分析』財津理訳、河出書房新社、二〇一四年、六八頁)

(72) マゾッホの作品と人生の関係について以下を参照。平野嘉彦『マゾッホという思想』青土社、二〇〇四年、第三章。

(73) J. Lacan. *La logique du fantasme : séminaire 1966-1967*, Association freudienne internationale(hors de commerce), 2004, p. 445. 以下 *Sé XIV* と略記。

(74) *Sé X*, p. 127.

マゾヒズムの舞台とは、法と欲望の同一性を「帰結」の肯定の中に凝縮しながら、このような欲望の解消を引き出す仕掛け装置なのだといえよう。そこでは欲望の対象にふさわしい美のイマージュから、ゴミクズにも等しい卑俗な商品へと駆け降りる道が用意されている。そして神々の欲望を刺激する捧げものが、実はただのゴミでしかなく、舞台に上るにも値しないとなれば、そのときにはこの〈他者〉の欲望はひとつの穴でしかなく、舞台そのものもまた瓦解することになるだろう。

5　犠牲のドラマを越えて

こうして四つのステージを我々は駆け降りてきたことになる。幻想に支えられた理論的予定調和から、永遠性の中で消滅を目指す犠牲的実践へ。さらに卑俗で具体的な欲望の舞台としての取引契約へ。最後に、ゴミクズとしての落下によるそうした舞台の解消。

さて本論の最後に我々は、マゾヒズムの文脈において確認された後者二つが、ラカンにとって、どのようにして精神分析実践と関わるものとして捉えられたのか、考えてみたい。前もって我々の考えを示しておこう。それは第一に、分析家の取る犠牲的位置が美という障壁を生産することに対する、ひとつの突破口としてである。つまり、欲望の対象という位置を引き受けることをめぐるひとつの戦略としてである。だが、その必要性についてより理解を深めるために、ここで少し遠回りではあるが、この問題が単に個人の心構えなどに帰着するものではなく、歴史的かつ集団的な必然性との対峙であったということを確認しておきたい。

そのために最初に目を向けておきたいのが、六四年の『四基本概念』のセミネールの最終講義である。ラカンはここでカントとサドに再び言及することになるのだが、いささかぎょっとすることも一緒に述べられているくだりで、非常にしばしば注釈者たちの目に留まってきた。というのも、彼はそこで、〝ホロコースト〟、「ナチズムのドラマ」の問題へと立ち入るからだ。[76] 彼はこのドラマを「闇の神へと犠牲の対象を奉納すること」と呼び、それに屈せずにいられる主体は少ないと付け加えている。「この犠牲が意味しているのは、我々は、我々の欲望の対象のうちに、「闇の神」と呼んだこの〈他者〉の欲望の現前の証言を見つけようとしているということである」。[77] 続けてラカンは、何者も抗い得ないこの「闇の神」への犠牲に対抗するために、唯一可能性のあるものは、スピノザの「神への知的愛」であると言うのだが、しかしこの極めて例外的な信仰は実現しがたいものとされる。

この位置は我々にとっては持ち堪えがたい。経験が我々に示すのは、カントのほうが真実に近いということだ。彼が実践理性について書いているような良心の理論は、道徳法を明示することによってしか支えられないが、道徳法則は、それを近くで検証するならば、純粋状態の欲望に他ならない。この欲望そのものは犠牲に到達する。正確に言って、人間的優美さにおける愛の対象

(75) *Ibid.*, p. 192.
(76) *Sé XI*, p. 246. (三七〇頁)
(77) *Ibid.*, p. 247. (同上)

たるものすべての犠牲へと。いわば、それは単にパトローギッシュな対象の拒否のみならず、その犠牲に、そしてその殺害に至るのである。だから私は「サドでカントを」を書いたのだ[78]。

我々はこうして、先に確認した「サドでカントを」の主題を支える状況のひとつを理解することができるだろう[79]。サド論で示されたような理論と実践の次元は、ナチズムによって惹起された闇の神への犠牲という主題へと接続しているのである。この主題への処方のひとつとしてのスピノザがあきらめられた今、我々にはカント - サド的論理の帰結を追う道しかないのだろうか。あるいは精神分析は、その処方とはならないのだろうか——このような問いをラカンが立てていたとしても不思議ではないだろう。

ナチズム的犠牲という主題に対して精神分析はいかなる対抗策を打ち出せるのか。実のところ、この問いに対し、ラカンは精神分析運動史を振り返る限りでは、否定的な応答しか引き出せなかったようだ、ということをまずは確認しておかねばならないだろう。そのことは、精神分析自体がナチズムの迫害の対象であったこと、つまり犠牲の立場に置かれたことを考えるならば、ある種の皮肉を伴って受け止められなければならない。一九三〇年代、ナチズムの台頭に伴い、中央ヨーロッパから追い出された「ドイツディアスポラ[80]」は、アメリカに渡って新たな生を得、自らを体系化する。そこに戦後のＩＰＡの出発点があることは周知の事実であるが、ラカンにとってこの組織は、ナチズムの論理をくじくものどころではなかった。「ヒトラーが精神分析にどんな恩があるか、ゲッベルスの分析家に聞きでもせねば、まったくもって知ることはなかろう。だが、精神分析がヒトラーから受け取ったお返しについては、このマンハッタンの分析家がいる」[81]。このほのめかしとあわせて考えておかねばならないのは、ラカンがＩＰＡについて、フロイトが『集団心理学と自我分析』で論じた集団の特徴を持つものとして批判しているという事実である[82]。つまりフロイトにおいて軍隊や教会組織にその原理を供給するものとされた集団特性、「各個人の自我が、首長の人格をその蜃気楼とする同一の理想イメージに同一化する[83]」という想像的特性が、ＩＰＡを規定しているというのであるが、ラカンによれば、これは何よりフロイトの先見の明による「ファシスト組織」の先取りに他ならない。したがって言うなれば、精神分析運動は、ナチズムによって追われたその先で、ナチズムと同じ種類の集団と化している、と言わんばかりなのである。ラカンは、まさにこの歴史的結果から、精神分析を救う必要があったのだと考えられるだろう。

この歴史的結果のうちには、犠牲と想像的同一化の共犯作用が、実際に働いた様が見て取れる。つまり犠牲の構造的位置から立ち上るナルシシズム的な「中心的蜃気楼」によって、集団が形成さ

（78）*Ibid.*（同上）
（79）歴史的な情報をここに挿入しておけば、一九六一年にイェルサレムで開始したアイヒマン裁判、それからフランクフルトで六三年に開始したアウシュビッツ＝ビルケナウ裁判が、その背景としてあるだろう。
（80）J. Lacan, «Situation de la psychanalyse et formation du psychanalyste en 1956», *É*, p. 483.
（81）J. Lacan, «De la psychanalyse dans ses rapports avec la réalité», *AÉ*, p. 353.
（82）J. Lacan, «Propositon sur le psychanalyste de l'École», *AÉ*, p. 257.
（83）J. Lacan, «Situation de la psychanalyse et formation du psychanalyste en 1956», *É*, p. 473.

れる様である。この傾向は、分析家自身が実践において欲望の対象という困難な位置に身を置くものであるだけに、いっそう問題含みであろう。ラカンは、そうした分析家の境遇を「スケープゴート」に準えながら、ＩＰＡがその難儀な立場をいかに回避しようとするか、次のように揶揄を込めて語っている。

社会世界において精神分析家共同体が、スケープゴートの保護のための国際組織という形のもとに占めている奇妙な立場がそれにより説明される。スケープゴートは集団化により、あるいはさらによく言えば階級により救済される。スケープゴートの社会など考えてみるだに難しい。そのとき、スケープゴート准尉や、それになるために控え室に詰め掛けるスケープゴートたちができるのだ。[84]

やはり軍隊のごとき様相を呈すこの集団について、ラカンは既に一九五六年に、その階級に仇名をつけながら槍玉に挙げていた。ここでは、そのもっとも主要な階級である「自己満足Suffisance」について見ておこう。[85] ＩＰＡの分析家たちがそう呼ばれるのだとしたら、それは、ナルシシズム的な備給を通じて自らに満足している「自我」の集まりしか、そこには認められないからである。このとき、精神分析家の養成という問いもまた袋小路に陥っている。というのも、このような共同体における再生産とは、自己満足の拡大でしかないからだ。「自らを伝えるために、世代を包含する血の法則や、同盟を想定する養子縁組の法を自由にすることもできないがゆえに、

〈自己満足〉に残されているのは、想像的再生産の道であり、これは、印刷に似た複写様式によって、いわば、何冊かこれを刷ることを可能にするのである。そこでは唯一者が複数になる」[86]。こうしてまさしく精神分析家集団は、その個別的実践から、集団的組織化まで、ナルシシズムによって支配されることとなる。そこでは、カント‐サド的問題としての犠牲は、美的眩惑という障壁を越えて扱われることは決してないだろう。

しかし、欲望の対象の位置を引き受けるという点において、分析家であることから犠牲の問いを引き離すことはそれほど容易ではない。ここで、「自己満足」とは似て非なるものとして、ラカンのうちに見られる分析家の「孤独」という問題を思い出してみてもよいだろう[87]。フロイトの大義との関係におけるラカンの常なる孤独は、己のみによって認証される精神分析家それぞれの孤独のうちにも、反映している。この「孤独」は、当然第一には、「現行組織」によるなんらかの後ろ盾もなしにということであるだろうし、また同時に、精神分析にしばしば居場所を与えるものとしての、精神医学の職業的身分からさえも独立して、ということでもあろう。サドのように拘束されていなかったとしても、あえてこのような孤独な自律にしか赴くことのない精神分析家は、欲望の対象の

(84) *Sé XVI*, p. 351.
(85) J. Lacan, «Situation de la psychanalyse et formation du psychanalyste en 1956», *É*. p.475.
(86) *Ibid*., pp. 475-6.
(87) 独りで「精神分析的大義 cause psychanalytique」と向き合うラカンについては以下を参照。J. Lacan, «Acte de fondation», *AÉ*. p. 229. この点について、さらに述べている箇所として以下も参照のこと。J. Lacan, J.: «Discours à l'école freudienne de Paris», *AÉ*, pp. 262-3. 本書第四章第三節の議論も見よ。

位置を引き受けながら、いかに「自己満足」に陥らずに済むだろうか。この問いは、分析という実践においてきわめて本質的なもののひとつであるはずだ。

したがって、ラカンにとってはこの犠牲と自己満足の結託を、どこかでナナメにすり抜ける必要があったのではないだろうか。そのためにこそ、犠牲という主題を横切りながら、マゾヒズムについて考えてみることが必要だったのではないだろうか。犠牲という立場から美の眩惑を引き出す危険性。そのナルシシズム的な魅惑が、集団形成の原理となる危険性。さらに、こうした立ち止まりとともに、精神分析そのものもまた、永遠性の地平のもとに捧げられ、固定されたものとなるだろう。そして、そうした無時間的で、イデオロギー的な土台に支えられるなら、分析家の養成は、いよいよ、ナルシシズム的回路に囚われていくこととなるだろう。それに対し、マゾヒズムがもたらす教訓は、こうした危険性を避けながら、先に見たように、むしろ分析実践の一回、一回、言い換えれば一舞台、一舞台の重要性を高めることへと我々を導く。まさにそれは、欲望と法の一致がもたらすあらゆる帰結を集めながら、外に排除してしまうのではなく、目の前で取り扱い可能とするような交易所としての分析実践空間の重要性を強調することである。やはり精神分析実践は、ラカンにとって、いかなる外的な規約にも頼ることのない、そうした内在的契約（往々にしていかなる保証もない）に基礎付けられねばならないのではないだろうか[88]。

この限りにおいて、分析家は、マゾヒストそのものではないにせよ、その機能的位置をマゾヒストから学ぶことになる、と言えるだろう。我々はそれについて、以下に改めて見解を整理しておこう。第一に、マゾヒズムから分析家が受け取りうる教訓は、主体の欲望を支える犠牲的対象の位置を甘んじて引き受けるための戦略として意義がある。しかし、すぐに付け加えねばならないが、それは分析家のナルシシズムの効果のうちに、主体を巻き込むためではない。むしろ、一種のゴミの堆積場、放棄された脱存在の滞留の場を開きながら、分析主体の欲望と法の一致を明示する小さな舞台を維持するためである。このとき、分析主体から分析家へと投げられた脱存在は、もはや超論的な彼岸に移されるのではなく、ましてや美的な輝きのもとに主体を再び惑わすのでもなく、構成的な素材として分析実践のうちで流通することになるはずである。

しかし分析家は、ここでマゾヒズムの教えを越えて、さらなる一歩を踏み出さなくてはならない。マゾヒストがもし、このような位置に留まりながら、それを自らの快とすることによって、結果としてこのゲーム全体の主人として君臨し続ける者だとすれば、それとは反対に分析家が目指すのは、この場そのものを揺り動かす「切り札」と自らを為すことである(89)。それは、自らの退去によってこの舞台の解消を促すという機能である。そのとき、ゲームにおける見せかけの主人の場にいた分析主体は、自らの欲望を支えていた場を失いながら、享楽の次元に――つまり欲望と法が根拠の不確かさにまで導かれ、新たな生の様式を試さざるをえなくなる始まりの地点に――触れることになる

(88) これについてはもちろん転移という問題とあわせて、さらによく考えてみなければならない。関連して、IPAが設定する様々な標準、あるいは「セッティング」に対する、今日のラカン派精神分析家による批判的考察を思い出してもよいだろう。一例として以下を参照。ブルース・フィンク『精神分析技法の基礎』椿田貴史ほか訳、誠信書房、二〇一二年、六五―六九頁。

(89) *Sé XVI*, p. 350.

のではないだろうか。こうした見方に基づいて、一九六七年のテクストのひとつで言われていたことが理解可能となるように思われる。すなわち、精神分析的行為とは、「享楽の開かれのうちでマゾヒスト的なものとして設立され、享楽の配置を再生産する」ものなのである。(90)ここに我々は、精神分析的行為において通過される経験の基底の一部を垣間見ることができるだろう。分析家と分析主体のあいだには、いわば主体性の再編を導くモデルとしての、こうしたマゾヒズムの道が共有されているのである。

以上を通じ、我々は、ラカンが「精神分析的行為」という主題のもとで理解しようとした経験のあり方を、マゾヒズム論という光のもとで照らす試みを行ってきた。そこにはまず、教育をめぐるひとつの思想史的変遷が認められよう。つまりサドのような教師が指揮する幻想-理論的教育の不能についての認識、さらに、永遠のうちに無を捧げる犠牲的実践という別の行き詰まりを経て、教育を実践の戦略として特殊に組み立てるものとしてのマゾヒズムの舞台が、重要なものとして理解されてくるのである。こうした変遷は、既に我々がドゥルーズに大いに依拠したことからもうかがえるだろうが、おそらくはひとりラカンに限らず、六〇年代にありえた思想史上の中心的転回のひとつとして論じることもできるかもしれない。

いずれにせよそうした教育の展望のもとでこそ、分析家の養成という課題は、犠牲とナルシシズムの結託をすり抜け、想像的再生産とは異なる方向へと差し向けられる。永続化すると想定された制度の中で自己満足をコピーし続けることなく、またナルシシズム的集団として自分たちを組織するのでもなく、ひとつひとつの分析経験を通じて、欲望のゼロ度、つまり享楽の片鱗への接触において主体の再編が個別特殊的に、言い換えれば実験的に試みられるのだ。そこに示唆されるのは、分析実践の数だけ多様な分析の終わりというものではないだろうか。そして、もしその通りであるとするならば、我々は、精神分析経験の多様性のうちにこそ、その深化の鍵もまた存しているということを確認することになるのである。

(90) J. Lacan, «La psychanalyse. Raison d'un échec», *AÉ*, p. 348.

第六章　行為と言説
――六八年五月の閾の上で

1　六八年のジャック・ラカン

六八年五月の第一週、全国高等教育教員組合（SNESup）が発したストの号令にラカンは従い、その年のセミネール『精神分析的行為』の最後の講義を中止した。その日、それでも教室に足を運んだいくらかの受講生たちに、やはり姿を現したラカンが語った言葉について、ルディネスコはこのように書いている。「ラカンはコーン＝ベンディットにオマージュを捧げながら、弟子たちを責めた。「私は必死に、精神分析家はこの蜂起から何かを期待せねばならないだろうと言っている。ところがこう反駁する者もいる――蜂起は我々から何を期待しようとしているのか、と。蜂起は彼らにこう答えるだろう。我々があなたがたに期待するのは、機会があれば、敷石を投げる手伝いをしてくれることだ、と」。それからラカンは、敷石と催涙弾が、対象 a の機能を満たしていると述べた」[1]。

ここでの発言は、六八年五月とラカンとの関係を照らしだす一つの灯りを提供してくれていよう。伝記から知られる限りでは、彼自身、学生たちの運動について十分に共感的ながらも、サルトルなど知識人と違って断固とした距離をとっていた。とはいえ他方で彼にとっては、他の多くの精神分析家、例えばSPPで活躍するシャスゲ＝スミルゲル＆グランベルジェがしたように[2]、この蜂起の心性とやらを説明することや、あるいは通説に曰くヘルベルト・マルクーゼがその役を果たしたとされるように、この蜂起を盛り上げてやるための諸々のイデオロギーを遠くから投げつけることすらも、問題なのではなかった。ラカンがこの舞台における登場人物の資格を得るとすれば、それは蜂起に彼が「誘導され」たからではなく、むしろ彼が蜂起から何かを受け取ることを精神分析家に求めているからである。そのときラカンは、あくまでも精神分析実践の陣営から、街頭の騒乱に聞き耳を立てているのだ。本章において我々は、ラカンの理論が、現代文明をいかに説明しようとするかよりもむしろ、ラカン自身の理論の実践が、この局面において何を受け取り、それによってどのような方向へ舵を切ることになったのか、明らかにしてみたい。

このとき、二つのキーワードの交錯が、我々の関心の導き手となるだろう。すなわち「行為」から「言説」へ。第一に、ラカンにとって六八年五月は、六三年以来二度目となるセミネールの中断を招いた、一つの切断的経験とみなすことができる。ストライキの日からおよそ一年後、六九年六月四日、彼はこのような回想を述べている。

この年、行為について私が言表しなければならなかったことが、こうして一部欠けてしまったというのは、たまたまだとは思わない。何か関係があるのだ。もちろん因果関係ではないが、あの五月の出来事と、行為とは何たるか、特に精神分析行為という主題をめぐって精神分析家の側に怠慢があるということには関係があるのだ。しかしやはり、あれらの出来事の原因となることと、精神分析行為が挿入される領野とのあいだにも関係があり、だからこうも言えるだろう。おそらくこの行為に対する関心がいくらか欠けていたから、現在まで分析家たちには、あの出来事に、余計だとしても、いくらかなりとものの理解の手がかりすら与える気力も、余力もないのだ(3)。

前章でも見たように、六七年から六八年にかけてのセミネールのテーマは『精神分析的行為』であった。エコルノルマルに提出されたこのセミネールについての報告書が言う通り、ここで問題となる行為とは、精神分析の経験における決定的局面を示すものとして構想されていた。すなわち「精神分析的行為は、我々のよそでは見られることも、知られることもない。目星をつけられたことなく、いわんや問題とされたこともない。我々は、精神分析主体が精神分析家へと移る選ばれた瞬間により、この行為があると想定する(4)」。そこに賭けられているのは、精神分析が分析家を生産

(1) É Roudinesco, *HPF2* p. 461.
(2) 本書第一章の注一二を参照せよ。
(3) *Sé XVI*, pp. 341-2.
(4) J. Lacan, «l'acte psychanalytique», *AÉ*, p. 375.

するという決定的な点を囲い込むことである。彼はこのとき、それへのこだわりゆえに組織の中での彼の運命を複雑にした「教育分析」、「分析家の養成」の問題に対して、一つの積極的な貢献を果たそうと努めていたのだ。「純粋精神分析」の本質とは何か。分析主体はどのようにして分析家となるのか。その決定的瞬間の中核にある経験、「分析家の欲望」とはどのようなものか。ラカンは、こうした問いを立てながら、「精神分析」がひとつの特殊な操作でありうるための基礎を探していた。六六年の講演で「分析家を主体と呼ばれる機能の高みにおいて作る」[5]と言われた地点において、「行為」の問いが取り組まれていたのだ。

ところが六八年五月は、まさしくこの問いを中断させた。ラカンによればそれは偶然ではない。あの五月においては、何かが把握しそこなわれたままなのであり、それは精神分析家が行為を真剣に捉えきれていないことと関係を持っている。そのような認識からだろうか、ラカンが六八年五月を「出来事」として捉えることを拒否しているのは。六八年一〇月一二日の、パリフロイト学派会議での発言を参照したい。ジャック・ナシフの発表「精神分析的言説について」に彼は次のようにコメントしている。「ここに示唆されるように、「分析的対話」と呼ばれるものでより自由に動いているらしきものも、実際、依拠する土台があるのであって、これは完全に、本質的で形式化可能な分節化に還元できるのだ。経験と、それが持ち去る肉体的現前の何某かとの間の見かけの差異は、後者の構造的条件設定のいくつかの裏で完全に掻き消えるのであるが、それら条件の典型が、ナシフが出来事として導入したカテゴリである」[6]。ここに少なくとも、分析的対話の構造的条件として「出来事」を語ろうとするアプローチが確認される。続いてラカンは、ヴィトゲンシュタインによるこの語の使用と、自らのそれに共通点があることを示唆したのちに、五月についてこう述べている。「だからこそ、ナシフの話を聞きながら、五月に起こったことを、この「出来事」という語で呼ぶことほど不適切なことはないと思ったものだ。とはいえ、それらの重要性を認めないわけではない。何かの、まさしく一つの出来事の、先触れとしての重要性を」[7]。

出来事は、精神分析経験の構造的な条件の地位を与えられている。本書の第三章の議論を思い出すなら、六四年にラカンは「出来事」を、ラッセルの分析哲学を参照しつつ「真理との出会い」として探求していた。出来事は確かに、精神分析の再生を巡るラカンのプロジェクトにおいて、すでに重要な位置を与えられていたのだ。これにちなみ、ここでラカンとフーコーの最接近について思い出すのもいいだろう。六九年のフランス哲学会でフーコーが行った講演「著者とは何か」と、それに対するラカンの応答である。この講演の終盤、フーコーはフロイトを取り上げ、彼に「言説性

(5) J. Lacan, *Mon enseignement*, Seuil, 2005, p. 58.
(6) *Lettres de l'école freudienne de Paris*, No. 7, Mas, 1970, p. 42.
(7) *Ibid.*, p. 43. ラカンの見解を、ドゥルーズ＝ガタリの八四年の見解と比較してみることができるかもしれない。後者の二人は、六八年五月を、「透視力」の出現、社会に含まれる耐え難いことを見抜き、別の可能性を見出した、という限りにおいて、出来事であると認めつつも、それが要請した集合的主体性の「転換」を遂行しえなかったその後の経緯を苦々しく述懐している。いわば、五月は、行為＝移行の手前における先触れとして理解されている。G. Deleuze, «Mai 68 n'a pas eu lieu», *Deux régimees de fous*, Minuit, 2003.（「六八年五月［革命］は起こらなかった」杉村昌昭訳『狂人の二つの体制1983-1995』河出書房新社、二〇〇四年）

の創始者」の資格を与えている。[8] すなわち、創始行為そのものが、その後の言説内部での諸々の変形とは異質なままにとどまるような著者であり、それゆえに、その行為の構成的忘却それ自体に触れんとする「回帰」の運動が、「言説性そのものの変容の実行的で必然的な作業[9]」であるような著者である。フーコーはラカンの名をあげはしなかったが、ラカンの方はこれを、自らの「フロイトへの回帰」の「完全に妥当[10]」な解釈であるとみなした。ラカンは、フーコーが取り上げたこの主題を自分のセミネールへと持ち帰り、それを「出来事フロイト[11]」をめぐるものとみなした。「出来事」とは、精神分析を、退隠しつつ支えている起源の行為、あるいは精神分析の失われた原因との関係を復権させることに関わる一つの概念なのである。

しかし、ラカンが六八年五月を出来事とは認めず、その先触れとみなしたとすれば、そこには、フーコーが見事に解明したような回帰的創設の運動を妨げるような何かが認められる、ということではないだろうか。結局ラカンは六八年五月を、「五月騒ぎ émoi」と呼ぶことにするのだが[12]、その事実は六三年の議論を思い起こすなら示唆的と思われる。セミネール一〇『不安』で彼は、フロイトの論文[13]に由来する「制止、症状、不安」の三項に、さらに行為化 acting out、行為への移行 passage à l'acte などを加えた九マスの表を作成しながら、その一つを「胸騒ぎ émoi」としていたのだ。このときに語源に遡りつつ、「不足する権力の召喚であり、欲求においてあなたに欠けるものの経験[14]」と定義した「胸騒ぎ」を、まさしく行為の手前の次元として、六八年にラカンが思い出していたことも、十分にありうることであろう。

ではラカンはこうした中断を、どのように捉え直し、精神分析経験の核心を定義し直そうとするのだろうか。その点において、重要となるのが「言説」概念の新たな定式化であるが、我々はその点に触れる前に、六七年における行為の問題への接近を、もっと近くから整理しなおしてみることとしよう。

2 「提案」――精神分析家の知をめぐって

ここで直ちに思い出すべきことがある。六七年の行為の問題は、単なる理論的前進のみならず、ラカンが「分析家の養成」という問いに制度的な水準で介入を試みたことと深く結びついている。セミネール一五『精神分析的行為』の開始に少し先立って、六七年一〇月九日、ラカンは、この行為によって生じる移行について、学派として認証しその知を共有するための制度「パス」を、自分

（8）M. Foucault, «Qu'est-ce qu'un auteur?», *Dits et écrits*, I, Gallimard, p. 805（「作者とは何か」清水徹・根本美作子訳『ミシェル・フーコー思考集成Ⅲ』、筑摩書房、一九九九年、二四二頁）
（9）*Ibid.*, p. 808.（二四七頁）
（10）*Ibid.*, p. 820.（二六二頁）
（11）*Sé XVI*, p. 188.
（12）*Sé XVI*, p. 240. また J. Lacan, «D'une reforme dans son trou», *op. cit.*, p. 5.など。
（13）S. Freud, «Hemmung, Sympton und Angst», *GW*. *XIV*.（「制止、症状、不安」大宮勘一郎、加藤敏訳『フロイト全集一九』岩波書店、二〇一〇年）
（14）*Sé X*, p. 93.

の学派の会員に向けて「提案」したのだ。

立木が明快に描き出す通り[15]、ここではまず、旧来の精神分析組織から引き継いだものに代えて、「学派分析家」という称号に、新たな内容を与えることが問題であった。つまり「学派の経験そのものの分析家」であり、「重要問題について、分析にとってそれら問題が立てられる生き生きした点から、とりわけその解決を任務とするなり、少なくともそれに果敢に取組む者として、証言することのできる者」である[16]。相変わらず重要問題とは、いかにして人は分析家となるのか、ということであり、パスとは、それを証言する者たちに、学派による保証を与える制度である。証言する分析主体はパサンと呼ばれ、彼の証言は審査者らにより吟味される。ただし証言は直接伝えられるのではなく、パサンと同じく分析過程のうちで移行に差し掛かる位置にいる、もう一人の分析主体、パサーを媒介にしてなされるという点が特徴的である[17]。

知られるように、この提案は実質上、六四年以来まさにこれから分析家になろうとする若い人々に、学派の重要な役割を委ねようとするものであり、そのため学派内に大きな騒乱を呼ぶこととなった。ルディネスコは、トップが仕掛けた下からの革命であり、その目的がルーチンの破壊と幹部の自己批判にあるという点で、この「パス」の提案を、毛沢東の文化大革命に比較さえしている[18]。実際、六九年一月の投票による採択の後には、強く反発した何人かのベテラン分析家たち、オラニエ、ヴァラブルガ、ペリエらは、学派を割って出て、「第四グループ」と呼ばれる別の団体を組織するに至っている[19]。

しかしいずれにせよ、パス制度の意義に迫るのであれば、「提案」のテクストで詳しく論じられた「行為」の議論に、しっかりと向き合う必要があるだろう。そのために、ここでその細かな読解を行っておきたい。このテクストは、学会での報告の後、六八年一月に発刊されたＥＦＰの雑誌『シリセット』に、修正を加えた上で発表されている。

まず注目すべきは、このテクストの前書きである。そこではこれを読む前に「一九五六年の精神分析状況と精神分析家の養成」を参照せよとの指示がある。この日付は、当該のテクストに加え、一九五五年のウィーン神経学会での講演「フロイト的モノあるいは精神分析におけるフロイトへの

（15）立木康介「ラカンの六八年五月」市田良彦・王寺賢太編『現代思想と政治』平凡社、二〇一六年。ここではパスこそがラカンにとっての六八年五月であるとの展望のもと、それが精神分析制度においてもたらした革命的意義が、現代までを視野に入れつつ詳細に論じられている。

（16）J. Lacan, «Propositon sur le psychanalyste de l'École», *AÉ*, p. 244.

（17）立木はここに一方で「分析主体／分析家の間の転移関係が招きうる負のバイアスを斥けるとともに、他方では、あるタイトルを要求する個人を、そのタイトルをすでに保持する人々の集団が審査する、いわゆる「コオプタション」〔…〕を排除する」狙いがあると指摘する。立木康介「ラカンの六八年五月」前掲書、五八八―五八九頁。

（18）E. Roudinesco, *HPF2*, p. 456. ルディネスコはパス制度には概して批判的である。七七年のテクストでは、「パス」を「狂人製造機」とさえ呼び、精神分析法廷の設立とみなしている。E. Roudinesco, *Pour une politique de la psychanalyse*, François Maspero, 1977, p. 99.

（19）設立趣旨では六四年以降の養成の問題は次のように語られている。「たった一人の設立宣言 acte de fondationqbunnにより始まった第二の時期は、こうした養成を、卓越した一人の主人が提案する構造に包摂することを試みた。しかし、一教義とその定式化様式が、イデオロギー的な命令により強められ、専制が制度化された以上、分離が避けがたく生じたのだ」«Documents : Quatrième groupe, organisation psychanalytique de langue française :Principes et modalités de fonctionnement», *Topique*, no. 1, 1969, p. 144.

$$\frac{S \longrightarrow S_q}{s\,(S_1, S_2, \cdots S_n)}$$

図１

回帰の意味」および五六年の「精神分析とその教育」とにより、ラカンが、分析家の教育に関して自らの見解を広く公表した時代として思い起こされるべきものだ。そこでは五三年の（ＳＰＰとＳＦＰの）分裂が、医学的教育に範を取る分析家の養成制度への反対を争点としていたことを踏まえつつ、基本的には、分析教育において象徴的次元を扱う科学に通ずることの重要性が説かれている。分析家とは、想像的反響を超えて、象徴的な負債からのメッセージを受け取る者である。五六年における養成の議論は、そのため、精神分析を背景で支えるはずの、この象徴的次元をめぐる知に通ずることが要請されていた。「間主体性の科学[20]」、あるいはラカンが「推測科学」と呼ぶ知である。「間主体性の法則は数学的である[21]」。言語学や歴史学、数学の知識に接近すること、そうした接近を制度によって支えること、それが五六年には、教育的な観点から要請されていた。

ただし当時はまだ、分析家が知っておくべきことが問題とされているのであり、知と実践の複雑な関係はさしあたり問われてはいないように見える[22]。対して、「提案」のテクストでは、知と実践の関係をめぐってラカンがそれ以来歩んできた前進が、新たに重要な論点を提出している。五六年の論文において、分析経験が位置づけられる間主体性が、まさしく数学的な構造に関する知識の面から問題にされていたとすれば、今や、この構造それ自体を、実践経験の土台として実装する必要が強く説かれる。「間主体性」という語の使用は発話の次元を強調するための教育的譲歩に過ぎなかったと断りながら、ラカンは次のようにのべている。「いまや、無意識が我々に明らかにするものをコギトの主体に関係付けつつ、またそれにより想像的他者、くだけた言い方で小他者と、〈大他者〉として提示される言語演算の場との区別を定義しながら、私は、どんな主体も別の主体によって支えられることはないという点を十分に指摘した[23]」。

すなわちいかに複雑なものであれ、主体と主体の間の駆け引きが問題なのではない。精神分析は、分析家と分析主体という二つの主体の間でのゲームの取り決めなのではない。構造的条件に沿って、たった一つの主体が実現されるような実践なのだ。ここでラカンは、この主体は「想定されたもの」であるとし、さらにその脇に知を隣接させて、図1のように表記している。

最初に登場する左上のS、これをラカンは「転移のシニフィアン」、「一つの主体」のシニフィアンとする[24]。このシニフィアンは、ある任意のシニフィアンSqを含意する。最初のシニフィアンの下では、線に隔てられつつ、主体を表象するsが想定されている＝下に置かれている。我々は無論、

(20) J. Lacan, «La chose freudienne», *É*, p. 435.
(21) J. Lacan, «Situation de la psychanalyste et formation du psychanalyste en 1956», *É*, p. 472.
(22) ただしラカンが「文体」について述べていたことには、既にいささかそれを超えるニュアンスがある。「その名に値する教育を実現しうるフロイトの回帰が生み出されるのは、最も隠れた真理が文化の諸革命のうちで表に現れてくる道によってでしかない。この道こそ、我々に続く人々に我々が伝達しようとすることのできる、唯一の養成である。その道の名を文体という」。J. Lacan, «La psychanalyse et sen enseignement», *É*, p. 458.
(23) J. Lacan, «Propositon sur le psychanalyste de l'École», *AÉ*, p. 247.
(24) *Ibid*., p. 248.

「あるシニフィアンは別のシニフィアンに対して主体を表象する」というシニフィアンの定義をここで確認しているわけだ。ただし、ここではこの主体は、知を詰め込まれたものとして提示されている。ラカンはこれを、「無意識におけるシニフィアン」からなる知とし、さらには「未だ潜在的な指示物の代わりを務める意義」であるとしている。本書で我々が検討してきたことから、この図式は整理できるだろう。「知を想定された主体」とは、第三章の議論で見たように、シニフィアン連鎖における発話の出来事性を隠すものであった。この出来事性のかわりに知を想定された主体が表象として提示されているのだ。あるいは記号関係に外在するであろう指示物＝真理値が呼び求められるかわりに、想定された知が主体に詰め込まれているのである。従って、転移のこの段階とは、真理値との出会いが幻想の舞台として整う以前の段階とみなすことができよう。精神分析とは、分析家と分析主体という二者を超えて、「知を想定された主体」というこの第三項が、「技巧によってではなく僥倖によって、分析主体から離脱して[25]」導入されることで開始されるのだ。

ではそのとき、分析家は、知に対してどのように振る舞うのか。ラカンが真っ先に注意するによれば、分析家は、二次的関係においては、この第三項とは全くの無関係である。つまり、実際に知っている必要がないどころか、分析主体が「分析家にこれを押し付けることさえ全く必要ではない[26]」。しかし、とはいえ分析家が謙虚にも自らの無知を認めていれば十分だというのでもない。分析家はやはり知と、特有の関係を有していなければならない。ラカンはこれを、「指示する知」と対置しながら、「テクスト性の知」と呼んでいる。すなわち「厳密な文字連鎖として分節化される」知であり、厳密であるがゆえに「一つも取りこぼさなければ、非-知が知の枠組みとして整理されてくる」ような知である。[27] ラカンは例として集合論の創始者カントールによる超限数の発見を挙げている。ここでは、加算無限集合よりも要素を多く有する、つまり濃度の大きな集合の存在についての証明に由来し、ひいては序数の集合論的な基礎づけによって導入されることになる「実無限」の発見が、ほのめかされていると考えていいだろう。[28] また、この実無限的な全体は、自らを要素として含みかつ含まないという逆説を開いたものとして知られる。そうしたことも踏まえてだろう、ラカンはその境位に「分析家の欲望は位置づけられる」としている。

我々はここですでに、分析家にとっての「知」が、一つの学識のようなものではないこと、また同じく、分析家の欲望も、例えばオラニエが養成の候補者を定義するときに書く、「分析家になろうとする欲望」[29] のような、内容において規定される類のものでないことがわかる。のちにラカンは

（25）*Ibid*., p. 249.
（26）*Ibid*., p. 249.
（27）*Ibid*.
（28）詳しくは以下に所収の村田による解説を参照。G・カントル『超限集合論』功力金二郎・村田全訳、共立出版株式会社、一九七九年。村田が「形而上学的数学者の最後の人」（一四三頁）と呼ぶ通り、カントールの数学的創意は、その背景にギリシャ哲学から連綿と続く神学的ないし哲学的問題系を有していることが知られる。ラカンのその後の数学的関心もまた、単に形式化の利益という点からのみならず、同じ問題系のもとで内在的な議論に伏すことが重要である。カントールについてラカンの精神分析との関係からアプローチした本格的文献として以下を挙げておく。N. Charraud, *Infini et inconscient : essai sur Georg Cantor*, Anthropos-Economica, 1994. 著者は『フロイトの大義』派の分析家でかつ数学者である。
（29）P. Castoriadis-Aulagnier, «Sociétés de psychanalyse et psychanalyste de société», *Topique, 1*, Octobre 1969, p. 9.

「これ［精神分析家の欲望］は、精神分析家になりたいという欲望とは何の関係もない」とはっきり述べている[30]。それは、一つの把握や理解であるよりも、むしろ構造上要請されるある位置への出現として記述されるべきものである。「精神分析家の欲望とは、精神分析家の言表行為である。この言表行為は、xの位置に彼がくるときにしか操作されることはできない[31]」。

この位置から、決定的な一歩が踏み出されるだろう。すなわち転移関係の終わり、そして欲望の解消である。

このように代数化した構造にもとづき、転移関係の終わりに起こることについて考えを持つことができる。その演算のうちで分析主体を支えてきた欲望が解消されたとき、分析主体はついにもう欲望のオプションを解除したくはなくなる。つまり分析主体の分割（割り算）を決定するものとしての残余（余り）が、幻想から彼を失墜させ、主体として罷免するのだ[32]。

「欲望のオプション」とは、オプション契約のことを指すと思われる。つまり、何かを待ちながら、差し当りのものを確保しておく種類の契約である。欲望とは、第二章の議論でも触れたとおり、表象された主体がその決定的意義に到達することを、問いの形式で宙吊りにしつつ持続させておくものであるから、右の引用で言われているのは、まさにこの約束の実行のための待機自体が、究極の関心の座を降りてしまうような契機の訪れである。この契機の鍵を握るものは、ここでは、主体の分割の残余、つまり対象aとして指示されている。我々がこれまで見てきたことを踏まえてこう言えるだろう。幻想の舞台が用意した主体と対象 a との出会いは、それぞれ分析主体と分析家とにここで振り分けられている。分析家は、テクスト性の知、つまり非‐知を輪郭づける知に立脚して、そのパラドクスの点にやってくることで、まさしくこの残余の位置を取ることになる。さらにそのような対象‐分析家が、用意された幻想の舞台から姿を消すことで、分析主体は、自らの欲望の支えを失って、幻想から失墜する。それが主体の罷免である、というわけだ。これについて、六九年の講義内の次のような記述も参考にしておきたい。

それゆえ精神分析家は、主体、この場合は神経症主体がひとつの道に踏み入るよう誘導する。その道で、精神分析家は、知を想定された主体との出会いへと主体を誘う。もっともこうした知への扇動は、主体を真理へと導くはずである。演算の終わりには、この拒絶された真理の開きを表すものとして、対象 a が排泄される。排泄されるこの対象こそ、分析家たる彼自身が、いわば自身の即自でもって表象することになるのだ。言い換えれば、分析家は落ち、自ら拒絶された虚構となるのだ。[33]

(30) J. Lacan, «Discours à l'école freudienne de Paris», *AÉ*, p. 271.
(31) J. Lacan, «Propositon sur le psychanalyste de l'École», *AÉ*, p. 251.
(32) *Ibid.*, p.252.
(33) *Sè XVI*, pp. 347-8

分析主体にとってこれは、「欲望の把握とは他ならぬ、ある脱存在の把握[34]」であることが示される機会である。すなわち、疎外の契機に投げ捨てられた、諦められた存在、存在のしそこないに、分析主体は触れるのだ。そこから「知を想定された主体の非本質性」が露わになるのを見るだろう。というのも、そこでの知は、何ら存在の肯定的な内実を満たそうとするものではなかったからだ。この非本質性から出発して、「来るべき精神分析家は、欲望の本質たるアガルマへ身を捧げる」とラカンは言う。精神分析主体は、非本質性のツケを、自ら「任意のシニフィアン」になることで支払うのである。

このように、ラカンの「提案」においては何より、分析家が依拠すべき知の特殊性と、それを基礎にすることで分析主体がいかに脱存在を把握するかをめぐっての解説が提示されている。繰り返せば、そこでは、知を得ることよりも、知との関係の変化が重要なものとして説かれている。そしてこの変化そのものは、分節化可能な知として提示されえない。のちに言われるように、「精神分析家の知の問題は、それが分節化されているかどうか、ということではなく、それを支えるためにはどの場にいなければならないか、ということ」なのである[35]。そこに教育上、養成上の難問があるだろう。ここでパス制度に戻るならば、それはまさに、この知になりえぬ知の変化について共有するための一つの工夫であったはずだ。そして、その中心にあるのは、精神分析家へと自ら身を捧げようとすること、それ自体の謎である。のちにラカンは、パスの瞬間に生じる謎について、率直にこう述べている。「なぜ、誰かがこのリスクをとるのか。この狂ったリスク。結局、この対象になるという狂ったリスクをとるのか。結局は他ならぬ、いくつかの極化された謎をのみ表す限りでのこの対象なるものに生成するという狂ったリスクを」[36]。

こうした狂ったリスクに向けて、では精神分析には、どのような理論を生産することが可能なのだろうか。

3 理論から言説へ

ラカンのこうした「提案」が、六八年五月に先立ち、分析家の集団に一つの騒ぎを招いていた。単なる分析理論を理解させ伝達するというのではなく、一つの「狂ったリスク」、「謎」を分析家集団がいかに共有しうるのか。そうした問いかけ、いや制度実践上の挑戦があった。理論的実践は、そうして実践の構造化の実験として取り組まれる。ここに至る過程を、ラカンは、六七年の秋にイタリアでの講演のために準備した三つのテクストの一つ、「知を想定された主体の取違い」で次のように述べている。

ひとつの理論にはひとつの欠如が含まれる。この欠如はあらゆる水準に必ず見つかり、ある時

（34）J. Lacan, «Propositon sur le psychanalyste de l'École», *AÉ*., p. 254.
（35）J. Lacan, *Je parle aux murs*, p. 39.
（36）«Intervention de J. Lacan（dans la Séance du 3/11/1973）», *Lettres de l'École freudienne*, No 15, 1975, p. 189.

は非決定性として、ある時は確実性として書き込まれ、解釈不能性の結び目を作っている。そんな理論に私は打ち込んでいるが、もちろん、それで前例なきアトピアを経験してもいる。問いは、こうだ。あえてこんな理論の練磨に取り組む私は、一体何者なのか。答えは簡単、精神分析家である。私には一精神分析家としての実践がある、その事実に射程を限るなら、その答えで十分である。

さて何より実践においてこそ、精神分析家は構造に肩を並べねばならない。構造が彼を規定する。心的形式において規定するのではない。それこそ行き詰まりだ。そうではなく、現実界へ書き込まれたものとしての主体的位置において規定するのである。この書き込みこそが、まさに行為を定義するものである[37]。

理論の欠如という認識論的水準は、既存のイデオロギーの外部のアトピア、すなわち「破門」として、ラカンに自らの実践的根拠への自覚を促す（本書第二章参照）。彼はここで、自らの置かれたアトピアの位置こそが、理論的立場と一体となるような、知の身分を考えようとしている、と言えるだろう。その限りにおいて、我々は彼が「理論」に与える新たな定義を見直さなければならない。六八年秋に再開したセミネール一六『一つの〈他者〉から他者へ』の冒頭講義、黒板にはこう書かれた。「精神分析理論の本質は、発話なき言説である[38]」。

ここで言われている「精神分析理論の本質」という言い回しを、先に検討した知と実践の複合的な関係を無視して理解することはできまい。つまり、精神分析理論は、分析家が参照するための知識ではありえない、ということ。むしろ分析家の欲望を有することと不可分な、知・主体の状態に関わる、ということである。

他方、後半の「発話なき言説」については未だ謎めいている。ここで我々はいくつかの補助線を引いておく必要があろう。第一に「言説」という論点。これは何よりJ・A・ミレールらのエピステモロジー・サークルが提起していた関心であった。つまり彼らが「フロイト学派」内で結成したカルテルは、その研究テーマを「言説理論」としていたのだ。アルチュセールもまた六六年、「言説」理論について考えようとしていたことは、第二章で確認したとおりである。言説という主題は、マルクス主義、エピステモロジー、精神分析を横断する関心として位置づけられるものである。

その限りで、理論を一つの言説として定義するラカンの立場は、マルクス主義的理論主義から彼が取る距離との関連で測られる。ミレールは、『分析手帳』以前に編集に参加していた『マルクス＝レーニン主義手帳』[39]の表紙の銘として、レーニンの言「理論は真であるからして勝利する」を選んでいたのだが、そのことを踏まえてであろう、ラカンは「科学と真理」では次のように述べてい

(37) J. Lacan, «la méprise de sujet supposé savoir», *AÉ*, pp. 337-8.
(38) *Sé XVI*, p. 11.
(39) ミレール、ミルネールらの『マルクス＝レーニン主義手帳』への参加とその後の分裂の経緯は以下に詳しい。P. Hallward and K. Peden, *Concept and Form*, Verso, 2012, pp. 20-28. 問題のレーニンの言については、邦訳から再録しておく。「マルクスの学説は正しいから、全能である。その学説は完全で均整がとれており、どのような迷信とも、どのような反動とも、またブルジョア的抑圧のどのような用語とも妥協できない、全一的な世界観を提供している」。レーニン『マルクス主義の三つの源泉と三つの構成部分』高橋勝之・大沼作人訳、新日本出版社、一九九九年、八頁。

た。

レーニンは書いた、「マルクスの理論は真であるがゆえに全能 toute-puissance である」と。これは、彼の発話が開く問いの途方もなさを空っぽにしている。すなわちその問いとはこうだ。唯物論の真理が、一つでしかないその二つの顔、弁証法と歴史の顔の下で黙っていると想定するなら、どうして、それについて理論を作ることが、その力を増大させるのか。プロレタリア意識やマルクス主義政治活動で答えることは、十分とは思われない。

少なくとも二つの力の分離がそこには予兆される。原因としての真理と、実行状態にある知の分離である(40)。

すなわち理論が有する力の由来はどこにあるのか。理論は何をなさしめうるのか。そこにこそ解くべき問いがあるのだ。そしてまさにここに、ラカンは真理と知の分裂を指摘する。理論が知として働くことによって揮われる力だけで、果たして行為は可能であるか。原因 - 真理が接合されてくるあり方を、理論の問いをめぐる視野に合流させねばならない。

さて、本書ですでに見てきたように、真理の力の合流は、ラカンにとって、発話行為という契機との関連で捉えられた。このことはしかし、発話それ自体の特権性を保護するのではなく、むしろ、いかなる発話が真理と関わるか、という問いを開く。ここで、この点と大きく関わるラカンのある六八年五月評を取りあげよう。ラカンの友人で分析家のミシェル・ド・セルトーは、バスティーユ奪取になぞらえて、この動乱を「ことばの奪取＝発言 la prise de parole」と呼んだ。[41]「発話すること prendre la parole」がまさしく賭金であるような象徴的革命だったのだと、六八年五月を解釈したのだ。ラカンは、しかしこの「prise」にちょうど良いのは、「タバコを一服」、「コカインを一服」というときの「一服 prise」だろうと揶揄する。[42] 発話は、退屈を埋め合わせるための嗜好品（しかも依存性のある）だとでもいうようだ。問題は、この発話が真理の力を発揮しないこと、「出来事」の高みに登らないということを、いかに捉え返すかなのである。

この点から、発話の帰結の寄せ集めが持ちうる力よりも、特定の力を持った発話が可能となる条件が、問題化されることになる。言説とは、このようにして、真理との接合を捉えるための、知と主体の関係性の条件として、概念化されている。ラカン自身の定義によれば、言説とは「発話を大きく追い越す構造[43]」であり、そのようなものとして「社会的紐帯[44]」のあり方を示している。「問題のそれら言説は、まさしくシニフィアンの分節化であり、装置である。これがただそこにあり、実在するという身分により、そのときに発話から生じうるもの全ては支配され、統治される。それらは発話なき言説であり、発話は後から言説へと住まいにやってくる[45]」。

（40）J. Lacan, «La science et la vérité», *Écrits*, p. 869.
（41）ミシェル・ド・セルトー『パロールの奪取』佐藤和生訳、法政大学出版局、一九九八年。
（42）*Sé XVI*, p. 41.
（43）*Sé XVII*, p. 11.
（44）*Sé XX*, p. 21.
（45）*Sé XVII*, p. 194.

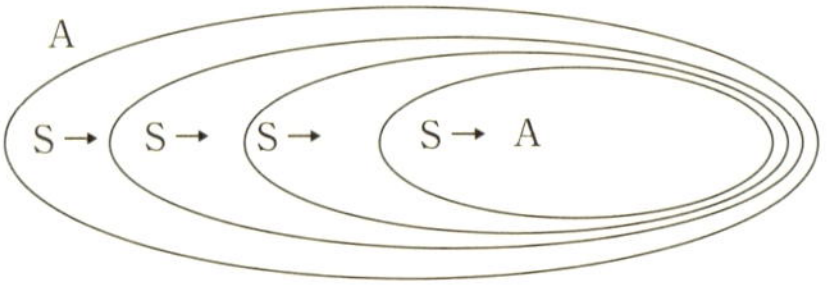

図2

では、その構造とは実際のところ、どのようなものとして構想されるべきであろうか。それは分析関係をまずは間シニフィアン性の秩序として明らかにすることによって、接近される。先の「提案」のテクストでは、分析における構造は第一に、あるシニフィアンSから任意のシニフィアンSqへの分節化と、その下に知とともに表象される主体*s*（$S_1, S_2, \ldots S_n$）によって表現された。ここに想定された知は、主体表象の指示物としてつかまれるべき原因・真理の到来を阻んでおり、そのため、諦められた存在こと脱存在を分析家の方へと投射する。欲望の突き詰めを通じて脱存在に触れることは、この想定された知の非本質性を暴露することになる。これが先に示されたプロセスであった。

その後のセミネール『一つの〈他者〉から他者へ』では、想定された知とその非本質性を、あらかじめ、呼びかけられるべき任意のシニフィアンSqへと引き渡す形で、シニフィアン連鎖の理論が前進させられている。すなわち、任意のシニフィアンSqは、分析のはじめに、「シニフィアン宝庫」としての〈他者〉として位置づけられるものとされる。というのもSqもまたシニフィアンとして、別のシニフィアンに支えられており、さらにその関係は、際限なく後退していくものだからである。こうした換喩的な性格は、以前から指摘されていたものだが、ここで新たに導入されるのは、そのような無限後退の中の後ずさりする目的であるAが、まさに無限後退の全体であるAと同じである、という構造である（図2）。

このことは一つの閉じた審級として〈他者〉を考察することの不可能性を示している。例えばヘーゲルの絶対知が我々に保証してくれるような達成などはありえない。知の非本質性は、シニフィアンをすべてとして俯瞰することの不可能として示される。「ただAそのもののつかみ難さだけが問題である。Aはいつも同じもののままなのだが。このつかみがたい特徴は、確かに驚くべきものではない。というのも、我々はAを、現抑圧 Urverdrängung の場としたのだから」[46]。このとき、シニフィアン連鎖そのものは、ただそれが何らかの縁を有すること、その縁が穴をなしていることによって、限界づけられることとなる。〈他者〉の欠如とはこのような穴であり、そうした「シニフィアンの余波 incidence」として、穴の定立的な現れとしての対象 a が見出される。つまり〈他者〉の「形どり en-forme」としての a、図地反転により析出される「穴」の場所としての対象 a である[47]。

このようにしてラカンは、発話の支えとしての〈他者〉から、別の〈他者〉へと移動している。言説が取り逃がすものとして、逆説的に生み出される他性。知を想定された主体が君臨し続ける限りにおいて、遠ざけられ続ける〈他者〉。主体形成的な運命性を規定すると想定された〈他者〉から、むしろ、そのうちでの崩壊の危機を孕んで回帰する対象であるような〈他者〉へ。

今や新たに獲得された理論＝言説の構造は、シニフィアンが主体を別のシニフィアンに対して表

(46) *Ibid.*
(47) *Ibid.*, p. 311.

象するときに、〈他者〉の知には穴がうがたれ、喪失が零れ落ちる、ということを踏まえて図3のように書けるだろう。

周知のように、六九年秋に開始したセミネール『精神分析の裏面』では、ラカンはこれを「主人の言説」と名づけることとなる。

$$\frac{S_1}{\$} \longrightarrow \frac{S_2}{a}$$

図3　主人の言説

4　知の市場と大学

六八年のこうした理論＝言説についての考察は、いわば主体化が脱存在を同時に生産することの積極的表現にラカンを導いた。しかし、本来の問題は、真理の力をこの言説へと再び合流させることであったはずだ。まさにそこから、精神分析的行為でありうるような発話への視野が開かれる。六七年四月一九日のセミネールでは、例の「私、真理が話す」について「真理は真理であるのだから、真理を言う必要はない」と述べた上で、次のように真理と力を関係づける領野が探索されている。

もしかすると真理の力に関するこの問いを探すべき領野は〔……〕隠喩によって真理の市場と呼ぶことのできる領野である。前回見たように、この市場を動かすのが享楽価値だというのなら。何かが実際、交換されている。それ自体では真理ではないものが。言い換えれば、話す者と真理との絆は、その者が自らの享楽を支える点次第で、同じではない。それこそ精神分析家の位置の難しさである。彼は何をしているのか。彼が占める場で、何を享楽しているのか。[48]

我々はまずここで、ラカンが発話それっきりを、ある意味で、常に真理として評価していることに注目せねばならない。真理が話すことそのものが問題なのではない。おそらくあらゆる発話は、常に一つの行為として出現する以上、真理を支えとしていると言い得る。たとえ常に半分だけであるとはいえ。この観点は、さらにセミネール一八では「見せかけ」と真理の一体性として徹底されて主張されるようになるだろう。「真理は見せかけの反対物ではない。真理とは次元であり、厳密に見せかけの次元と関係する。真理の次元が見せかけの次元を支える[49]」。

とすれば、発話を支える構造を特徴づけるものは、真理それ自体ではなく、真理との関係を調整する何か別のものでなくてはならない。ラカンはここで享楽の概念に訴える。この概念については次章で詳論を試みるが、ここでは、心地よい快の調和を踏み越えて達成される（と想定される）類の生の充溢を指すものと、考えておこう。一種の彼岸とも捉えられる享楽は、同時に主体の、時に非合理的でもある様々な喜び・楽しみとして具体的に考えるべきでもあり、その次元を勘案することが、政治における力の問いを扱うことにも必要となる。セミネール一七ではこう述べられている。「政治における闖入が可能なのは、分析の言説に限らず言説には享楽についてのものしかないと認

（48）J. Lacan, *Le séminaire livre XVIII : D'un discours qui ne serait pas du semblant*, Seuil, 2007, pp. 319-320. 以下 *Sé XIV* と略記。
（49）*Sé XVIII*, p. 26.

識することによってのみ。少なくともそこに真理の労働を期待するのなら」[50]。真理の労働を期待しなければならないが、しかし、享楽がそこに与える何らかの傾斜を考慮しないならば、発話は政治的な含意を有しない、と述べられていると解釈できるだろう。

まさしくこの限りにおいて、ラカンはマルクス主義の理論について一つの解釈を試みている。彼は『一つの〈他者〉から他者へ』において、間シニフィアン的構造を、マルクスの剰余価値説と重ねて論じることとなる。

一つの主体は、シニフィアンにより他のシニフィアンへ表象されうるものである。これは、マルクスが解き明かしたこと、つまり経済的現実性において交換価値の主体が使用価値に対して表象されるということを、真似てはいないだろうか。この裂け目のうちに生み出され、落下するのが剰余価値と呼ばれるものである。我々の水準ではこの喪失以上に大事なことはない。それっきり自分と同一でなくなる主体は、もはや享楽しないのだ。何かが失われる。この何かを剰余享楽という[51]。

若い頃に『資本論』に親しんでおり、その影響は時に周囲にさえ知られるものであったラカンは[52]、マルクスを自分なりに要約する。ラカンにとって、マルクスの新しさは、市場の上に労働を位置づけ、それにより「剰余価値」を証明したことにある[53]。市場が労働を取りこみ、それを交換価値に従属させたことが、そのままに使用すれば生み出していた価値との間にずれを生み出す。資本はこの差分を自らに吸着するのだとする理解である。こうした疎外‐搾取論は、すでにラカンが、セミネール七で聴衆にマルクスの「ヘーゲル法哲学批判」や「ユダヤ人問題」を読むよう勧めながら、人間の解放について触れた時にも示唆されていた(54)。

ただし六八年以降の議論において重要なのは、この疎外が、シニフィアンとの関係における享楽の根源的疎外としてはっきり位置づけ直されている点である。二つのシニフィアンの間の相関的性質を通じて主体が表象されるのだが、他方、主体が無媒介に自らのものとし得た享楽は失われ、過程により搾取されたものとして産出される。ラカンの慧眼は、まさにそれが発話の最初の条件であることを示したことにある。発話の主人と自らをみなす者は、実際、己が語りかける知の体系に、主体としての己の表象可能性を依存するとともに、その知のうちに、自らがかつてありえた、あるいはいずれありうるかもしれない、存在の享楽の手がかり、剰余享楽を求めることとなる。こうして言説における四つの項と四つの位置が明らかとなる(図4)。

(50) *Sé XVII*, p. 90.
(51) *Sé XVI*, p. 21.
(52) 逸話的だが、一九三九年、分析家エドゥアール・ピションは、ラカンが『フランス百科』に執筆した「家族」の項の紹介記事で、マルクス読みのラカンに言及している。「ラカン氏はヘーゲルを読み、カール・マルクスを読んだ。しかし我々は、ラカン氏を読んだ。ラカン氏を読むこと、それは気さくに言われるように、一介のフランス人にとってスポーツである!」É. Pichon, «La famille devant M. Lacan», *Révue française de psychanalyse*, tome XI, no. 1, 1939, p. 108.
(53) *Sé XVI*, p17.
(54) *Sé VII*, pp. 246-7(下、六五―六六頁)

かくしてラカンは、マルクスが発見した次元、またそれによりマルクス主義革命が可能となる次元を、疎外の観点から解いた。ここでの生産物としての剰余享楽は、喪失と密接に関係づけられる限りにおいて、復権要求の重要な呼び水であり、その限りで、マルクス主義的革命と一体となった理論的構築物であるとラカンは考えているようだ。のちにラカンは、「症状」概念の先駆者としてマルクスを位置づけることで、この点に関し、精神分析とマルクス思想が近代の中で得た相似の位置を確認している。「フロイトが革命だった時があったとすれば、それは彼が一つの機能を最前面に置いた限りでのことだ。この機能は、マルクスがもたらしたものでもある。もっとも、それこそ二人が共有する唯一の要素だが。つまり、いくつかの事実を症状として考える、ということだ」[55]。ここで言われる症状は、我々が第三章で見た「真理値」におよそ等しいものとして考えられている。すなわち原因‐真理との出会いを示す値、ないし手がかりである[56]。また重ねて確認しておくならば、この主体表象の契機は、主人の言説の下段を見ても分かる通り、幻想の生産の契機でもある。主人の言説はその限りにおいて、幻想の両辺が割り振られる精神分析実践の成立の、条件それ自体とさえ言えるであろう。

主人（エージェント／見せかけ）	──→	知（〈他者〉／享楽）
主体（真理）		剰余享楽（生産物）

図4

さて、しかしこのように主人の言説の含意がマルクスとフロイトの相同性の元で整理されるがゆえにこそ、学生騒乱であった六八年五月は、そこに生じたズレをラカンに感じ取らせるものでもあった。労働者の「革命」ではない学生の異議申し立ては、労働者主体を、純粋プロレタリアの真理値に向き合わせるのとは、全く異なる言説構造の上での発話として読まれるべきだとラカンは考える。その背景として彼が見ているのは、資本主義と主人の言説の新たな結託の形である。ラカンはいう、

資本主義は権力の習慣を変えてしまった。資本主義が導入したのは、前代未聞のこと、リベラルな権力と呼ばれるものである。……正真正銘の権力、古くから続く真剣な権力が存在するところでは、ひとは辞表を出さない。重大な帰結を招くからだ。でなければ単なる意見表明である。辞表を出せば、しかし出口で葬られてしまう。そういうものを私は、権力が真剣な場と呼ぶのだ。誰かが三ヶ月ないし半年の間、すべきことをサボった挙句、当人の無能がわかっても、辞表を出せば済み、彼には何も起こらない、それどころか次回のカムバックまで待っていろと言ってくれるような体制を、進歩やリベラルとみなす発想、それは一体どういう意味なのだろう。そんなことはローマでもどこでも、権力が真剣な場では起こったためしはない[57]。

(55) *Sé XVIII*, p. 24.
(56) 無論、症状の治癒という面で両者は同じではないことをラカンは述べている。「症状は、マルクス的弁証法と精神分析とで同じ仕方で癒されるのではない。精神分析では、症状は何か、その真理値を発話へと翻訳することに関わる」。J. Lacan, *Je parle aux murs*, *op. cit.*, p. 51.

問題は、知と権力の分節化の変化である。主人の言説は、知に対し命令を発する者の位置に主人をあてがっていた。主人は、そうすることで知＝享楽を自らの権力へと移し換える。しかし、この関係において生じたずれは、知そのものを支配的な位置へと押しやる。主人的、家父長的な体制に代えて、資本主義は一つの知の支配を科学とともに運んでくるのだとラカンは見るのだ。権力は匿われ、アンタッチャブルとなる。ラカンは、この時点では、これを資本主義と科学の台頭がもたらす一つの帰結として理解していた。

資本主義が君臨している。なぜなら、資本主義は、科学の機能の向上に密接に結合しているからだ。ただし、この権力は、偽装された権力、秘密の権力、そしてこうも言わねばならないが、アナーキーな権力であり、自分自身に抗して分割されている権力だと言いたい。間違いなくそれは、科学の上昇とつがいになることでそうなったのだが、この権力さえもいまや、林檎を前にした魚のように当惑している。なぜなら、やはり科学のほうで、何かこの権力の制御能力を超えることが起こっているのだから[58]。

従ってラカンによれば、六八年五月とは、古典的なマルクス主義革命がこうした別種の権力の軸に沿ってずらされてしまったことに深く関係している。「主人の言説」から「大学の言説」へ。あるいは古典的主人の言説から、資本主義という近代的主人の言説へ[59]。この点を踏まえて、ヴァンセンヌのパリ第八大学にラカンが赴いた際の逸話を思い出すことができるだろう。そこでラカンは、彼を前に騒ぎ立てる学生たちに向かってこう述べたのだった。「あなたたちが欲しているもの、それは主人である。じきに手に入るだろう」と。[60] さて、ここで言われる主人とは、奴隷に命令する古

（57） *Sé XVI*, p. 239.

（58） *Sé XVI*, p. 240.

（59） *Sé XVII*, p. 34. 資本主義の言説を、固有のマテームの配置を取る言説として明確に論じるのは、七二年五月一二日のミラノ講演以降であると思われる。J. Lacan, «Du discours psychanalytique», *Lacan in Italia*, *op. cit.*, p. 32. そのとき資本主義の言説は、主人の言説の左側の二項を上下にひっくり返し、さらに言説を表す上段矢印を欠いたものとして示された。

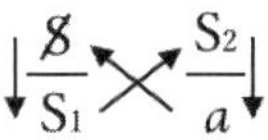

ラカン自身はこれを体系的には論じていない。ここでは現代の分析家によるコメントを踏まえつつ、本書なりの整理を提示しておこう。

第一に注目すべきは、主人における見せかけと真理の位置の変化であろう。かつての主人がヘーゲル的な空威張りの権威であるとすれば、資本主義の主人、資本家は、したたかな小人である。ブラウンスタインは、同じく$\not{S}$をエージェントの位置に置くヒステリー者の言説と比較しつつ、この主体がヒステリーと同様、知と関係を持たないにもかかわらず、他者へ向けて問い尋ねないことに注目し、「ナルシシズム」と関連づけている。Nestor A. Braunstein, «Le discours capitaliste : «cinquieme discours» ? Anticipation du «discours PST» ou peste», *Savoirs et Clinique*, no 14, 2011. 実際、資本家の言説のマテームにおいてこの小さな主人は、決して面と向かって他者に労働を命じることはない。左右の両項の間に交流はなく、それぞれがいわば内向きに効果を産み落としている（主体は主人化し、奴隷は一人でに生産する）。

また、それぞれの生産物は、言葉の交換なしに相手に作用する。資本家は隠し持った権力から出発して、奴隷に命じる。奴隷は命令されることを知らずに、享楽のまがい物を生産し、主体はこれを享受する。このとき、ブリュノが指摘するように、主人の言説では維持されていた主体と対象の間の障壁、「享楽のバリア」はもはや取り除かれており、そのために対象が直接、主体の欲望を飽和させる。ブリュノはこうして資本主義の言説においては、欲望をむしろ殺

い主人ではないだろう。むしろ教育省フォールの旗振りのもと実施されつつある大学改革が、金輪際はっきりと打ち立てることになるであろう「知」なる主人ではないか。七三年には、この件は次のように振り返られている。「私は彼らに言った。皆さんが望んでいるものは、一人の主人であると。その事は、その後、全く明白になったことだ。六八年の危機は、最大級の締め直しのほかに、いかなる帰結も持たなかったではないか。私が六八年五月以前に、「知の市場」として定義したことの締め直しだ。私が言いたいのは、知は商品になるようにされている、ということだ。六八年五月以来、大学はその威光が文字通り「ブーム」を作るのを見た。切望や野蛮な闘争の対象でない大学には、住まうことも隠れることもできない[61]」。

新たな大学では、知が奴隷として問い尋ねられるのではなく、知こそが命令するのであり、知がそれによって「単位」として自らの価値を表明する。未発表の『ル・モンド』の原稿で、六九年当時すでにラカンは、次のような批判を行っている。「しかし〈大学〉は、我々が市場と名付けるものから生じる転覆に追い越された。我々がそう名付けるのは、まさしく、問題の価値〔単位〕が資本主義市場の中で作動している価値より下に下落したからだ。資本主義市場は、商品の領域に、またそこに労働を包含し消費する急進化の領域に、この価値を打ち立てるのである[62]」。

マルクスが目撃した労働者の商品化の次に、ラカンは知の商品化を目撃する。商品としての知は、大学を通じて語りかける。無論、学生たちにである。ラカンが彼らをアステュデ astudé と呼ぶとき、そこには、縛り付けること astreindre と阿呆になること stupidification の二つの含みが与えられている[63]。六八年五月の主役、行動し騒ぎを起こす彼らに向けて、大学は語りかけ、そうして彼らを立派な主体にするだろう。またさらに厄介なことには、この知は、権力の中枢を真理の隠しどころへと匿ってしまう。「ご存知だろう、大学言説において、この知はなんでもよいわけではない。その真理が、つまりその潜在物が主人のシニフィアンであるような知なのだ。さてこの知、それからしばらく前からの科学そのものの働き方は、その歴史のために、主人のシニフィアンを決して動揺させず維持することが真理であるような知となっている。この場に知があるだけで、真理のなんたるかを覆い、隠し、塞ぐのだから、なおさら動揺することがない(64)」。

六八年五月をラカンが「騒ぎ」と呼ぶとき、それはこの蜂起が、行為の手前で、大学の台頭を許したに過ぎないものと映っていたからなのだ。『ラジオフォニー』でもはっきりと述べられている。

す類の消費・焼尽 consommation-consumation の回路がなされるのだと主張する。ピエール・ブリュノ「症状、主体の分裂、資本主義のディスクール」（立木康介訳）ならびにその解題、立木康介「マルクスに回帰するラカン（一九六六—七三年）」、『思想』二〇一五年一月号、岩波書店。

本論で見たように、ラカンは六九年には、大学の言説を資本主義の言説と見ていた。このような第五の言説構造のマテームを七二年にラカンが示唆するようになったという事実について、大学的異議申し立てから過激化と弾圧に至るこの同じ時期の政治・社会的な地殻変動という点から歴史的に捉え直すことも必要だろう。

(60) *Sé XVII*, p. 239.

(61) Intervention de Jacques Lacan (dans la séance du 3.11.73), *Lettres de l'École*, no. 15, pp. 185-186.

(62) J. Lacan, «D'une reforme dans son trou», p. 4.

(63) J. Lacan, «En guise de conclusion», *Lettres de l'École freudienne*, no. 8, janvier 1971, p. 211.

(64) *Ibid.*, p. 212.

$$\frac{S_2}{S_1} \longrightarrow \frac{a}{\$}$$

図５　大学の言説

「言い換えれば、現在の危機の後で、すべては、私が大学言説として定義するものの行進を示している。つまり、この場合ルアーとみなすべきあらゆる見かけに反して、その国家管理の台頭である」(65)。それは、アステュデたちが行為する者であることを阻む、言説構造の台頭だ。主人の言説が裏面へと一八〇度に翻ることを阻む、九〇度の歪み。「倒錯した主人の言説」(66)、脇にそれたものとしての主人の言説である。まさしくそこに、六八年以降の症状の固着点が認められねばならない。七一年五月二三日の、ラカンの発言は、そのことを確認している。

五月騒《エモワ》ぎ、ご存知の通り、その名でこれを呼ぶのが私の好みだ。私は、市場の効果を告発しつつ、台頭する居心地悪さをつかもうとしながら、いわばそれがやってくるのを見なかったわけではない。

証拠は今や明白だ。この期に〈胸騒がす「私は？《エモワ》」'et moi?' à s'esmayer〉たちは、この効果を軽んじているのに、私が大学のと形容した言説がそこに勝ち誇り、より堅固となって出てきているのだから。

我々の解釈傾向にとどまって言えば、そこには症状としての胸騒《エモワ》ぎが証言する欲望があると言えないか(67)。

それでは、行為の問いを再び立てるための、どのような手がかりが、未だ残されているというのだろうか。

5　不能から不可能へ

このようにしてラカンはいわば、六八年五月がなぜ「出来事」たりえないか、「行為」への導きがいかに失敗するようになったか、その背景を指摘した。新たな権力の体制としての大学的言説、つまり「単位」に分節化された知の支配、知の市場である。そしてまた精神分析的言説の命運も、そこにかかっている。実際、第一章で見た通り、精神分析は今や大学に、自らの居場所を求め始めているからだ。大学の言説に従う精神分析家を想像してみることができるだろう。主人の真理を隠し持ちながら実践知として振る舞う分析家である。パスについて振り返れば分かるように、知として語る精神分析家は、だが、いかにして自らが知に支えられて語るかを言うことはできない。であるからこそ、いっそうラカンにとって、精神分析家に固有の理論実践の構造を提起する必要が増す。では、いかにしてそれでもなお精神分析が可能な条件は確保されうるだろうか。この点を探るた

(65) J. Lacan, «Radiophonie», *AÉ*, p. 436.（前掲書、一四三頁）
(66) *Sé XVII*, p. 211.
(67) J. Lacan, «en guise de conclusion», *Lettres de l'École freudienne*, no. 9, p. 512.
(68) *Sé XVII*, pp. 204-5. ヒステリーの文脈での「ちょいと痩せた肉」という表現については、フロイトが『夢解釈』で論

めには、無論、残り二つの言説の配置を検討していく必要があるだろう。

$$\frac{\$}{a} \longrightarrow \frac{S_1}{S_2}$$

図６　ヒステリー者の言説

主人の言説から、四分の一回転を通じて派生する三つの言説のうち、ヒステリー者の言説について、セミネール一七『精神分析の裏面』でラカンは次のように述べている。「$\$$を左上に、S_1を右に、S_2を下に、aを真理の場に置く。また、ヒステリー者の分割、その症候的引き裂かれは、知の生産物として動機づけられることはありえない。その真理は、欲望されるためにヒステリー者は対象aでなければならないということだ。対象aとは結局、ちょいと痩せた肉である。もちろんそれでも男らはそれに夢中になる。男らはそれを垣間見ることすらできず、別のもので済ませる。不可能性のうちもっとも繊細な不可能性を覆い隠す、不能という別の記号で済ますのだ」[68]。

我々は、主人の言説が知への働きかけによりその効果として生じせしめる幻想の両項が、今や左側に鎮座するヒステリー者自身を苛む分裂となっていることを確認することができる。ヒステリー者は、己の分裂を通じて主人に語りかける。そうして自らを、欲望の原因として維持しつつ、主人にはあれこれの知を生まさしめるのだ。ただしここでラカンが強調している通り、ここで生まれる知は、欲望の原因としてのヒステリー者をうまくとらえることはできない。男たちが紡ぎ出す知は、こうして語りかけられた相手に、欲望として答えることができない。その限りでのちにラカンは、「科学的言説とヒステリー者の言説はほとんど同じ構造を持つ」と述べる[69]。このときラカンは、これまでなんども確認した通り、知が欲望の原因 - 真理へと到達しえないことを、科学的言説の本質

的特徴として強調しようとしているのである。

ラカンは、ヒステリー者の言説における知と原因‐真理の開きを不能と呼んでいる。ここでは明らかに男女の間に横たわるおなじみの不能が示唆されているが、『裏面』のセミネールと同じ七〇年の『ラジオフォニー』においては、このヒステリー者の言説における不能が、主人の言説に固有の特徴を明らかにするものとして、論じられている。

このように主人の言説は、ヒステリー者の言説により、その理を見出す。全能のエージェントとなるにあたり、主人は、男として応じるのを諦める。ヒステリー者の言説でそうあるべく要請されながらも彼にはついに知ることしかできなかったもの、それに応答することを諦めるのだ。彼はそれ以来、奴隷の知に、剰余享楽の生産を任せる。［ヒステリー者の言説において］自分の〈知〉から出発する限りは、主人は、この剰余享楽によっても、女が自らの欲望の原因（対象とは言わない）であるようにはできなかった。

そこから次のことが確認される。統治の不可能性がその現実界において把握されるのは、退行的に作業することにおいてでしかない。すなわち、享楽のしそこねを終わりに維持している以上、

じた、肉屋の女房の夢を参照すべきだろう。S. Freud, «Traumadeutung», *GW II/III*, S. 152-3.（「夢解釈Ⅰ」新宮一成訳『フロイト著作集四』岩波書店、二〇〇七年、一九六―一九八頁）

（69）J. Lacan, «Télévision», *AÉ*, p. 523.（前掲書、五四頁）

必ず出発点にも有している一つの発展の厳密さについての退行的な作業においてのみなのだ[70]。

ここでは、ヒステリー者の言説における不能、知が欲望の対象にアクセスすることの不能が、主人の言説における不可能、統治の不可能性を明らかにすると述べられている。ここで「不能」と「不可能」に、それぞれ固有の意味が与えられていることに注意しよう。不可能とは、言説が担う職務の不可能であり、上段のベクトルに内在するものと理解できる。ラカンは四つの言説を、「終わりある分析と終わりなき分析」でフロイトがあげた三つの不可能な職業と比較して論じている。つまり、統治すること、教育すること、治療することのそれぞれに[71]、主人、大学、精神分析を対応させ、その上でヒステリー者の言説のためには、欲望させることの不可能を充てがうのだ[72]。しかしここでは、この不可能は、まさに不可能であるからこそ働きかけ続けねばならない、といった肯定的な側面で捉えるべきものと思われる。統治の労働は、統治の不可能性に支えられてこそ、終わりなく維持されるのである。こうした支えである限りにおいて、不可能は、言説の限界を輪郭づける現実界の資格を持つ。

他方で、不能とは、下段における両項の関係性の不在として理解できるだろう。つまり言説の効果のそれぞれ、真理と生産物の間の関係の不在である。「なんであれ、我々がここに働かす諸項の不可能性は、常に次の点に結びつく。もしその不可能性が、その真理の周りで我々をハラハラさせどおしであるなら、それは何かが真理を保護しているということだ。この何かを我々は不能と呼ぶ[73]」。あるいはこの不能は「享楽のバリア[74]」として定義される。はたまた出発点と終着点とを引き離すエントロピーこそが、不能を特徴付けると言っても良いだろう。

改めてヒステリー者の言説に目を戻そう。生産物S_2から真理aへと戻ることができないことが、その不能である。それは、シニフィアンの回路が真理と生産物の間でまさに享楽を失わせるという事実に基づく、必然的な不能である。だが、S_2のこの不甲斐なさゆえに、主人の言説は、自らの存在理由を見出すだろう。つまり知S_2に働きかけ続けること。そして絶えず統治を持続させようとすること。このとき、不能は、統治言説を支える根拠としての不可能となる。

こうして、言説における半回転の関係について、我々は理解を得ることができるだろう。先の引用で言われていた「退行的」とは、主人の言説とヒステリー者の言説のこの九〇度の関係を表すものである。

同じ関係が『ラジオフォニー』では、大学の言説と精神分析の言説の間に立てられている。精神分析することとの不可能性を示すものこそ、大学の言説における不能である。「反対に、大学の言説についての進歩である点で、分析家の言説は、現実界の輪郭を定めることを大学言説に許してやることができるだろう。分析家の言説の不可能性が、その務めを果たす現実界を。すなわち分析家の

(70) J. Lacan, «Radiophonie», *AÉ*, p. 445.（一七三頁）
(71) S. Freud, «Die endlich und die unendliche Analyse», *GW*. XVI, S. 94.（「終わりのある分析と終わりのない分析」渡邉俊之訳『フロイト全集二一』岩波書店、二〇一一年、二八七―二八八頁）
(72) *Sé XVII*, p. 201.
(73) *Sé XVII*, p. 203.
(74) J. Lacan, «Radiophonie», *AÉ*, p. 445.（一七一頁）

言説は、すでに一つの知のうちに己の真理を持つ剰余享楽からの問いかけに、主体から主人のシニフィアンへの移行を従わせようとするのだから。構造の知を想定することが、分析家の言説においては真理の場を持つ[75]」。

$$\frac{a}{S_2} \rightarrow \frac{\$}{S_1}$$

図7　分析家の言説

大学言説における不能、すなわち下段に示される不能を確認しよう。それは、生産された主体が、知の主人には決してなり得ないという不能である。「大学言説では、これが生産する主体は、開かれへと吸い込まれる。知には、人の著者を想定せねばならないがゆえに[76]」。

一方で、精神分析家の言説は、こうした主体の不能を、自らの働きかけの根拠とするだろう。すなわち、主体に労働させることで、主人のシニフィアンを生産させることである。この関係からわかるのは、大学の効果において不能として生じつつあることこそが、精神分析の「治療すること」という職業的使命の存在理由となることだ。知の市場化が不可避にもたらす主体の不能に対して、その始末を引き受けるための言説としての精神分析の働きが、このようにして明らかになるのである。

したがってラカンにとって重要なのは、革命《レヴォリューション》よりも回転《レヴォリューション》、精神分析の言説を設立させる回転である。『ラジオフォニー』でラカンは言う、「マルクス主義がその事実上の革命によって証明した事柄については、どんな存在の喧騒も、虚無の喧騒もいずれ静まる。真理についても、幸福についても、到達すべき進歩などない。ただ、想像的な不能から、不可能なものへの回転があるだけだ。この不可能は、論理においてしか基礎づけられず、その点で現実的であることが判明する[77]」。大学言説における想像的不能から、論理的に基礎付けられた現実的な不可能へと回転させること。それこそが言説概念の提示とともに、ラカンが見出す精神分析運動の戦略なのだ。

では、精神分析的言説は、そのとき、どのような効果を新たに生み出すだろうか。大学的言説からの九〇度回転を経て、知は、もはや命ずるものではなくなる。権力や必然性を代理する知ではなく、あのテクスチャルな知、厳密に分節化されることで、限界そのものを印付け、それにより発話行為を屹立的に出現させる土台となるような知となる。それをラカンは、知を真理として機能させること、とする。

何が分析家を定義するのか。私はそう言った。ずっと言ってきた。ただし誰も理解しなかった。またそれも当然で、私の落ち度ではない。分析とは、一人の精神分析家から期待されるものである。しかし、一人の精神分析家から期待されるもの、それが何を意味するのか、理解を試みる必要が無論あるだろう。〔……〕労働は私のために。剰余享楽はあなたのために。一人の精神分析家から期待されるのは、前回述べた通り、彼の知を真理として機能させることである。そのために精神分析家は半言い mi-dire に頼るのだ。〔……〕分析家、ただこの人へとのみ、私がよく注釈してきたあの定式は向けられている。それがありしところに、我なりぬべし Wo es war, soll Ich

(75) *Ibid.*（一七四頁）
(76) *Ibid.*（一七二頁）
(77) *Ibid.*, p. 439.（一五二頁）

werden。分析家が、彼の言説を規定する左上のこの場を占めようとするなら、それはまさに、絶対に自分のためにそこにいないことによってである。剰余享楽、他者の享楽のあったところに、私、精神分析的行為を発する限りでの、この私は来たらねばならない[78]。

精神分析、それは大学の台頭があらわにする不能、つまり主体を主人へと差し戻すことの不能を、不可能として引き受ける仕事である。知を、その構造的限界において引き受け、真理として、また謎として働かせながら、分析家は、享楽の残滓の姿のもとに現前する。この不可能な仕事が、その論理的厳密さを突き詰めた果てに達成される時、主体は、一つのシニフィアンを得ることになるだろう。「ひとつっきりの〈一〉[79]」、絶対的差異の〈一〉、すなわち、己一人を証しとする分析家に必須の孤独へと急き立てられるのである。このようにして六八年五月の余韻の中、ラカンは、大学の台頭への抵抗として、また精神分析家の孤独な再出発の制度化として、「発話なき言説」についての仕事を進めたのである。

(78) *Sé XVII*, p. 59.
(79) *Sé XIX*, p. 165.

第七章　〈科学〉時代の享楽身体

1　知‐身体／享楽身体

一九六六年二月に行われた座談会「医学における精神分析の座」――ＥＦＰの機関紙『パリフロイト学派通信』の最初の号にも掲載され学派会員に広く読まれたこのテクストにおいて、ラカンは、科学的進歩の時代における身体の帰趨について語っている。

人間身体に関わる我々の介入手続きが、科学的進歩を下敷きに、ますます効果的に拡大してきたと考えられるなら、医者の心理学のレベルで、心　身《プシコ・ソマティク》なる語をまたぞろ持ち出すような問いを立てても、問題は解決されえない。むしろ、科学の進歩が、医学と身体の関係に及ぼすこの効果を、知‐身体的《エピステモ・ソマティク》裂け目と名指させてもらおう(1)。

第一章で見た通り、この時代、ラカンは、科学的医学のいやます力が、医師の聖なる職務を脅かす仕方で台頭してくるのを目にしていた。その科学的進歩はとりわけ、身体への目に見える効果として現前している。この報告の中でラカンはフーコーの『臨床の誕生』[2]にさっと言及している。死体に還元された身体を取り囲むまなざしの問題を、一九世紀医学史を舞台に提出したこの著作を聴衆に思い出させたのち、続いて彼は、同時代的な科学的医学についての一つの診断を導入する。曰く、科学時代の医学において、諸機能として捉えられた身体は、今や、より高次の組織体、諸機能の「モンタージュ」からなる組織体との関連から測られる。例えば、血液循環器や呼吸器を機能面から定式化することが重要なのは、単に、治療の場面で身体そのものを扱うのに必要だからではない。機能に分節された身体は、ここでは人工呼吸装置、それも宇宙開発の計画のうちに書き込まれたこの装置と、深い結びつきを有している。「鋼鉄の肺」を抱えて飛ぶ宇宙飛行士の姿、それは「非コスモス的条件」に「適応」する、いわば新たな人間の姿である。[3]科学の介入のもと、身体は、諸機能へと分節され、サイボーグ的な延長として再構成されるというわけである。その姿はまさにフロイトが「補綴神[4]」と呼んだものであろう。

他方、このような「すっかり写真に撮られ、レントゲン写真に撮られ、ノギスで測られ、図表化され、条件付け可能となることで身体が輝きを放っていたあの祝祭[5]」は、翻って、この知・身体的関係から排除されているものを問題として析出するようになるだろう。すなわち、その本性における真なる身体、享楽する身体だ。「この身体は単に、延長の次元で特徴付けられるのではない。一つの身体は何か、享楽するため、自らを享楽するために作られたものだ。享楽の次元が完全に、私が知‐身体関係と呼んだものから排除されているのだ」[6]。

知‐身体と享楽身体。この二つの対照を、ラカンは聴衆である医師たちに向けて提示しているのである。さて、この対置そのものはさほど複雑な話ではないように見える。現象と本質を対置する疎外論を、身体に応用すれば得られる類の対置とも思われる。しかし我々がここからさらなる考察を展開する必要があるとすれば、「享楽」という身体本性の特徴づけに、何かまだはっきりと示されていないものがあるからだ。さしあたり、一つの指摘を行っておこう。すなわち、ラカンにおいて享楽が、身体のこうした本質的な次元に明示的に結びつけられたのは、この六六年頃における、理論的な進展の一つに数えられねばならないということである。

しかしまずは本書でもすでに何度か登場している享楽という概念の来歴を、いくらか振り返っておく必要があろう。フランス語の普通名詞であるこの語を、ラカンが使用する機会は実際、かなり初期にまでさかのぼることができる。楽しむこと。知性において、心において、感性において、性

（1）J. Lacan, «La place de la psychanalyse dans la médecine», *op. cit.*, p. 767
（2）M. Foucault, *La naissance de la clinique*, PUF, 2009.（『臨床医学の誕生』神谷美恵子訳、みすず書房、二〇一一年）
（3）J. Lacan, «La place de la psychanalyse dans la médecine», p. 766.
（4）S. Freud, «Das Unbehagen in der Kultur», *GW XIV*, S. 451.（「文化の中の居心地悪さ」嶺秀樹、高田珠樹訳『フロイト全集二〇』岩波書店、二〇一一年、一〇〇頁）
（5）J. Lacan, «La place de la psychanalyse dans la médecine» p. 767.
（6）*Ibid.*

において。物を、権利や特権を、あるいはパートナーを。例えば、エディプスコンプレクスにおいて、父に禁じられることとなる楽しみ。また、ヘーゲルの『精神現象学』において、威信をかけた闘争後に主人に許された特権としての楽しみ。これがラカンの理論構築物のうちで一つの概念として重要性を帯びるようになるのは、まずは五七―五八年のセミネール五『無意識の形成物』においてであろう。そこでは、欲望の弁証法のグラフの構築に至る理論作業において、シニフィアン連鎖に捉えられる限りでの欲望に対する何らかの満足の形式として、享楽概念が取り出されようとしている(7)。

だが、よく知られるように決定的な前進は、五九―六〇年のセミネール七『精神分析の倫理』でなされる。ここでラカンは享楽の「アクセス不能」という特徴を前面化し、「快原理の彼岸」にこれをはっきりと位置づける。「フロイトは果敢に力強く、初めてこう述べた人である。人間が知る享楽の唯一の瞬間は、幻想が生み出される場そのものに置かれている。幻想は同時に我々にとっては、この享楽への接近の障壁を表す。全てが忘却される障壁である(8)」。すなわち幻想が支える刺激の平衡状態としての「快」を超えた、ラディカル性としての享楽である。すでに我々が第五章で見た通り、サドの読解を通じて、このような享楽は、シニフィアンの虚無的展開の徹底化の相関項として提示されていた。

しかし、このような彼岸として享楽を語ることは、まだどこか神話を持ち込む振る舞いのようにも見える。ちょうど原父が独占して楽しんだとされるあの享楽のように。しかるに、身体の本性をここで改めて享楽の語によって語ることは、享楽概念の実践的な射程を問い直そうとするラカンの一歩を画していよう。六六年のボルチモアの講演で、ラカンは構造主義を論じたのち、まさにこの概念を生命の把握のために導入する必要性を説いていた。「今夜ここに来た際、ネオン看板に「エンジョイ・コカコーラ」との宣伝文句が見えた。そこで思い出したのだが、思うに英語には、フランス語で「享楽 jouissance」、ラテン語なら fruor といったときの重大な意味を示すような言葉がない。辞書で jouir を引くと「所有する to possess、使用する to use」とあるが、まったくそんなことではない。生きる物が思考可能な何かだというなら、とりわけそれは享楽の主体としてだろう」(9)。このように、まず何よりも享楽は、生ける身体をいかに捉えるかという観点から、この時代に理論的対象となる。そこでは享楽を、到達不能な彼岸として理論的・抽象的な遠方に置き去りにするのではなく、実践の中に出没し、また活動するような何かとして実定的に把握することが問題

（7）J. Lacan, *Le séminaire livre V : Les formations de l'inconscient* , Seuil, 1998, pp. 251-2.（『無意識の形成物』上・下、佐々木孝次・原和之・川崎惣一訳、岩波書店、二〇〇五年、下、三一四頁）。以下 *Sé V* と略記。ところで欲望と享楽の対置は、フランスの辞書『リトレ』の用例にも見られる、一般的な見方を下敷きにしていよう。「享楽する行動。知的、心的、ないし感性的満足。精神の高貴な享楽。彼にとって労働は享楽だ。情熱は享楽により弱まる、享楽は欲望の終わりである（Bonet, *Ess. analyt. âme*, ch. 18）」。É. Littré. *Dictionnaire de la langue française, tome seconde, première partie*, Librarie de L. Hachette et Che, 1869, p. 199.

（8）*Sé VII*, p. 345.（下、一九八頁）

（9）J. Lacan, «Of Strucure as an Inmixing of an Otherness Prerequisite to Any Subject Whatever», *The Structuralist Controversy*, The John Jopkins University Press, 1970, p. 194.（「言語と無意識」折島正司訳『現代思想』一九八一年七月臨時増刊号、青土社、三六頁）

となるだろう。

さて知‐身体からの排除として特徴付けられる限りで、欠如態としてしかあらぬように見えるこの享楽身体が、別のあり方の身体として実定性を担わされているという見方は、まさしく、科学の進歩がもたらした心身二項対立の混乱、という点からも見ておく必要があろう。問題は、科学的知識が提供する身体イメージと身体それ自体のいわば現象学的ギャップといったことではない。身体は何より、科学技術の直接的素材であり、実験材料であるからだ。生命としての享楽‐身体へ介入する、〈科学〉のさらなる領土拡大をめぐる問題に関して、「医学における精神分析の座」での次の発言に我々は十分な注意を払わねばならない。

重要なのは、この〔享楽の〕次元を対極として位置づけることだ。というのも、そこにも科学は何らかの効果を撒き散らしているところだからだ。これらの効果に、今いくらか賭金が含まれないわけではない。これら効果を製品の形で物質化しよう。トランキライザーや幻覚剤。これにより、それまでトキシコマニーと純粋に警察流に呼んできたものが極めて複雑化する。いつか外部世界の情報収集のための製品を我々が所持するなどということにわずかにでもなれば、どうやって警察的に拘禁することが実行可能か、私にはわからない[10]。

ここでは精神薬理が問題とされているわけだが、今や普通となったこの実践が、六六年頃、精神分析との間にどのような緊張をはらんだ問いを投げかけていたか、まずは想像してみなくてはなるまい。五二年に、ラカンのかつての同僚ジャン・ドレが臨床的追試を行って以来、クロルプロマジンの使用は精神医療内部で急速に普及していた[11]。他方、そればかりか六〇年代には薬物の経験それ自体が、一つの文化的価値とともに広がっていたことは、忘れてよい事象ではない。例えば、ラカンにとっては戦後すぐの渡英で知遇を得たことがしばしば自慢の種とされた作家オルダス・ハクスリーが五四年に発表した『知覚の扉』は、「サイケデリック」の語の発案者ハンフリー・オスモンド精神科医と行ったメスカリン実験の経験を、神秘体験と精神病理をまたぎつつ描くエッセイであった。「外在世界 out there」[12]を覗く扉としてのドラッグのコンセプトは、アメリカでのビートニクなどのサブカルチャーを経由して、六〇年代における反精神医学にまでも合流していたことが知られている。右のラカンの発言は、こうした精神薬理の過渡期における気遣いを、いくらかSF的な想像力とともに印付けているのだ[13]。

(10) J. Lacan, *«La place de la psychanalyse dans la médecine»*, p. 767.

(11) 当時における精神薬理の普及については一九六一年に原著が刊行された以下の文献を参照のこと。J・ドレ、P・ドニケル『臨床精神薬理学』秋元波留夫、栗原雅直訳、紀伊国屋書店、一九六五年。そこでは精神医学の〈革命〉であるクロルプロマジンの普及が脱施設化に貢献していること、また精神療法家と生物学的治療専門家との協働の必要を要請していることなど、六〇年代が精神医療における過渡期であったことがうかがえる。

(12) A. Huxley, *The Doors of Perception and Heaven and Hell*, Penguin Books, 1973, p. 113.(『知覚の扉』河村錠一郎訳、平凡社、一九九五年、一〇八頁)

(13) こうした精神薬理の歴史を、スキゾフレニーの概念枠組との間の内在的なつながりの面から考えてみることも興味深かろう。六〇年代のスキゾフレニーへの注目について、北垣は、向精神薬の普及による症状の軽症化との関連から論じているが(北垣徹「分裂病の六〇年代——転換期の精神医学」、富永茂樹編『転回点を求めて』世界思想社、二〇〇このように、生の経験そのものは、今や疎外のあちらに見透かされる、純粋自然などではない。すでにそこに十分、科学が効果を撒き散らしているのであり、その中で科学・享楽・身体が、心身二元論とは別の新たな三つ巴をなすこととなるだろう。

そのことは、精神の医師たちの職務における新たな局面の到来を告げることでもあった。六九年の大学改革批判の文書の中で、ラカンはこの点について、早速、次のように述べていた。「薬物力動が（認可付の）無能の手に渡るようにすれば、それで彼らは自分を科学者とみなせるというのだ。彼らが撒き散らすドラッグが科学的に生産され、科学的に試験されているという確実な事実に基づいて」[14]。科学的実験室の従者としての医師についての批判は、第一章でも確認したところである。

さらに、この時代の傾向は精神分析家にとっても無縁ではない。六七年のある講演で、ラカンは一つのゴシップ記事、ＬＳＤを服用していたらしいある殺人事件の容疑者の話題を取りあげて、この点に触れている。「ＬＳＤがある。しかし結局やはりＬＳＤがシニフィアン連鎖を完全に小突くはずがない、と、ともかく我々が何か受け入れられるものを見つけるためには、そう期待しよう。殺人的衝動とか言われるものが見つかるだろう。それから、この衝動は完全にいくつかのシニフィアン連鎖と結びついているとわかるだろう。これらの連鎖は、彼の過去のあれこれの時期に決定的であった、と」[15]。しかし、このような期待は、何ら確実なこととして保証されているわけではないことも、ラカンはここで分かっているように見える。精神分析は、ＬＳＤが心的変容に与えるとされる影響に対抗して、敢えて自ら何らか別の原理を維持しなければならず、またそうすることで自らの社会的位置についても見定めつつ確保せねばならない。

こうした課題を、ラカンは六六年以降の一時期には、はっきりと享楽に関わる倫理として提示している。「医学における精神分析の座」で言われるように、「享楽の観点から見れば、それなりに正しく毒物《トキシック》と呼ばれるものを処方して使うことは、もし医者が、彼が世界へ現れる時の第二の特徴的次元、倫理的次元に入るのでなければ、何の咎めるべきことがありえよう。この指摘はありふれた

九年)、むしろ、近代におけるドラッグ経験こそが、病の心理学的モデル化に際して認識論的な介入を果たしたのであり、そしてそれがまさしく六〇年代に一つの円環を閉じることとなる、と見ることもできよう。

概念史を簡単に振り返ってみよう。スキゾフレニー(精神分裂病・統合失調症 shizophrénie)の語の創案者は、一九〇〇年代後半からフロイトに接近したスイスの医師オイゲン・ブロイラーであるが、精神における統合機能の解体というその内容については、フランスの心理学者ピエール・ジャネの「解離 desagrégation」概念からの影響が指摘されている。さてジャネは一八八九年の彼の学位論文『心理自動症』で解離現象を近代心理学に導入したわけだが、その際、重要な参照先となるのがモロー・ド・トゥールの大麻研究であった。P. Janet, *L'automatisme psychologique*, Félix Alcan, 1889, p. 452.(『心理学的自動症』松本雅彦訳、みすず書房、二〇一三年、五〇八頁)注でジャネは「解離」の語をモロー・ド・トゥールに借りたことを断っており、実際、モロー・ド・トゥールは『大麻と精神異常』において、「マニー的昂奮」を「解離、心的能力と呼ぶ知的成分の正真正銘の解体」としている。J. Moreau de Tours, *Du hachische et de l'aliénation mentale*, Librarie de Fortin, Masson et Cle, 1845, p. 36.

モローの著作の分析については『精神医学的権力』におけるフーコーの議論も参照せよ。M. Foucault, *Le pouvoir psychiatrique*, pp. 279-285.(三四八―三五五頁)ここでフーコーは、ドラッグの導入が、医師-患者の双方の権力関係に引き起こす変化を論じているが、この関心そのものは講義が行われた時代におけるアクチュアリティとともに検討すべきだろう。

(14) J. Lacan, «D'une réforme dans son trou», p. 4.

(15) J. Lacan, *Mon enseignement*, *op. cit.*, p. 60.

ものと見えるかもしれないが、やはり利点として、倫理的次元は、享楽の指針に広がる次元であることを示している」[16]。また、同じ関心は、六七年にモード・マノーニが主催して行った児童精神病のコロックの閉会の言葉のうちにも現れている。第一章で見たように、そこでラカンは、「惑星級」の「帝国主義」の展開を聴衆に示唆しながら、医師の運命をやはり倫理へと振り向けている。

どうやら実際、我々の職務の領野において忘れられがちなようだが、一つの倫理こそがその原理にあるのだ。である以上、人間の終わりについて私の許可なしに何を言ったって構わないとしても、我々の主要な苦しみは、やはり人間的という形容詞がつく形成体に関わっている。あらゆる人間的形成体にとって、享楽を抑制することはおまけでなく本質である。物は我々に裸で現れている。宗教や哲学、さらに快楽主義――なぜなら快原理とは享楽のブレーキだから――と呼ばれるプリズムなりレンズなりを、もはや通ることなしに[17]。

つまり、科学は今や、享楽的な身体性から我々を遠ざける点で問題なのではない。むしろ科学の時代にこそ、人間的形成体を脅かすような仕方で、裸の享楽の台頭が問われるのであり、その限りで精神分析は、改めて科学時代の身体を、その射程に捉え直す必要があるのだ。六〇年代後半のラカンの享楽論は、まさしくこうした問題設定の中に置き直すことで、問い返されねばならない。ではそのことは、ラカンの精神分析実践をめぐる思想を、どのような方向へと練り上げていくことになるのか。以下に検討を試みたい。

2 科学技術・環世界・排泄物

ラカンにおいて、「人間形成体」と享楽との関係は、前述の通り、薬理学的発展との対峙が示すような科学時代が到達した一つの閾において問われている。身体は、いまや人間のリミットを脅かす形で享楽しかねず、「惑星級」の科学の発展はますますこれを助けるやもしれない。さて、このような享楽をラカンがどのように精神分析理論の中で問いなおすか見ていく前に、ここでまず、ラカンにおける人間形成体のリミットが、どのようなものと考えられるか、明らかにしておく必要があろう。ここで我々は、ラカンのいささかセンセーショナルな論述から、出発することとしたい。六三年六月一一日講義の一節。そこでは排泄物化する人間が語られる。

この件で、人間相互関係つまり先の戦争以来流行のヒューマンリレーションズの進歩が、その戦争の間に何を達成しえたか、思い出すのも時期外れではない。つまり、人間の塊を、排泄物の機能へ還元するという点での達成のことだ。まさしく、あまたより選ばれたる民であるせいで、選択された民族の人々の多くが、火葬の竈の仲介により、最終的にどうやら石鹸の形で中欧に出

(16) J. Lacan, «La place de la psychanalyse dans la médecine», p. 767.
(17) J. Lacan, «Allocution sur les psychoses de l'enfant», *AÉ*, p. 364.（第一章も参照せよ）

回ったような何ものかの状態に変容したこと。それもまた我々に、経済回路の中では、排泄物に還元可能なものとして人間に狙いをつけることも、ないわけではないことを示している[18]。

時期外れでない、というのは無論、この六三年にフランクフルトで開始されるアウシュヴィッツ＝ビルケナウ収容所の裁判を指している。アラン・レネの映画『夜と霧』でも触れられた風説、すなわち絶滅収容所で殺害されたユダヤ人たちが、その後、石鹸に加工されたという話から、ラカンは、何か不穏なインスピレーションを受け取っているのだ。この風説自体が事実ではないとしても、そこには「人間形成体」のリミットをめぐる微妙な論点が指し示されていると思われる。

さて、このラカンの問題提起的なコメントが、「惑星級」の科学技術の発展における「人間」という主題に関わっている限りにおいて、ここで是非とも召喚すべき一人の哲学者がいる。『不安』と題されたこのセミネールにおいて対話者の一人の資格を与えられている哲学者、近代的な技術をその本質において〈集め立て Gestellt〉として論じたハイデガーである。四九年にブレーメンで行った連続講演の二番目「集め立て」で、彼は次のように絶滅収容所について述べていた。

そのような徴用して立てるはたらき Bestellen によって、国土は炭鉱地帯となり、大地は鉱床地帯となる。……大気は窒素に向けて、大地は石炭と鉱物に向けて、それぞれかりたてられ、さらに、鉱物はウランに向けて、ウランは原子力に向けて、原子力は徴用可能な破壊行為に向けて、というふうに、次々にかりたてられる。いまや農業は、機械化された食糧産業となっており、その本質においては、ガス室や絶滅収容所における死体の製造と同じものであり、各国の封鎖や兵糧攻めと同じものであり、水素爆弾の製造と同じものなのである。[19]

ハイデガーがここで、「ホロコースト」と呼ばれる犯罪の種別性について気にかけていない、というのは確かであろうし、惑星規模のテクノロジーを問題化することそのものは、国民社会主義の批判でありうるか、むしろ接近ではないのか、といった点も議論の的となるところである。[20] ともかくも、ここではラカンが影響を受けたと思しき範囲で、ハイデガーの技術論における「人間」の位置づけを振り返っておこう。四二年に執筆されたとされるテクスト、「形而上学の超克」の第二六節に相当する箇所でハイデガーが提示していたのは、「最も重要な原材料」としての人間、そして

---

(18) *Sé X*, p. 348.
(19) M. Heidegger, «Einblick in das was ist», *Bremer Und Freiburger Vorträge : Gesamtausgabe*, Bd. 79, Vittorio Lostermann, 1994, S. 27.(「有るといえるものへの観入」『ハイデッガー全集七九』森一郎・ハルトムート・ブフナー訳、創文社、二〇〇三年、三七頁)この箇所はハイデガーの生前、五四年に刊行された版では修正された。
(20) ハイデガーの技術批判をナチ批判として読むものとして、シルヴィオ・ヴィエッタ『ハイデガー――ナチズム/技術』谷崎秋彦訳、文化書房博文社、一九九七年。対してその恣意性を指摘しつつ批判したものとして、トム・ロックモア『ハイデガー哲学とナチズム』奥谷浩一・小野滋男ほか訳、北海道大学図書刊行会、一九九九年及び奥谷浩一『ハイデガーの弁明』、梓出版社、二〇〇九年。
(21) M. Heidegger , «Überwindung der Metaphysik», *Vorträge und Aufsäize :Gesamtausgabe*, Bd. 7, Vittorio Klostermann, 2000, S. 91.(「形而上学の超克」『技術への問い』関口浩訳、平凡社、一五八頁)第二六節執筆の日付に関しては以下を参照。奥谷、前掲書、三一四頁。

さらには、これを人工的に生産する工業設備についての未来予想であった[21]。ナチへの接近と期を同じくするその一節は、それ自体は「惑星規模」で転回する近代の存在歴史的帰結を言いながら、徴用と生産のテクノロジー体制にとらえられた人間の姿を提示する。「あらゆるものを製作できるという無制約的可能性を技術的に製作するための、「人間」という原材料を含めた、あらゆる材料の濫用は、伏蔵されたこととして、完全な空虚によって規定されている[22]」。ハイデガーにとって技術の本質は、こうして人間を、徹底化された計画化と算定がもたらす区別のなさに巻き込む。技術のニヒリズム的な本質の展開が、ハイデガーにおいて、原子爆弾の危機よりも、緊急の危機として提示されている。「原子爆弾の爆発とは、物が無化されるという事態がとっくの昔から生起してしまっていることを確証するあらゆる粗暴な証拠のうちの、最も粗暴な証拠でしかない[23]」。

こうした〈集め立て〉における人間に関し、ここで我々が強調しておきたいことは、そこに死の余地は本来的にはあるまいと、ハイデガーが考えている点である。「何十万人もの人々が大量に死んでゆく。だが、彼らは死ぬ sterben と本当に言えるのか。なるほど彼らは命を失う。殺されはする。だが、死ぬと言えるのか。彼らは、死体製造のために徴用された物資の総量を構成する断片となる。それは、死ぬことなのか。彼らは、絶滅収容所で目立たずひっそりと粛清される。あるいはそのようなことがなくとも——中国では何百万もの人々が、今まさに窮乏のために餓死しつつある[24]」。なるほど、まさしくそこには、生の計算と管理を使命と任ずる巨大な技術支配の中で、コストやリスクへと還元された死、死のニヒリズム的形態が認められよう。惑星級の技術の支配がもたらすニヒリズムは、死すらも虚無化する。素材と化し濫用に供されることがもたらすのは、本来的な死からの遠ざかり、「死んでも死に切れない」とでもいいうる局面だ。我々はここでサド－カントの系にハイデガーを置いてもよいかもしれない。第五章で確認したように、サドにとっては、享楽意志の支配に身をまかせることで、記号的な殺戮の連鎖を重ねていくことが問題であり、またそれらの死は、ある空間の中に閉じ込められており、決してその向こうへと逃げ出ることのできないものだからだ。

さてラカンが、ハイデガーの〈集め立て〉の議論に通じていたことは、『精神分析の倫理』のセミネールで、問題のブレーメン講演をラカンが参照していることからも、確からしく思われる。[25] それゆえ、同じくハイデガーを主要な対話者としている『不安』のセミネールで、ラカンが、こうした死の不在の場に、排泄物人間を見出しているという事実は、考える価値のあることだろう。排泄物への示唆には、（例えば絶滅収容所と中国の農村との間で）取り替え可能であるような記号の羅列に還元されるのではない、より具体的な重さを伴った死体のあり方への関心が示されているのではないか。

この点を考えるために、さらにハイデガーとの密かな対話を感じさせる、次のような環世界論的な議論のもとで、ラカンが排泄物の問題を導入していることを確認しておく必要がある。

（22）*Ibid.*, S. 94.（一五九頁）
（23）M. Heidegger, «Einblick in das was ist», *op. cit.*, S. 9（一一二頁）。
（24）M. Heidegger, *ibid.*, S. 56.（七三頁）
（25）*Sé VII*, p. 145.（上、一八一頁）

しかし、確かにまだ不十分ながらも、生体とその環境の関係についての生物学的観念もあり、そこではやはり排泄物は拒絶として特徴づけられ、その結果、むしろ、生体存在が無視しようとするものの流れの中に置かれているようだ。入るものは関心内だが、出るものについては、これを引きとどめる傾向を生体存在は持たない、というのが構造の含意するところのようである。それゆえどうも、こうした生物学的考察から、まさに排泄物がどのような道で主体化された重要性を担うようになるか問うことは適切そうである。つまり人間存在のレベルでの主体化された重要性を。(26)

ここでラカンは、人間存在にとっての排泄物の主体化された重要性と述べている。動物的な環境適応とは一線を画す、人間的な環境世界の特徴をそこに見ようとするわけだ。このときに下敷きにされているのが生物学者ユクスキュルの議論であることは言をまたない。すなわち、生体の刺激受容性と照応的に形成される環境世界のうちに安住するものとしての動物についての議論である。(27)ダニにはダニの環世界が、その知覚能力にピタリと応じた形で構成されている。生体を包むシャボン玉になぞらえられるこの環世界のあり方は、ラカンにおいて「想像的」と呼ばれるものに等しいことを、ここで確認しておこう。六九年のセミネールで彼はこう述べている。

想像界を着想せざるをえないのは、有機体を存続させている諸効果のゆえである。有機体は何かによって次のことを知る必要があるからだ。外界、周囲、いわゆる環世界のかれこれの要素を、自分は取り込むことができると。あるいはより一般的に述べて、その要素が自己保存のためにふさわしいと。つまり、環世界とは一種のハロであり、有機体の分身であり、それきりなのだ。これこそ想像界と呼ばれるものである。(28)

このような想像界の側面は、彼の鏡像段階論および自我論の理解にとっても重要である。すなわち鏡像イメージが世界イメージのモデルを為しており、身体イメージと世界イメージの照応こそがナルシシズムを構成するのだ。(29)こうしたユクスキュル的な自我‐環世界形成は、ラカンにおいては、

(26) *Se X*, p. 348.
(27) J・V・ユクスキュル『動物の環境と内的世界』前野佳彦訳、みすず書房、二〇一二年。ただし、一九〇九年にベルリンで発行されたこの専門書よりも、第一次大戦以降、一般向けの概説書として出版された以下の文献が広く読まれた。ユクスキュル／クリサート『生物から見た世界』日高敏隆・羽田節子訳、岩波文庫、二〇〇五年。
(28) *Sé XVI*, P. 296. ラカンの想像界が、基本的に動物行動学に大きな影響を受けていることは初期のテクストでも確認できるだろう。例えば以下。J. Lacan, *Le séminaire livre I : Les écrits techniques de Freud* , Seuil, 1975, p. 190.（『フロイトの技法論』上・下、小出浩之・小川豊明・小川周二・笠原嘉訳、岩波書店、一九九一年、下、一三頁）以下 *Sé I* と略記。
(29)「欲望の弁証法」で次のように言われている。「想像的機能はフロイトがナルシシックなものとしての対象備給を行うものとして定式化したものである。このことについて我われは再検討し、鏡像的イメージは身体リビドーが対象へと流れ込むための水路であることを証明してきた」。J. Lacan, «Subversion du sujet et dialectique du désir», *É*, p.822.ただしここで強調されているのは、むしろそのイメージの破れとしての去勢についてである。

マクロコスモスとミクロコスモスの照応として頻繁にパラフレーズされていることも、さらに指摘しておこう。「私が想像界と現実界を区別しながら言ってきたことをちょっと働かせれば、すべてを身体イメージという参照に依拠することが、枠組みをつくり、形を決定するような作用としてどのようなものを持っているのか、目星がつくだろう。既に強調したように、マクロコスモスという考え自体に、常にミクロコスモスの参照が伴っている。ミクロコスモスこそが、マクロコスモスにその重み、その意味、その高み、その規定、その左右を与える。実際、ミクロコスモスとは、理解の様式、いわゆる認識様式なのだ[30]」。

このようにラカンにとって、ユクスキュルが明らかにする動物的構造は、まず自己の身体イメージと外界イメージとの間の照応の関係として定式化される。自らに即した環世界を持つこと、環世界に即した自己を持つこと、この両者の同時性である。この想像界の水準にとどまる限りにおいて、生体は常に幻に囚われ、これを持ち運び、その中で死ぬことになる。

さて、ここで思い出したいのは、ハイデガーもまた特に一九二九—三〇年の講義『形而上学の根本諸概念』において、ユクスキュルに即しつつ動物における行動の構造について論じていたことである。ここで、このハイデガーの議論をラカンが直接に参照しえたかどうか明言することはできないが、ポスト第一次大戦の思想家一般にとってのユクスキュルの重要性を考えれば、この近接は不思議ではない。そのときハイデガーは、この構造を「世界の貧しさ」として特徴づけた。「動物の身体の統一は、動物身体の統一としてまさにとらわれの統一に基づいている、すなわち、今やっと可能になった言い方で言えば、抑止解除の輪で自分を - 囲むことの統一に基づいているのであり、この輪の圏域内で初めてその都度或る環境が動物に対して威力をふるうことができるのである。とらわれが有機体の根本本質なのである」[31]。さらによく知られたことを付け加えるならば、まさしくこうした動物特有のあり方は、人間的死の不在に特徴づけられる。「動物の本質には、とらわれ、が属しているゆえに、動物は死ぬ sterben ことはできないのであって、我々は死ぬということを人間にだけ言えるものと認めるので、その限りで、動物はただ命果てる verenden ことができるだけなのである」[32]。

ここで、ラカンの「想像界」を、初期ハイデガーの『形而上学の根本諸概念』における動物の構造、すなわち「とらわれ＝朦朧 Benommen」と積極的に近づけることには、ラカンがハイデガーから受けた影響を考えれば、単なるアナロジー以上の価値があるだろう。第三章で見たように、五五年ごろのラカンにとっては、想像界を超克する契機として象徴界のロゴスを顕現する発話が展望されていたのであり、このことは、細かい一致点の検討はさておき、ハイデガーが、動物と区別される限りでの人間の境位を「世界形成」に求めつつ、「としての」の構造を支えるアポファンティックな命題から、ロゴスについての思索を発展させることと相通じている。

（30） *Sé XVI*, p. 269.

（31） M. Heidegger, *Die Grundbegriffe der Metaphysik : Welt-Endlichkeit-Einsamkeit : Gesametausgabe*, Bd. 29/30, Vittorio Klostermann, 2004, S. 376.（『形而上学の根本諸概念――世界・有限性・孤独』川原栄峰／セヴェリン・ミュラー訳、創文社、一九九八年、四〇八頁）

（32） *Ibid*., S. 388.（四二〇頁）

しかしその上で、両者ともに議論の基礎自体がその後、移り変わっていることを確認しておきたい。ハイデガーに関して、再び〈集め立て〉の問題系へと移ろう。そこで動物性が問題にされるのは、いわば人間未満の「世界の貧しさ」においてではなく、むしろ〈集め立て〉の過程の只中で成立する別の事態との関連によってである。「形而上学の超克」第二六節に戻れば、「転回」後のハイデガーが動物として問題にしているのは、〈集め立て〉としてのテクネーにおいて存在者が存在から離れること（放下）とともに生じる、世界の環世界化、そして人間の動物化だ。特に第二六節は、戦時経済下の総動員体制を踏まえた筆の運びのもとで、計算と計画にむき出しの生命を服従させようとする「生存圏」の思想を取り上げている。本能は「すべてのものを無制約的にいたずらに計算し尽くすに至る過剰に高められた知性」であり、世界の中における人間は、ここでは下からは対象としての動物的必要性（劣人性の解放）、上からは指導者に与えられる計算・計画の理性（超人的な権能）によって覆われる。[33]ハイデガー研究として、初期の動物と後期の動物化の間の推移がいかなるものかを明らかにすることは、本書の企図を超えているので割愛せざるをえない。[34]しかし、我々は少なくともここに、人間＝脱動物化を前提とする限りでの、再動物化の動きとでもいうべきものを見てよいだろう。それはまた同時に、人間的な「世界形成」という特徴が、再び形而上学的ヒューマニズムと技術とによって閉じられてしまうとする、後期ハイデガー的な問題の、一つの側面として理解可能であろう。

以上の点を踏まえてラカンへと戻ろう。ラカンにおいてもまた、六〇年代、知の身分についての見解の変化とともに、問いの位相に変化が見出されるようになることは、これまでも繰り返し論じてきた。ロゴスとしての象徴界を、想像界に比して人間的な次元を真に開く契機とみなすよりもむしろ、ロゴスの内にこそ知と真理の分裂を見出す理論的転回である。知の蓄積に奉仕する〈科学の主体〉は、真理から疎外されている。知とはいわば脱環世界的な運動として出発するのであり、その限りで想像的環世界とは、人間にとり、ほころびを閉じるがごとき、再環世界化の働きの帰結ととらえねばならないだろう。それゆえにこそ、人間の想像界は、亀裂を有する。作られた想像的な調和の中に、織込まれたねじれがあるのだ。

この点に我々は、排泄物の「主体化された重要性」の手がかりを見出せよう。科学技術は人間を素材化した上で、一つの環世界の経済のうちに取りこむ。それはハイデガー＝ラカンにとって、人間的な死からの遠ざかりなのだが、ラカンはまさにこの遠ざかりの帰結が、経済内部で排泄物の問題提起的な保持として現れる、と考えるのだ。言い換えれば、排泄物は、人間の環世界に現れる、世界を問うための亀裂である。絶滅収容所の死体製造は、環世界としてのヨーロッパを逃れ去ることのない異物の流れを作りだすのだ。

(33) M. Heidegger, «Überwindung der Metaphysik», *op. cit.*, S. 93.（一八七頁）。
(34) アガンベンが『形而上学の根本諸概念』について試みた読解は、動物的朦朧を、根本気分としての「深い倦怠」に接続することで、純粋な可能態としての動物性に再考の機会を与えたものとして知られる。この第一六章「動物化」の議論は、歴史以後の現代において、後期ハイデガーの技術論には特に言及することなく、動物性が技術支配に回収されている点を問題にしている。G. Agamben, *L'aperto :l'uomo e l'animale*, Bollati Boringhieri, 2002, pp. 78-80.（『開かれ』岡田温司・多賀健太郎訳、平凡社、二〇一一年、一三二―一三六頁）

ひとたびロゴスに依存するようになった人間にとって、排泄物のトポスは、環境適応の中の矛盾として欠かせない。この排泄物の問題一般に、ラカンは、六八年の講演において戻っている。「動物界のあらゆるレベルで起きていること――象やカバに始まりヒトデに終わるこの動物界の――と異なって、人間が自然において特徴付けられるのは、人間には、最も簡単に言えばなんというべきか、糞の排泄ということに、尋常でない厄介があるということだ。人間は唯一、これが問題になる、しかも異常に問題になる動物なのだ[35]」。そのように述べ、ラカンは、古代以来、人間の文明は、この排泄物を処理する場所を有することを特徴としてきたと話す。ゴミため、下水道。例えばローマ帝国におけるクロアカ・マキシマ。ラカンにとって、そうした巨大排泄口を有することこそが人間の環世界的条件となる。ロゴスと共犯的な肥溜め。そこでは、動物であればすぐさま知覚から除かれるべきものを、あえて忌むべきものとして自らの圏域のうちに湛えねばならない、という逆説が導入される。

さらにここで、ラカンがこの議論の着想源として言及する、ハクスリーのエッセイに目を向けることは、問題の核心に近づくのに役立つだろう[36]。いわば肥溜めの歴史に捧げられたそのエッセイでハクスリーが注目するのは、文明内におけるその場の存在が、社会的階層の差異を反映し、不可触民の実在と社会制度上、強く結びついてきたという事実であった。言うなれば、人間的という特徴とは、こうした「隔離差別」の問題を、環世界的な安住の埋め草として有するということになろう。

ハクスリーは近代における下水システムの改良と衛生学の発展が、古い文明における階級差別を克服する機縁となったとしている。しかし、おそらく、ことの本源において知の近代的形式性を置くラカンは、そのように「隔離差別」の解消として近代文明を見てはいない。むしろ近代化は別の事態を招いたとみている。つまり大文明と呼びうる集中が解消され、文明が広く普及することにより、肥溜めの場を自らと一致させることこそがより一般化したのだと。「今ではもうそれは特権ではない。皆それでいっぱいになっているどころではない。文化、それはみなさんの上で凝結《こわばっ》ている。人は、そこからやってくる廃物の甲羅にぎこちなく身をつづめて、漠然とこれに形式を与えようと努めている」[37]。というのも、文明が人間的なものとして展開する限り、ゴミためのトポスは決して解消されえないからだ。このトポスを傍らに携えないような人間的な環世界など、ラカンにとっては考えられないのである。

まとめよう。人間的であるとは、動物的な環世界化のうちに排泄物のトポスを有することである。ハイデガーが、生存圏を技術により虚無化された死の圏域とみなすのだとすれば、ラカンは、まさにその矛盾こそが、排泄物性として環世界に現れると考える[38]。そしてこの排泄物性が、今や社会階層的な分断としてではなく、存在の条件として一般化する過程を、近代文明とみなすのである。科学の時代の身体に、このような排泄物の身分の回帰を見出すべきだろう。科学のもとで素材化され

（35）J. Lacan, *Mon enseignement*, pp. 82-3.
（36）A. Huxley, *Adonis and the Alphabet*, Chatto & Windus, 1956, pp. 147-166.
（37）J. Lacan, *Mon enseignement*, p. 85
（38）ただしここでの対比は、「物」論文におけるハイデガーの本来の論点、四方界の交点としての物についての議論を置き去りにしている。ラカンはセミネール七でこれを昇華との関連で扱っており、その限りで、その後の対象概念への影響も調査すべきところだが、詳細な議論は別の機会に譲る。

分断され、また再構築されもする人間は、同時に必ずその身体を、適応にそぐわない廃物としての重みとともに引きずることになるのである。

まさしく我々は、こうした議論整理の上に、知 - 身体と享楽身体の二つを位置づけることができるのではないだろうか。一方で、人間は今や宇宙にまで飛び出しうる身体を科学のおかげで手に入れている。ただしそれは、例えば理由も知らずに咲くバラのうちに想定できるような動物的自己享楽を、人間がすでに手放しているがゆえにである。『裏面』でラカンはこう述べている。

重要なのは、自然であれなかれ、享楽について話すことができるのは、まさにシニフィアンの作動の起源そのものに結びついた限りにおいてであるということだ。牡蠣や海狸《ビーバー》が何を享楽しているか、誰も何も決して知ることはないだろう。というのも、シニフィアンがなければ、享楽と身体の間の距離はないのだから。牡蠣や海狸《ビーバー》は植物と同じレベルにある。結局、もしかすると、この平面上に、享楽の一つを植物も持つのだろうが。(39)

そしてそのことはまた、人間においてロゴスの作用、シニフィアンの作動が、享楽を不可侵の生命として遠ざけるどころか、むしろ享楽の必然的な相関項をなしていることも示唆する。右の引用にラカンは次のように続けている。「享楽とはまさしく、私が印と呼ぶものの作動の最初の形式に相関している。一なる線。それに意味を与えようとするなら、それは死のための印である。死が作動するときを除いては何も意味を担わないことを見よ」(40)。

ではこうしたロゴス・身体・享楽のもつれ合いをラカンはどのように整理するのか。また、排泄物としての身体の身分はどのように問題化されることになるか。ラカン理論の内部に潜って、より詳しく検討していこう。

3　〈他者〉とは身体である

前節での議論は我々に、ラカンが問うた限りでの〈科学〉という条件のもとで、世界と人間との関係を再考に付すことを要請するものであった。人間的なものの出発点を、動物とは異なり、コスモロジー的な適応の破綻に置くラカンは、科学的知が導く迷悟の中に人間の条件を見出す。身体は、動物に可能な自存とは切り離されたところで、今や科学的知の影響のもとで構成されるほかない。しかし、だからこそ享楽が、人間において特殊な関心として登場する。この特徴が環世界の内部にもたらす問いが、排泄物性として示されるだろう。今やそれが人間一般の条件に拡張されるとラカンが見るとき、そこにはどのような主体性の理論が現れているだろうか。ここで我々は、六〇年代ラカンにおけるロゴス‐身体‐享楽の分節化をめぐる理論としてこれを整理してみよう。

第一に、本書ですでに見てきたとおり、ラカンの理論内部におけるロゴス概念の根本的な変化を

(39) *Sé XVII*, p. 206.
(40) *Ibid.*

押さえておかねばならない。すなわちロゴスとは、主体にとっての真理を啓示するどころか、むしろ主体が真理から切り離されるプロセスとみなされるようになる、ということである。まず、「人間の欲望は〈他者〉の欲望」であるという、ラカンが初期に提示したテーゼに照らして、これを解説しておこう。ロゴスの真理啓示的な性格のもとでこのテーゼを読むならば、その意味とは以下のようになるだろう——主体の存在の意義は、彼が〈他者〉によりどのように欲望されたかに従って獲得される、と。しかし、例えば六七年の講演「位置、起源、目的」で強調されるのは、その否定的な側面である。つまり、こうした啓示は、それ自体、依存を、すなわち主体には自らの欲望を持つことができないこと、彼が去勢されていることを示している。「去勢があるなら、それはおそらく単に、欲望が、問題が彼の欲望である時には持たれることができないから、人の持つものではありえないから、扱いうる器官ではありえないからである[41]」。そのとき、主体は、〈他者〉によって器官を活用するチャンスから遠ざけられている。かくして欲望とは、主体 - 〈他者〉の間で結ばれる承認の良き印ではなく、むしろ互いの共約不能性を覆ったかさぶたとみなされるのだ。

同じ六七年の講義「現実性との関係における精神分析」では、こうした欲望から出発して、ロゴスの新たな性格が、身体との関連のもと整理されている。欲望を「純粋欠落により承認される[42]」ものとして確認したのち、ラカンはロゴスの規定の変更について次のように明言している。すなわち、それはもはや「世界にとっての種となる spermatique 理性」ではなく、「世界に差異を刻むナイフ」なのだ[43]。このナイフによってこそ、主体と環世界の想像的調和はあらかじめ破壊され、人間は、宇宙へと飛び立ちうるものに作り替えられるだろう。これに必要な外科術の過剰性が今や明らかにしていう通り、そのとき我々の身体は、もはや「断片」でしかなく、「享楽から分離された」ものでしかない(44)。

このように、シニフィアンのナイフから身体が生み出され、動物には可能であった享楽がそこから分離される。さて、ここでラカンは続けて、このような身体こそが「シニフィアン演算を通じて〈他者〉の寝床を設ける(45)」のだと述べている。我々はここに、「シニフィアンの宝庫」と呼ばれた〈他者〉が、今や別の規定を与えられていることの兆しを看取らねばなるまい。つまり、この寝床に迎え入れられるのは、シニフィアンそのものの分節化の平面としての〈他者〉ではない。むしろ、分離された享楽との関係で呼び出される〈他者〉である。これを身体的な〈他者〉と呼ぼう。ラカンは六七年五月一〇日には、この新たな〈他者〉について次のように語っている。「私は〈他者〉というこの場のうちに精神を偽装してきた。残念ながらそれは間違いだ。みなさんまだ推察しては

(41) J. Lacan, *Mon enseignement*, p. 57.
(42) J. Lacan, «De la psychanalyse dans ses raports avec la réalité», *AÉ*, p. 355.
(43) *Ibid*.
(44) *Ibid*.
(45) *Ibid*., p.357.
(46) *Sé XIV*, p. 372. またこの前に述べられることも「不可能としての現実界」という定式の導入として重要である。「〈他者〉とは行為にとって素材の貯蔵庫だ。素材が蓄積される。おそらく行為が不可能だからだ。こう言ったとして、行為が実在しないとは言っていない。そう言うには足りない。というのも、不可能なものは単に現実界であるから。純粋現実界。可能なものの定義は常に最初の象徴化を要請する。この象徴化を排除するなら、「不可能なものは現実界

いないが、〈他者〉は、最後の最後には、身体なのだ」[46]。ロゴスの世界形成的な特徴が、精神的な〈他者〉性において環世界の破断を包んできたとすれば、今やその欺瞞が、バラバラになった身体の水準において明らかにされねばならない。すなわちこの身体的〈他者〉は、これらバラバラの身体がまとまりを再び得ようとするときに、不足する肉片として示される。この身体には、その傷跡が残るのだ。実際、セミネール一四『幻想の論理』の講義報告のテクストに即して、我々は、この「〈他者〉の寝床」を、身体の上に引かれた溝 raviements、ないし傷跡であると考えることができるだろう[47]。

つまり〈他者〉には二つの顔がある。言語的〈他者〉と身体的〈他者〉である。後者の〈他者〉の発見は、言語的承認の次元の背後における身体的 - 性的接触の次元を、ラカンの精神分析理論に回帰させるだろう。これについて、六九年三月一二日、セミネール一六『一つの〈他者〉から他者へ』[48]の一講義をみておきたい。ここで語られるのは、無意識的〈他者〉に先立つ享楽的「隣人」の存在である。この「隣人 Nebenmensch」は、すでにセミネール七において、フロイトの『心理学草稿』を踏まえつつ、主体の満足体験の最初の相関物として議論されていた[49]。いわば享楽が可能であるためには必須の異物。六九年の議論ではラカンはこれを、その内的限界、禁じられた中心性、すなわち外密 extimité という点において強調する。「この隣人は、無意識のシニフィアン的分節の現前を機能させるために私が〈他者〉と呼んだものだろうか。違う。この隣人は、享楽の耐え難き切迫性である。〈他者〉は、それをさっぱりと綺麗にした台地でしかない」[50]。このような区別にもかかわらず、注目すべきは、ラカンが隣人と呼ぶ身体的〈他者〉と、従来から議論されてきた言語的

〈他者〉との間に、ある意味では連続性が認められていることであろう。〈他者〉はまずは、享楽の切迫性として語られる。シニフィアンによって切り出される身体が享楽へ至るためには不可欠でありながら、常に異物に留まり続けるような〈他者〉である。しかしそうした〈他者〉の顔は、シニフィアンが無意識的な分節化を通じて処理されるとともに、さっぱりと片付けられる。内在的極限として到達不能なこの〈他者〉は、いわばそこで外在化され、精神的統一のためのリミットとして置き直されるのだとみなせよう。満足に直接に奉仕する異物であるよりも、満足への道のりについて問いかけられる対話者の顔を得るのだ。セミネール一九『ウ・ピール』（七二年三月八日）ではっきりと述べられているように、〈他者〉を「性的に享楽することができない」ということから、「〈他者〉を心的に享楽すること」への、転回が生じるのである。[51] この心的な享楽は、身体的・性的

だ」という定式ももっと自然に見えるだろう」。*Sé XIV*, p. 371。

（47）J. Lacan, «La logique du fantasme», *AÉ*, p. 327.ここの一節には、身体の性的な実践が仄めかされている。J・アルーシュはここでの身体〈他者〉が、有性〈他者〉Autre sexué として展開していく様を特に以下で詳しく論じている。J. Allouche, *L'Autresexe*, Epel, 2015, pp. 65-6.

（48）ここでこの講義のタイトル *D'un Autre à l'autre* の読みの多義性に注意を払っても良いだろう。すなわち「ひとつの〈他者〉から別の〈他者〉へ」である。

（49）*Sé VII*, pp. 64-5（上、七六頁）。またフロイトの以下の文献も参照せよ。S. Freud, «Entwurf einer Psychologie», *GW-Nb*, S. 426.（「心理学草案」総田純次訳『フロイト全集三』岩波書店、二〇一〇年、四四頁）

（50）*Sé XVI*, p. 225. またここでの議論は、ドゥルーズ『意味の論理学』がラカンに与えた影響という点からも重要である。

〈他者〉の遠ざけなのであり、欲望はそこにおいて純粋欠落の原点を示すことになろう。

このように、ラカンはロゴス、身体、享楽の三つ巴を理論的に整理する。さらに我々は、ラカンがこれについてまとめて述べている箇所として、『ラジオフォニー』の議論を参照しておこう。ロゴス‐シニフィアン秩序が身体を切り出すという事態は、『ラジオフォニー』では、「象徴界の身体」の受肉として論じられている。「前者の〔象徴界の〕身体が後者の〔素朴な意味での〕身体を作るのである。後者のうちに受肉することによって」[52]。さらにラカンは、こうした身体形成は、まさに象徴界に先立たれているがゆえに、非物体的なものを身にまとうとする。彼はこれを「機能＝関数」の次元としており、我々はここに先述の知‐身体の成立を見るだろう[53]。

さらに、知‐身体から出発する人間身体の主要な特徴を、ラカンは、それが〈一つ〉のまとまりに捉えられていることとして論じていく。人間身体は、死後の自然な分解過程にさらされることなく、墓での永遠の眠りに守られる。それは、話す存在が有するこの身体が、「自らをシニフィアンの列の後ろに加えるにふさわしい印を[54]」運んでいるからだ。〈一〉を運んでいるのである。そしてまた、身体がそのように〈一〉というシニフィアンに依拠する限りにおいて、それはすでに自足し充実した身体ではなく、このシニフィアン分の負債を背負っている。〈一〉を余計に持つ、ということは、〈マイナス一〉の刻印を背負うことなのだ。「古い昔から、〈マイナス一〉は、ラカンが言う〈大文字の〉〈他者〉の場を指している。〈不足の一〉の寝床は、突き出しにより前進する闖入において作られる。この突き出しがシニフィアンそのものである[55]」。

こうして作られる〈マイナス〉の溝からこそ、知‐身体は、享楽のポテンシャルを受け取る。

「身体が肉と分離される時、負化記号が刻印を与える肉のみから叢雲が、天上の水が立ちのぼる。肉の享楽の叢雲であり、そこには身体と肉を再配分する雷が湛えられている」[56]。ここで享楽は知 - 身体と肉の再配分の可能性として示されている。身体的〈他者〉とは、そのような可能性それ自体なのだ。

かくしてシニフィアンが身体となり、またそれゆえに、身体は享楽のポテンシャルを〈マイナス〉の溝として己に刻む。そこに身体的〈他者〉が来るべく呼び求められるのだ。その限りにおいて、セミネール二〇『アンコール』で言われるように、「シニフィアンは享楽する実体のレベルに位置づけられる」[57]のであり、「シニフィアンは享楽の原因」[58]なのである。言語的な〈他者〉とは、この根源的な知 - 身体の問題を、心的に解決したものに過ぎない。

---

(51) *Sé XIX*, p. 111. またここの文脈でこそラカンは、アルチュセールが〈他者〉を神に還元して理解していると批判していることを付記しよう。

(52) J. Lacan, «Radiophonie», *AÉ*, p. 409.（前掲書、六二頁）

(53) 非物体的なものに着目するなら、ここでラカンはストア派的な効果としての幻想を、機能＝関数として解釈する準備をしている、とも言えよう。この点は「幻想」から後述の「ファルス関数」へ、という理論的転回として興味深い。

(54) *Ibid.*（六四頁）

(55) *Ibid.*（六四―六五頁）

(56) *Ibid.*（六五頁）

(57) *Sé XX*, p. 26.

(58) *Sé XX*, p. 27.

さて、こうした主題が最後に合流する論点として、我々が本節の最後に見ておきたいのが、ララング概念の導入である。ララング概念そのものは、まずは言語学者が扱うような一般的システムとしての「言語《ランガージュ》」に対して、「国語《ラング》」と訳しうる言語態に重きをおこうとする仕草の中で、現れる。最初の言及となる七一年一一月四日のサンタンヌでの講義を見ておこう。「無意識は、私が言ったことでは、一つの言語のように構造化されている。どの言語だろうか。どうして、一つの言語などと言ったのか。……はじめにこう言ってしまおう。言語と私が言う時は、問題は、ララングにおいて出会われるべき共通特徴である。ララングそのものは、様々な変種をすぐに作り出すものだが、しかし常数もある(59)」。

ラカンは、このように一般的構造としての言語よりも、いわばより実践的で多義性に開かれたもの、また身体的な含みを備えたものとして、ララングという言語態を強調していくこととなる。そして、そこに、シニフィアン－身体が位置づけられるのだ。『アンコール』最終講義（七三年六月二六日）は、「ララングとの共生が話す存在を定義する」としつつ、身体と〈一〉なるシニフィアンとの関係が、ララングの主題のもとに問われている。「身体とは何か。一の知か、否か。一の知は身体由来でないのはわかる。一の知について、わずかでも言えることがあれば、それは〈一〉というシニフィアンに由来するということだ。〈一〉というシニフィアンの由来は、シニフィアンそれ自体は「ソノ他ノウチノ一」でしかなく、これらその他に向けられたものでしかないということだろうか。他のシニフィアンとの差異でしかないのだろうか(60)」。

ラカンはこの問いに「〈一〉ありYad'l'Un(61)」という表現で答えている。「ソノ他ノウチノ一」という意味での不定冠詞性を退けつつ、しかし、定冠詞を載せて特殊化することもなく、部分冠詞を利用して、切れ目の不確かなシニフィアン - 身体としてこの〈一〉を提示するのだ。それは、「一群のS1、ブンブンうなる群蜂」の蜂起である。そうした不定形のうなる身体は、やはり問いという発話形式を通じて、まとまりを与えられ、固定化されることになろう。「私が話しているのはこれらについてなのか Est-ce d'eux＝S2」と（図1）。

それから続けている。「S1、群れ、主のシニフィアン、これが主体と知の交接の単位を保証する。

（59）J. Lacan. *Je parle aux murs, op. cit.*, pp. 24-5. ここではララングを国語（ラング）と置き換えてみても支障はなさそうだ。実際、ラカンのララングの概念化においては、彼の母語たるフランス語が可能とする音声的多義性への強調が前面化していくと見える。七四年以降は、ララングの説明に喃語 lallation との関連が追加される。一方、ソシュールの「ラングには差異しかない」とする命題をもとに、「ラングとは一つの実体ではない」と考えるミレールは、オルニカール第一号に発表された彼のローマ講演（七四年一一月二日）として知られるテクストで次のような理解を提示している。すなわち、ララングにおいては、定冠詞をあらかじめ追加することで、langue という語そのものに備わる単称性（特異性）が際立たせられているのだと。J.-A. Miller, «Théorie de lalangue», *Ornicar?*, 1, pp. 16-34. この理解はさらに当時、フランス随一のチョムスキー研究者であり、ラカン派の若手の代表格の一人でもあったJ・C・ミルネールによるララング論と併せて、吟味されるべきところであろう。ミルネール『言語への愛』平出和子・松岡新一郎訳、水声社、一九九七年。

（60）*Sé XX*, p. 130.

（61）Yad'lUn は、七二年三月一五日の講義（セミネール一九『ウピール』）が初出であると思われ、ここではプラトン『パルメニデス』とラカンは格闘している。*Sé XIX*, p. 127. ただしのちに触れるとおり、〈一〉をめぐる議論は、セミネール九の「一なる印 trait unaire」から始まり、ラカンにおいて長い歴史を持つ。

言語として問われる限りでのラングにおいてこそ、原始言語学がストイケイオンστοιχεῖον（つまり元素）の語で指し示したものの実在が引き出される。〔……〕シニフィアン〈一〉は任意の一つのシニフィアンではない。あらゆる連鎖を存続させる包摂によって開始される限りでの、シニフィアン秩序なのだ[62]」。

ここでのラングの議論は、享楽のポテンシャルに隣接する〈一〉なる身体を、まずは不定形な仕方で提示している。ラングは、この未限定の状態を示すがゆえに、「性的享楽の離接の相関項[63]」と呼ばれよう。独語的ラングは、享楽への切迫性に絶えず導かれているのだ。こうしたラングの原型は、問いの契機を通じて対象化されることで、一つの秩序として全体を包摂化される。安定性を欠く〈一〉としての身体、反復的連鎖の限界不確かな開かれにさらされた身体が、発話の契機、すなわちシニフィアンの分節化による心的〈他者〉の設立による限界画定を通じて

$$S_1(S_1(S_1(S_1 \longrightarrow S_2)))$$

図１

包摂され、秩序づけられるのである。

以上のようにして、ラカンは、シニフィアンと身体の根源的な重なりに、精神分析理論の新たな出発点を設定するのだと思われる。またそのことは、科学的ロゴスが介入している裸の物の次元において、身体の理論を作り直すことでもあったろう[64]。さて、そのときに問題であるのは、精神分析実践の操作性は、こうした身体とどのような関係を有するか、ということだ。それは、素朴な唯物論の次元に何らかの操作性を見出す行動主義的方向性とは一線を画すはずである。精神分析の操作可能性、新たな存在を作り出す可能性は、別の次元に見出されねばならない。

4　シニフィアンの雨、エクリの汀《みぎわ》

シニフィアンの身体が、シニフィアンの第一秩序としてのララングにおいて問われる。このことはラカンにおいて、無意識概念の大幅な修正を要請するだろう。実際、ラカンは『アンコール』で次のように述べる。

言語は、それのように無意識が構造化されているものだと私が言ったのは、言語はまず実在しないからだ。言語は、ララングの機能に関して人が知ろうと努めるものだ。もちろんそうして科学的言説そのものが言語を取り上げる。ただし、科学的言説にとって言語を満足に実現すること

(62) *Sé XX*, pp. 130-1.
(63) J. Lacan, *Je parle aux murs*, p. 74.
(64) フロイトの『心理学草案』以来、シニフィアンの身体性にかかわる議論は、神経学との接点を有していることを思い出そう。現在、神経学と精神分析を架橋する研究は増えているが、その意義については改めて体系的に吟味する必要がある。現代のラカン派精神分析家による応答の一つとしては、以下を参照のこと。É. Laurent, *Lost in cognition*, Éditions Cécile Defaut, 2008. また哲学者マラブーの議論は、脳の物質性が、精神分析的に議論される心の「期待の地平」そのものを覆す可能性を取り上げており、我々にとってはシニフィアン性に還元されない肉の次元へと我々の視線を戻すという点でスリリングな議論の土台を開いている。カトリーヌ・マラブー『新たなる傷つきし者』平野徹訳、河出書房新社、二〇一六年。

は難しい。無意識を無視しているからだ。無意識は一つの知の証言である。大部分は話す存在からとり逃されている知の。この〔話す〕存在は、ララングの効果がどこまで行くのか気づかせる機会を与える。未だ謎めいたあらゆる種類の情動をこの存在が提示することによって。これらの情動はララングの現前の帰結である。この現前は、知によって物事を分節化する。話す存在が、言表されたものとして知ることにより支えるものよりも、ずっと遠くに行く物事を。言語はおそらくララングからできている。それはララングについてどうにかこさえ上げた知なのである。しかし無意識は一つの知であり、ララングを使った実践知 savoir-faire である。ララングを使ってできること savoir faire は、言語を使って考慮することのできるものを、大きく超えている。(65)

ここでラカンは、言語についても極めて実践的な視点へと戻っている。端的に「言語」として包括的に扱われるものは、個々人が宿しているララングを、不細工にまとめ上げたものでしかない。さらに個々の主体は、「言語」とは別の知を、実践知として持つ。それが無意識である。

実際、ここにはララングから無意識へ、という一つの生産過程が示されている。そこでこそ、シニフィアン-身体から、いかにして精神分析に特有の操作的平面が構成されるか、という問いを検討することができるだろう。ここでは、この問いを、七〇年頃のラカンにとって重要と思われる一つのモチーフとともに検討してみたい。すなわち、シニフィアンからの「降雨」ないし「沈殿」というモチーフである。先に見た享楽の叢雲は、地表において、果たしてどのような効果を生み出すのか。

我々は前置きとして、ラカンがそもそもシニフィアンを、そのような雲として捉えていた可能性を、五七年の論文で確認しよう。「シニフィアンの下にシニフィエが絶えず滑り込むという観念が、それゆえ必須である。これをソシュールは、一つのイメージで紹介している。創世記写本の小型版に見られる天上の水と下部の水の二つのうねりに、似たイメージだ」[66]。問題の論文「文字の審級」において、ラカンはこのように、ソシュールのシニフィアン、シニフィエの対を聖書の箱舟の伝説になぞらえイメージ化しながら、そこに主体形成の構造を探していたのだった。簡潔にそこでの議論を思い出しておこう。ヤコブソンを下敷きにしつつ、ラカンは、隠喩と換喩により、この二つのうねりがとり結ぶ関係を説明する。換喩とは、シニフィアンがそれ自体の意義として別のシニフィアンを取るということであり、そこでは絶えざる横滑りを通じて存在欠如が設置される。ラカンはこれを「欲望」の構造としていた。他方、隠喩とは、シニフィアンを別のシニフィアンに代入し、それによって意義の効果を到来せしめる操作であり、そこには「主体の機能」とこれを支える「症状」の構造が認められた[67]。いわば言語が存在を疎外する様と、この疎外をレトリカルに解決する様とが、このように定式化されたわけだが、我々が本書で見てきたとおり、ラカン自身はその後、こ

---

(65) *Sé XX*, pp. 126-7.
(66) J. Lacan, «L'instance de la lettre dans l'inconscient», *É*, p. 502.
(67) *Ibid*., pp. 515-17.　また最後には以下のように言われる。「症状が隠喩なのである。そう考えたいか否かに関わらず、欲望とは換喩なのである。たとえ人間がそれを笑おうとも」。*Ibid*., p. 528.この論文の読解として、さらに以下を参照のこと。Bruce Fink, *Lacan to the Letter : Reading* Écrits *Closley*, University of Minessota Press, 2004, chap. 3.（『「エクリ」を読む——文字に添って』上尾真道・渋谷亮・小倉拓也訳、人文書院、二〇一五年、第三章）

の解決自体を、むしろ謎として改めて開くことに、分析実践の意義を求めてきたのである。

『ラジオフォニー』では、先に我々が見たようなロゴス‐身体‐享楽の関係を踏まえて、隠喩および換喩の新たな定式化が試みられている。隠喩の操作は、ここでは「浮遊せるシニフィアンから流れるシニフィエへの飛び込み」とされる。その上で、「シニフィエの水たまりに投げ入れられた舗石」たる一つのシニフィアンについて、意味の効果がもたらされるのだ、とされる[68]。ただしこの意味とは、そもそも「無意味の意味」においてなされていることも注記しておこう。シニフィエという概念的な把握の中に、「調子っぱずれの音」としてシニフィアンは登場するのである。隠喩においては、こうして概念的把握の領域に、シニフィアンの音声的な側面が、意味の連続性を区切るような唐突な仕方で出現するというわけだ。ラカンによれば、こうした突出によってシニフィエのうちに別のシニフィアン連鎖のセリーが呼び起こされ、それにより言説の構造変化が生じる。さて、ここで重要なのは、まさにこのシニフィアンの落下、シニフィアンからシニフィエの「非推移的物質化」と呼ばれるものが、無意識である、と言われている点である。ラカンは言う、「この無意識は、言語の投錨ではなく、堆積、沖積である」[69]。ラカンはここで無意識を、シニフィエという概念的効果のうちに降り積もった、シニフィアン性それ自体として定義しようとしているのである。この時期には未だラングの着想は現れてはいないものの、先に見たラングから無意識への生産過程という観点を先取りする議論が、ここに為されていると言えるだろう[70]。このような無意識をラカンはここで、「主体のうちにその条件を集めるもの」としている[71]。我々はこうした定式化を、六七年の「提案」のテクストにおける「知を想定された主体」のマテーム s（$S_1, S_2, \dots S_n$）とも比較できるように思われる（第六章第二節参照）。

他方で、欲望の構造である換喩は、意味としての原‐主体を追いかけるシニフィアンの無限後退の操作ではなく、それ自体、享楽の水準での介入として位置づけられる。「換喩が扱うのは、主体以前の意味（すなわち無意味の障壁）ではなく、享楽であり、そこでは主体が切断として生産される。つまりこの享楽が主体に素地を作るのだが、ただしそのため主体は、この身体に結びついた表面へと還元される」[72]。そもそも換喩が「語から語へ」と、つまりシニフィアンからシニフィアンへと移動する横滑りであったことを思い出そう。ここでは、まさにその滑りこそ、享楽と主体の構成的関係に関わる操作であると言われている。シニフィアンが別のシニフィアンに差し向けられるその運動は、いまや身体が享楽から分離されつつ接続され、更新される運動として理解される。

書き込まれるものの下にシニフィアンの受苦《パッション》が滑っていくのなら、「それが」〈他者〉の享楽であると、言わねばなるまい。なぜなら、この受苦が一つの身体に喜ぶとき、この身体は〈他者〉

(68) J. Lacan, «Radiophonie», *AÉ*, p. 416.（八五頁）
(69) *Ibid*., p. 417.（八八頁）
(70) さらにここでの議論は、ジョイスのエクリチュールを、ラカンが、無意識形成のある種のオルタナティブと見ていくことになる点とも関連していよう。ラカンは『アンコール』ではジョイスについて、「シニフィアンがシニフィエに詰め物をする」と述べている。*Sé XX*, p. 37.
(71) J. Lacan, «Radiophonie», *AÉ*, p. 417.（八八頁）
(72) *Ibid*., pp. 417-8.（八八頁）

の場となるのだから。
換喩は享楽の新陳代謝の操作であり、享楽のポテンシャルは主体の切断により調整される。こうして換喩は、そこで転移されるものを、価値として価格設定するのである。[73]

すなわち換喩とは、シニフィアンの横滑りによって、離接的に作り出される享楽身体を更新する新陳代謝なのだ。それは、主体を新たな切断によって生み出し、またそれとの関連で、新たな享楽の可能性の相場を決定する。我々はここに、剰余享楽概念を位置づけることができるだろう。すなわち、シニフィアン連鎖の進行においてその都度、取り逃される享楽の値として、である。

こうして隠喩‐換喩は再定義される。シニフィアン連鎖は今や、身体が享楽と結ぶ関係を調整する秩序であり、隠喩は、それらシニフィアンをシニフィエ的効果のうちに沈下させ、無意識という実践知を作り出す。他方、分析実践においてまさに自由連想という仕方で実現する換喩の操作は、シニフィアン連鎖を先に進めることで、主体を新たに切断し、潜在的な享楽の値を更新するのだ。こうして我々は、シニフィアン秩序の下に、二つの効果を手にすることになるだろう。知としてシニフィアンを詰め込まれた無意識の主体と、この主体が到達すべきとされる剰余享楽である。分析実践は、シニフィアン連鎖を換喩的に前進させながら、そのシニフィエとしての主体と剰余享楽の関係を刷新していく営みとして、ここでは考えることができる。

このようにして我々は、シニフィアン秩序から、その効果の次元へと目を移すことができる。ここで、さらにこの効果をラカンが論ずる一つの特徴へと目を向けたい。というのも、ここで何より

「文字の審級」つまり「文字」、「エクリ」、「エクリチュール」が位置づけ直されているのが認められるからだ。「リチュラテール」というテクストを取り上げよう。七一年、ラカンは、論集『エクリ』が翻訳されつつある日本へと旅行したが、その帰国後に行った講義の内容をまとめなおし、これを文章化している。ここでは、文字は、ユクスキュル的な環世界構造とは、全く異なる身体 - 地理のイメージとして提示される。「境界とは二つの領土を分けるものであり、そこには、これをまたぐものにとってどちらの領土も変わらないこと、そこには共通尺度があること、が象徴される。それは環世界の原理だ。環世界とは内的世界の反映だから。〔……〕文字は……より正しく言って沿岸的ではないだろうか。すなわち、ある領域全体が他の領域に対して、互いが相互的でなくなるほどに異質になり、そうして境界線が作られるということを形象化しているのではなかろうか[74]」。

ラカンは、こうした沿岸的な文字を「知における穴の縁」とする。彼によれば、こうした文字についての着想は、フランスへ戻る機上の窓から眺めたシベリアの大地に流れる一筋の川の線を、日本で目にした書道の思い出と重ねることで得られたものだ。文字とは、一つの降雨の帰結なのである。それゆえラカンは雲海を、「見せかけ」としてのシニフィアンと呼びながら、次のように述べている。

（73）*Ibid.*, p. 418.（八九頁）
（74）J. Lacan, «Lituraterre», *AÉ*, p. 14.（「リチュラテール――精神分析・文学・日本」若森栄樹訳、『ユリイカ』一九八六年一二月号、青土社、九三頁）

〔シニフィアンとは〕とびきりの見せかけだ。もし、その破綻こそが、そこに宙吊りにされていた質量を降り出させ、降り積もるものへの効果となるというのなら。

この破断は、形式、現象、天気（メテオラ）をなしていたものを溶かす。この破断について、私は前に科学の働きがその外観に穴を空けるのだと述べた。しかしそれは、世界いや汚物界 l'im-monde に生を象る欲動があるという時に、この破断から享楽を作り出すようなものを、そこから追い払うことでもないだろうか。

一つの見せかけが破綻することで呼び起こされる何某かの享楽。それこそ現実界において〔雨水が地表に穿つ〕溝として現前するものだ。

同じ効果により、エクリチュールとは現実界におけるシニフィエの溝なのだ。シニフィアンを作るものとしての見せかけから降ったものなのだ。エクリチュールが転写するのは、シニフィアンではなく、その国語《ラング》としての効果である。これを話す者によって作り込まれるものなのである。[75]

難解な引用だが、ここには我々がシニフィアンが地表にもたらす効果として確認しようとしてきたものについて、さらなる理解を促すものがあろう。ラカンにとり、文字あるいは書かれることは、シニフィアンが国語として話されることでもたらされる効果なのである。のちの『アンコール』においては「文字は根本的に、言説の効果である」[76]と述べられる。この効果の次元については、ラカンのストア派への関心をここで思い出しておくべきだろう。効果とは、いわば出来事の特殊な秩序を、シニフィアン連鎖の唯物論的な（あるいは七四年の言い方を先取りすればララングの「語物論 motérialisme」的な）[77]秩序とは別の舞台として用意する次元である。ラカンの七〇年の議論において、この舞台は、書くこと、書かれることとの平面として理解されるのだ。我々はそれこそが、主体と享楽の関係が精神分析において扱われる特有の平面である、と考えることができよう。

分析実践は、書かれること、書かれないことにおける変化として論じられる。次節で我々は、さらにラカンにおける、この平面の操作について検討することにしよう。

5　性関係は書かれないことをやめない

これまで見てきたことを、図式化して整理しておこう。一方で、我々は知 - 身体の主題を、単に存在に対する疎外的な記号の平面としてではなく、シニフィアンを通じた身体形成の基本的水準として捉え、これがラカンの「ララング」概念に合流するとする見方を示した。一方で、ラカンにおいてそうした身体性は、享楽身体に不可欠な要素としての〈他者〉を、切り離して隣接させている。ここで問題となるのが、〈一〉なるララングは〈他〉とどのように交わることが可能か、あるいは

（75）*Ibid*., p. 17.（九七頁）知られるように、ここでは発話よりもエクリチュールを一次的とみなしたJ・デリダへの反論が念頭に置かれている。ここでの議論を踏まえれば、発話とエクリチュールの関係をめぐる両者の距離をどのように測りなおすことができるかは興味深い主題であるが、詳論は控えたい。

（76）*Sé XX*, p. 36.

（77）J. Lacan, «Conférence à Genève sur le symptôme», *Bloc-notes de psychanalyse*, no. 5, 1985, p. 12.

シニフィアン連鎖：　ララング $\frac{S_1}{\$} \rightarrow \frac{S_2}{a}$〈他〉＝知／享楽

汚物-真理の辞-元：無意識の主体 $\$ \diamond a$ 残余の排泄物

図2

不可能か、という問いだ。ラカンはすでに六二年、セミネール九『同一化』の時代から、原初的同一化として問題となる〈一〉、つまり「一の線」を論じ、これを反復の基本単位と考えていた。このような〈一〉の出現は、そこに不足する〈他〉、享楽身体を象徴する〈他〉へと向けて、終わりなき反復を余儀なくされるだろう。しかし、そこで唸りとして生じてくる〈一〉は、一つのリミットを通じて包摂されねばならない。この契機をラカンは、言表行為、すなわち「言う」という契機の導入で考えている。そこにおいて享楽的〈他者〉は、心的な〈他者〉として再定立される。

　このような「言うこと」は、ララングのある種の唯物性に対して、「効果」の次元を真下に広げるものと理解できよう。すなわち無意識の主体の切断、そして失われる享楽としての剰余享楽である。幻想のマテームが表現されるこの次元を、我々はラカンが『アンコール』で論じる辞‐元 dit-mension とみなしたい。言われたことが、虚構の秩序のもとで真理を確保する次元である。あるいはララング的なシニフィアン秩序の見せかけの雲から滴り落ちたものによる水没の次元。「この辞‐元は世界と呼ばれているものを洪水の中に沈め、それを汚物の真理において再興するのだ」[78]。我々は今、動物的環世界を、シニフィアンの差異化する雲に乗って飛び出した果てに、汚物‐真理の大地へと着陸する。「何物も真理とは共立不能なわけではない。中に小便や唾が放り込まれる。そこは移行の場、よりよく言えば、排泄 évacuation の場だ。知の排泄、残余の排泄の場である」[79]。こうした場に新たな大地を有する点で、ラカンが論じる人間は、彼が「呆けたユクスキュル思想[80]」と呼ぶ環境適応にはそぐわない、固有の生態を持つものと考えられよう。

こうした生の環境を、我々は主人の言説の一つの読み方として、図2のように整理しておく。言説が生み出すと考えられるこの真理の辞‐元こそ、ラカンが「社会的紐帯」の沈殿[81]と呼ぶものであるが、本節では、ここにおいて、精神分析の重要な概念のひとつ、去勢が位置づけられることを確認して行きたい。すなわち、この真理の辞‐元において、「性関係は書かれることができない」、または「性関係は書かれないことをやめない」のである。〈一〉から〈他〉へのシニフィアン連鎖は、性的に享楽することの達成そのものとして書き込まれることはないのだ。

性関係、これは極めて人間的にしか論じ得ない現象である。我々は今まで、科学が作り出す身体について考えてきたが、もしも性を二つの物質同士の結合として即物的に考えるだけで済むのならば、「関係」について論じる必要はない。七一年の講義「精神分析家の知」において、ラカンは「性の観念の炸裂」に触れて、次のように述べている。

享楽そのものは様々な形の失敗に捧げられている。この失敗を、男性享楽の場合は去勢が、女

(78) *Sé XX*, p. 98.
(79) *Sé XVII*, p. 214.
(80) J. Lacan, «Lituraterre», *AÉ*, p. 18. (九八頁)
(81) *Sé XIX*, p. 152. ラカンは、そのような言説構造をここでは「イデオロギー」と呼び変えている。

性享楽の場合は分割が構成する。他方で、享楽が導くところは、厳密に、交接となんの関係もない。交接とはいわば、慣用的様式であり、いずれ変わるもので、それにより、話す存在という種においては再生産が行われている、というだけのことだ[82]。

この交接を、ある項と項の即物的結合として理解しておこう。動物好きのラカンであるから、こうした交接が自然界において実に様々な様式を持ち得る事実も踏まえてあるだろう。しかし、そればかりではない。科学技術の発展は、様々な器具を介した新たな交接の様式を生んできており、それ自体、現代において全く珍しいことではない。ラカンにとっても、すでにこのような可能性は視野に入ってきていた。生命の再生産が工業技術の発展の中で人工的に操作される可能性は、先に見たハイデガーの〈集め立て〉でも論じられた関心であったし、さらにラカン自身、オルダス・ハクスリーのユートピア小説『素晴らしき新世界』に絡めながら触れてもいた[83]。このようにラディカルに捉えられた交接と再生産のビジョンを背景に据えた上で、ラカンは、享楽が問われる論点としての性に目を向けるのである。彼がここで提示する一つの弁証法に目を向けてみよう。

一つのテーゼがある。すなわち話す存在において、性関係はない。またアンチテーゼがある。生命の再生産である。〔……〕三つ目にジンテーゼは、次のような指摘をそれと呼ばねばないだろう。すなわち死ぬことにしか享楽はない[84]。

直ちには納得しがたい総合であるが、我々のこれまでの議論に照らして、次のように理解できるだろう。生命の再生産があり、あたかも世界では交接は成功しているかのようである。裸の物質の水準で見れば、確かに、ある物質は別の物質と何らかの接触を果たしていることが確認される。しかし、話す存在にとっては、性関係はない。話す存在は、生命の再生産そのものを、「関係」として生きることはない、ということだと理解しよう。そうすると、享楽は、生きられると見なされた関係の外部にしかありえず、ひいては、死へとラディカル化されることになる。

では、このような弁証法を、ラカンは自分の理論の中でどのように説明するのか。ここに至るまでのラカンの理論的な作業に目をやっておけば、興味深いのは、彼がある時点までは、性交におけるある種の達成に関心を向けていたことである。六二年のセミネール九でなされた議論を見てみよう。オルガスムの際、一瞬、「主体は、ずっと探し逃げられていた同一化に到達する。この同一化においては、主体は相手にもっとも深い欲望の対象として承認される。と同時に、相手の享楽のおかげで、主体は相手を、ファルス的シニフィアンとして自分を構成する者として承認することがで

（82）J. Lacan, *Je parle aux murs*, p. 35.
（83）*Sé V*, p. 230.（上、三三七頁）また「欲望の弁証法」の以下の箇所を参照せよ。「我々から父性の機能についてある判決を引き出すためには、人工授精のような実践を通じて我々が一緒になることが必要だろうか。ファルスの束縛を逃れた女性たちに、偉人の精子でもって人口受精するような実践が、ひょっとしたらいつか、慣習的なものとなるかもしれない。」J. Lacan, «Subversion du sujet et dialectique du désir», *É*, p. 813.
（84）J. Lacan, *Je parle aux murs*, pp. 35-6.

きる」[85]。この非対称な相互承認の形式は、六七年には二つの異なる問いの領域として問い直されている。「性行為のうちで男がその男の身分において〈男〉に達し、女もまた〈女〉に達するか」、つまり性的主体化の問いであり、他方で「決定的なパートナーに出会ったか」、つまり出会いの問いである[86]。

しかし、このような達成は、七〇年代にはむしろ挫折として論じられ始める。性交における主体化と出会いは、ファルスを軸に演出されたものでしかないと、七〇年の『ラジオフォニー』では、はっきりと否定的な調子で論じられている。両性ともに、パートナーへの到達は剰余享楽を通じてなされると言われるのだが、「男の場合、パートナーを対象aへ同一化する場合においてのみ」であり、また「女の場合、相手をファルスに還元する場合のみ」である。「そこに二つの岩がある。1．去勢の岩であり、女というシニフィアンが剝奪として書き込まれている。2．ペニス羨望の岩であり、そこでは男というシニフィアンがフラストレーションとして感じ取られる」[87]。ここでラカンは、はっきりと、フロイトが精神分析のリミットとして取り上げた議論に立ち戻っている。つまり「女性性の拒否」をめぐる精神分析の限界である[88]。

性的な出会いの問題は、こうして、フロイトにおける去勢コンプレクスの新たな定式化を要請するに至る。七一年のテクスト『エトゥルディ』での注釈を見ておこう。ラカンはまず、性関係の不在を補填するものとして、ファルス関数を提示する。「経験が我々に与えるものに関しては、「ファルスであるか、もつか」の筆頭に、性関係を補う関数 fonction をおいても何らやりすぎではない。かくして、この関数を Φx として書き込むことが可能となる（可能なものは基礎付けるものだとする、ライプニッツ的な意義において）。この Φx に対し存在らは、自分なりの論証の仕方によって応答することになる」[89]。ラカンはさらに、この関数を措定することが「可能」となるためには、普遍に対する補集合 complément の次元で、「一つの実在がファルス関数に対する虚偽を訴える側に書き込まれる必要がある」[90]と続けており、これがエディプスコンプレクスを要約するのだと述べている。このような、例外的実在によるファルス関数の基礎付けは、フロイトが、原父殺害の神話を通じて記述した欲望の論理の、いくらか洗練された形式化だと考えられるだろう。性関係の不在に抗する意味生産の実践にすべてが参加するために（$\forall x \Phi x$）、この関数の外部としての死んだ父が実在として措定される（$\exists x \overline{\Phi x}$）。ファルス関数とは、ここでは、性関係の不在を補填するための、意味の実践とみなされている。

（85）六二年五月二日の講義。*Sé IX*, p. 266

（86）六七年五月二四日の講義。*Sé XIV*, p. 383. ここでラカンはヘテロな性に基づく伝統的な性的規範を問うてはいない。この規範の転覆それ自体は、後述の「女の論理」の展開の先にのみ考察可能であろう。

（87）J. Lacan, «Radiophonie», *AÉ*, p. 438.（一四八頁）

（88）S. Freud, «Die endlich und die unendlich Analyse», *GW XVI*, S. 97.（「終わりのある分析と終わりのない分析」前掲書、二九一頁）またフロイトにおける性差と主体化をめぐる基本的議論として以下も参照のこと。S. Freud, «Einige psychische Folgen des anatomischen Geschlechtsunterschieds», *GW* XIV, S. 19-30.（「解剖学的な性差の若干の心的帰結」大宮勘一郎訳『フロイト全集一九』岩波書店、二〇一〇年、二〇三―二一五頁）

（89）J. Lacan, «Étourdit», *AÉ*, p. 458. 強調は引用者。

（90）*Ibid*。

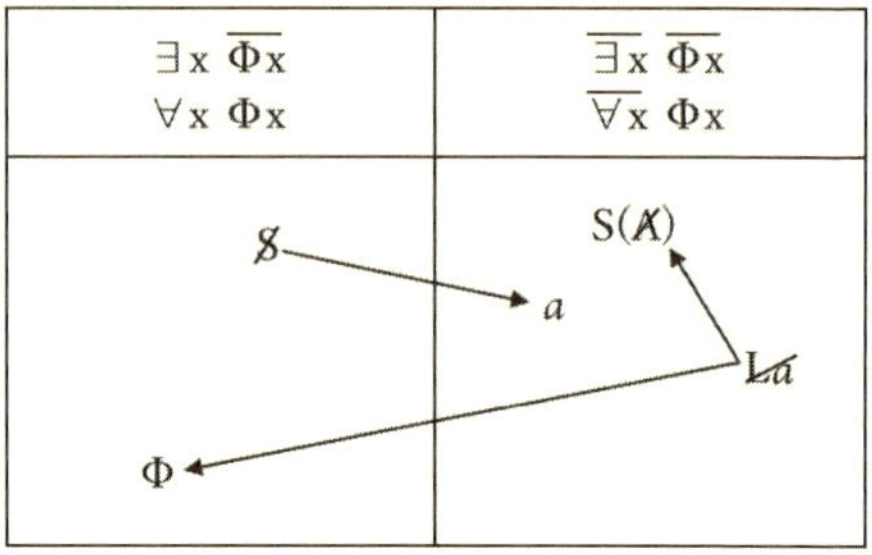

図３　性別化の図

これはまたララング的な知 - 身体が、〈一つ〉の身体へとまとまるためになされる限界設定でもあるだろう。このとき、〈一〉と身体的〈他〉の間の関係が、効果の平面に書かれる。『アンコール』で述べられるように、「偶然の様態としてのファルス関数が、性関係を、話す存在にとって出会いの体制でしかないものへと従属させる」(91)のだ。すなわちラカンの定義を借りて述べれば、「書かれないことをやめない」不可能な性関係は、「書かれないことをやめる」という偶然として、「出会い」の次元に移し変えられる。出会い、つまり主体と対象の幻想における出会いへと。それは性的身体による享楽の希求が、偶然にも、一つの限界へとつきあたることであろう。享楽的〈他者〉へ向かう無際限な開かれは、そこでファルス関数を通じて、心的に閉鎖される。

だが、そのとき享楽は、どのようになっているだろうか。「死ぬことしかない」と言われた享楽は、リミットの向こうの、まさしく彼岸的な〈他者〉に位置づけられ、いわば超越化して提示されることになるだろう。だがそれと同時に、ファルス的な意味生産が機能する限りにおいて、主体化は発話に特有の享楽、ファルス享楽を摑まされると考えられる。以上が、ラカンが性関係の不可能として、特に男なる主体について論じたことである。

しかし、ララングにおける反復の議論は、全く別の可能性をすでに示してもいる。つまり、〈一〉

が〈他〉へ向かうシニフィアンの連鎖が、リミットへと必ずしも到達しない可能性、「すべてではない」可能性である。〈他〉なるシニフィアンが、限界としてではなく、〈不足の一〉[92]として常に問われる可能性だ。

『ウ・ピール』から『アンコール』にかけての議論には、まさしくこの可能性を問いなおす試みがちりばめられている。ここではラカンが『アンコール』で「性別化の図式」として提示したものに基づいて、その論理の理解に努めたい（図3）。

アリストテレスの『分析論』を参照しつつ、記号論理学の流儀で練り上げられた四つの式のうち、男性の側として提示されたものは、上記のファルス関数の働き、普遍と例外の相補性を説明している。記号$\forall x \Phi x$：すべてのxについてxはファルス関数に従う。記号$\exists x \overline{\Phi x}$：ファルス関数に従わないxが少なくとも一つ実在する。これに対して、女性の側は、量化記号に否定を加えることによって「すべてではない」論理を表現する。記号$\overline{\forall x} \Phi x$：すべてのxについて、xがファルス関数に従うわけではない。記号$\overline{\exists x}\,\overline{\Phi x}$：ファルス関数に従わないxが実在するわけではない。すなわち外部の例外を見出し得ないがゆえに、集合として全体化されることもありえないようなシニフィアンの領域を考えるよう、ラカンは誘っているのである。

さて、「すべて」の論理、去勢の論理は、前述の通り、〈一〉と〈他〉の間の接触の可能性を、幻

（91）*Sé XX*, p. 86.
（92）*Ibid*., p. 116.

男の論理：すべて

シニフィアン連鎖：$\frac{S_1}{\quad} \rightarrow \frac{S_2}{\quad}$（精神的〈他者〉）…原抑圧

幻想的紐帯：$\not{S} \rightarrow a$　去勢

女の論理：すべてではない

シニフィアン連鎖：$\frac{S_1}{\quad} \rightarrow \frac{S_2}{\quad}$（不足の一なる〈他者〉）

二重のベクトル：$\Phi \leftarrow \not{La} \rightarrow S(\not{A})$

図４

想的出会いとして書きこむ。男の側に産出された主体は、女の側に囮として発見される対象 a にしか出会わない。「〈一〉と、還元不能に〈他〉のままであるものとの十全に登録可能な関係が書き込まれるかもしれないところの享楽」を満たしうるかもしれない対象、しかし、「〈他〉ではなく、欲望の原因の形のもとに、〈他〉になり代わりにやってくるもの」としか出会わない[93]。

他方、「すべてでない」の論理は、別の関係を書きこむだろう。〈一〉が開かれたままの〈他〉に向かうことで得られる女なる主体、$\not{La}$は、まずは男の側に向かい、そこに〈一〉の意味の生産Φを求めることで、やはり出会いそこねに突き当たる。ラカンはおそらくここで、フロイトを参照しつつ、女なる主体化の形式としてのペニス羨望について定式化を試みていると考えられる。とすれば、さらにここで、フロイトが残した第三の道もまた検討されることになろう。フロイトに遡れば女（娘）による女（母）への同一化に相当する道であり、その限りで「女性性の拒否」を克服する可能性として唯一フロイトによって（謎のままとはいえ）示された道である。ラカンはこれを$\not{La}$から$S(\not{A})$へのベクトルとして書きこむ。この道は、ひょっとすると享楽が、「死ぬこと」ではない仕方で、つまり彼岸に敬して遠ざけられるのとは違う仕方で、接近される道を示しているとも言えるだろう。

ここでの考察を、言説の効果‐書き込みという点から、図4のように整理しておきたい。

先に我々は、去勢コンプレクスの論理が、「言う」という出来事と深く関係しているとした。その点から考えるならば、女の論理は、言うのとは何か別の仕方で、ララングが効果を生み出す契機について考えるよう我々を誘う。さて、こうした女の論理の発見は、単に慣習的な性差という現実性に理論が対応しようとした帰結であろうか。おそらくそうではない。男の論理と女の論理は、「すべて」か、「すべてでない」かの揺らぎをめぐって、分析実践の重要局面を共に構成するのではないだろうか。この点を最後に検討しよう。

6 バロック主義者ラカン

精神分析経験について考察するとき、我々は、男の側にとどまっておくべきだろうか。主体と原因の出会いを舞台とする精神分析は、確かにそれを前提としているようにも思われる。ラカンがなんども強調しているのは、主人の言説における生産物たる対象 a が、エージェントの場において話し始めること、それが分析家の言説である、ということだった。まさしくこの構造によって生じた

(93) *Ibid.*, p. 114.

発話行為こそが、分析的行為と呼ばれるだろう。アポリアまで徹底的に突き詰められた知の上にaが設置される。分析家は、この真なる排泄物の場にやってくるのだ。

我々は、このような対象としての立場を理解するために、まさしくラカン自身が引き受ける一つの特徴について考えておきたい。すなわちバロック。ラカンが時にその文体をスペインのバロック詩人ゴンゴラになぞらえられたことは知られており、そうした評価は、さらにハイデガーがこぼした『エクリ』の感想〔「バロック的書物」〕によっても裏付けられよう。『アンコール』の七三年五月八日の講義では、この他称を引き受ける形で、ラカンはバロックについての自説を展開している。バロックとは、一般には、もっぱら一七世紀の芸術作品を対象として、一九世紀末に広く認識される様になった芸術史上の区分ということになろう。しかし、ラカンによれば、バロックとは、人間としてのキリストの歴史である[94]。すなわち神を受肉するものとしての身体、そしてこれをキリストが有することの効果がここでは問題なのだ。「キリストは、蘇った後でさえも、その身体により価値がある。彼の身体が通訳となることで、彼がいる聖体拝領は、合体 incorporation となる。〔…〕キリストの妻こと、人呼んで教会〔教徒〕Église は、交接から何も期待することなく、この合体で満足するのだ[95]」。このとき、ローマ旅行から帰還したばかりのラカンの念頭に置かれているのは、バロック芸術と宗教改革後の反動、特にイエズス会派による反宗教改革との関係であろう。バロック的エートスを論じた哲学者エチェベリアは、この反宗教改革の本質を評価して、「世俗で日常的な実生活を、一種の集団的神秘体験へと組織化することを通じて、活性化すること[96]」としている。神秘と世俗のこうした結ばれがいかなるものかについて、ローマでの芸術鑑賞を終えたラカンの見解は以下の通りである。「キリスト教の効果から特に芸術において散らばったあらゆるもの――その点で私は、自らに着せられるのもやぶさかでないこのバロック主義に合流する――において、全ては、享楽を想起させる身体の展示である」[97]。さらに後のところでは、「反宗教改革は諸源泉への回帰」であり、「バロックはその展示」であると述べた上で、彼はバロックを最終的にこう定義する。「バロック、それは身体的透視 scopie corporelle による魂の調整である」[98]。

この魂とは、同じ講義でアリストテレスを下敷きに論じられたことを踏まえて、「身体について考えられていること」、あるいは「身体を支えている、想定上のメカニズム」のことと理解すべきである[99]。またそのことは同時に、話す存在にとっては、性関係がそうした意味での「魂」、「それをうまくいかせるもの」としての魂を持たないことを問いとして突きつける。話す存在は、「交接の魂と呼べるものから排除された様式のもとで、愛のまぐわいに向かう」のだ[100]。

交接の魂の不在、すなわちララングはすべてではないこと、〈一〉と〈他〉の間が有機的に閉じ

（94）*Ibid*., p. 97.
（95）*Ibid*., p. 102.
（96）B. Echeverria, *La modernidad de lo barroco*, Era, 1998, p. 98.
（97）*Sé XX*, p. 102.
（98）*Ibid*., p. 105. Scopie とはふつう radioscopie つまりX線撮影のことを言う。
（99）*Ibid*. p. 100. さらに以下の箇所も参照せよ。魂は「身体に対する無意識機能の総計の想定」とされている。J. Lacan, «Télévision», *AÉ*, p. 512.（前掲書、二三頁）
（100）*Sé XX*, p. 103.

られることがないことでもある。この不在は、先に見たように、「言う」ことにおいて、虚構の真理の辞 - 元を構成することで対応された。しかるにバロックを論じるにあたって、ラカンは身体の辞 - 元を示唆する。「身体の辞 - 元として享楽の身分に書き込まれたべアンス、これぞフロイトとともに、発話の実在というテストによって湧き出すものである」[101]。真理の辞 - 元がここで身体の上に投影される。つまり、発話により生じる享楽の裂け目の効果、すなわち剰余享楽が、身体的な表面の上に書き込まれる契機が、ここで示されているのではないだろうか。バロックとは、まさにそうした身体をめぐる主題である。この身体の辞 - 元、これはラカンがキリスト教の中心に認める辞 - 元、つまり「猥褻の辞 - 元」と呼び変えられるだろう[102]。

その限りで「身体的透視」を、我々は、身体がこのような真理の辞 - 元を身にまとって現れる契機とみなすことにしよう。そのとき、重要なのは、身体のこの辞 - 元、剰余享楽に重ねあわされるこの辞 - 元は、まさしく、享楽の「すべてではない」を塞ぎつつ、すかし見せるということであるように思われる。ジャン・ロレンツォ・ベルニーニの彫刻についてラカンが評価するのは、まさにその点ではなかったか。『アンコール』書籍の表紙も飾る彼の作品〈聖テレジアの法悦〉について、ラカンは、それによって「すべてではない」の側にある享楽、女の享楽を理解することができると述べている。法悦、エクスタシー、すなわち知の外にある享楽を見せしめる像なのだ。聖テレジアや他の神秘家が生きるであろう享楽を、この像は、鑑賞者に向けて見せることができるのである。

さて、まさにその点においてこそ、バロックという主題が、剰余享楽の位置にいる分析家について教えるものがあるだろう。何よりまず、こうした指摘は、おそらく現代的な視点から、分析家の言説のマテームそれのみに依拠するならば生じてくるような行き詰まりに、新たな光をあてるためにも必要だと思われる。例えばブラウンスタインは、ラカンが七二年のミラノ講演で述べたＰＳＴ言説の到来を踏まえて、現代における「市場の言説」について考察している。それは、自動制御的な知S_2を真理としつつ動くガジェット*a*が、消費者主体$\not{S}$へ働きかけ、これをS_1として個別化、アトム化するという構造であるが、彼は、これがまさしく分析家の言説と同じものの姿を取るとする挑発的な議論を行っている[103]。このことは、二〇世紀前半の神経症主体の出口と目された分析の終結が、後期資本主義のパラダイムにそのまま吸収されてしまうおそれを示していよう。もし分析家の言説において真理の場を占めるS_2が、マニュアル化ないしプログラム化された確固たる知でしかなければ、分析家とはスマートフォンと比べられるメンタルヘルス機械に過ぎず、そこにおいて主体をいよいよ個別化・孤立化させることで、新自由主義的経済のために資源を生産するにすぎない。

しかし、我々は対象の位置を占める分析家のバロック的特徴を取り上げることにおいて、分析家の言説の四角形が、ある種の平行四辺形の影によって揺らがされるような機微を見ることができると考える。S_2が確固たる理論知や実践知ではなく、むしろ「すべてでない」へいつでも揺り戻されんとする〈他〉への曖昧な境界としてある限りにおいて、*a*は、常に現前するのとは異なる姿、新

(101) *Ibid.*, p. 104.
(102) *Ibid.*, p. 145.
(103) N. A. Braunstein, «Le discours des marchés : disours peste(pst) discours post? Un «sixième discours»?, *Savoir et clinique*, no. 15, Eres, 2012, pp. 208-217.

たな光源から差し込まれる別の光をまとうだろう。ここには、ラカンが得意とするもう一つのバロック的な主題が合流する。すなわちアナモルフォーズ[104]。ラカンがたびたび取り上げてきたこのテーマでは、剰余享楽を一つのシミとして映し出すオルタナティブな光源のあり方が論じられてきた。主体・対象の（あるいは神・人間の）正対的弁証法が構成する遠近法の外から差し込む、斜めの光源のあり方である。シニフィアンの限界づけにより「すべて」の相関項として析出された剰余享楽は、すべての先に「さらなる一」がありうるがゆえの享楽の潜在性によってもまた照らし出される。そのことは、主体を享楽に関してさらに別の場へと誘うはずだ。ドクロを見るためには、部屋を横切って出口まで行かねばならない、ホルバインの『大使たち』のように、である。魂は、その新たな位置から新たな消失線 ligne de fuite に沿って調整されることになるのである。

　したがって我々は、分析家を、こうした別の光源、「すべてではない」女の享楽から漏れ来る光源を、その身に受け取るものとして考えることができる。彼は、自ら分析を通じて見つけた知と享楽の臨界の上に座す。謎として現れ、不足の一を示唆するようなテクスト性の知の上に座す。知がそのとき「すべてではない」に触れている限りにおいて、バロック的な対象としての彼は、地表すれすれをかすめる薄明のうちに自らの落下を幽玄に示し、そうして主体に〈他者〉の享楽をすかし見せる。分析主体は、こうして主体の座を降りるが、そのときにはすでに彼は、主人として彼が語り始めた時とは異なる仕方で、自らを〈一〉として把握することになる。このように、分析家の言説に含意されるニュアンスを改めて強調することができるのではないだろうか。

　我々は、ここにいわば、ラカンの精神分析実践を特徴づける、ある種の雰囲気の立ち上がりを見ることになろう。そしてそれは、ラカンが精神分析の実践に課し、また自らの現前でもって運動として実現せしめた、一つの原理であったろうと思われる。バロックは、〈科学の主体〉とともに疾走する近代性の滑走に対して、対象を中心とした特殊な共時性を打ち立てる。[105] ロゴスがバラバラにした残余、廃物、廃墟からなる汚物‐真理の辞‐元を自らの住処へと作り変える。バロック主義者ラカンにとって、精神分析とは、〈他〉なる享楽を呼び戻すことを可能にするこのような辞‐元を実現するための実験であった。臨床の空間として、学派組織として、言説の担い手として、構築することであったのだ。

科学が身体を享楽の水準で揺さぶる時代の先駆けに、ラカンはこうして、精神分析の聖性が人間的形成体に宿るような契機を見定めんとしていたのだ。

(104) 例えばハンス・ホルバインの『大使たち』とそこに刻まれた髑髏について以下。*Sé XI*, pp. 80-84.（一一四―一一九頁）あるいはパノフスキー『象徴形式としての遠近法』を踏まえた「まなざし」の議論として六六年五月一一日講義を見よ。*Sé XIII*, pp. 289-292.

(105) ここで、近現代思想におけるバロック哲学の意義にラカンを（そしておそらくフロイトも、つまり精神分析を）合流させることが問題となるだろうが、ここではこれ以上遠くへは行けない。ラカンとバロックというテーマに関してはすでにサルドゥイが、バロックにおける過剰性、余剰性をラカンの対象*a*と関連付けている。セベロ・サルドゥイ『歪んだ真珠』旦敬介訳、筑摩書房、一九八九年、一一一―一一三頁。バロック思想を個別思想家の例にとどまらず、近代の相対化の重要な局面として問う仕事としては、日本語の文献では、ラカンにも大きな関心を寄せた坂部の議論を引き継ぐ必要があろう。坂部恵「バロックの復権は哲学史をどう書きかえるか」『坂部恵集二』岩波書店、二〇〇六年。特にベンヤミン‐ハーマンに依拠し、「ヴェルブムの地下水脈」の系譜としてこれを取り出そうとする論点は、ラカンのララング論と関連づけて考察すべきものと思われる。

結論に代えて
――「すべてでない」時代に

我々は本書において、特に六〇年代のラカンの仕事を解明する作業に取り組んできた。結論に代えて、これまでの議論についていくらかの整理を提示し、その上で現代的な論点との関わりからその意義を明らかにしておこう。

第一に、我々は、ラカンの六〇年代の仕事について、五〇年代のいわば知の内容として理解される構造主義を、精神分析家の養成実践を条件づける構造それ自体として突き詰めるための試みとして整理してきた。本書全体では、ばらばらに触れることとなった五〇年代の理論をここで端的にまとめておくなら、それは、主体性のエディプス的・規範的生産に関わるフロイト理論を、一方で推測科学的な象徴秩序との、他方では、ハイデガー的なロゴス＝真理との関連から明確化させることであったと言える。想像的自我の彼岸に象徴界の法があることを認識し、かつこれに従属する主体を、〈他者〉の欲望を軸として再発見することが、(1) そこでの実践的課題である。ただしラカンは、この議論にすでに含まれていた病原的なものへの着目を、よりいっそう徹底化する。それは症状に

「運命」性を認めることであった。従属や疎外は、まさに同時に、実現しえなかった主体の分身を、症状として招き寄せる。法が表に描き出す主体は、その裏に、自己の未実現の相を、起源の暗点として付き纏わせている。決定的な従属のシニフィアンは、そこでとり逃された脱存在とともにこそ、指し示されるのだ。こうして精神分析実践は、そのような主体とその運命的症状との待ち合わせの場として、理論化されていく。症状の想像的な装いにカンナをかけ、それを現実的な対象の重みへと導き、そうして「治癒不能なもの」[2]を生産するのである。こうした主題は、実際、エディプス批判が言及された五三年の講演をはじめとして、晩年、七六年に提示される、「症状とうまく付き合うこと savoir y faire avec son symptome」[3]という分析終結に関する命題まで、一貫している。

ではそうした症状の純化は、より具体的にはどのような作業として取り組まれたのだろうか。この点での理論的変遷としては何より、発話という行為を、共時的に捉えられた法秩序の全体への応答としてよりも、知の漸進的な進行、いわば序数のセリーのうちに位置づけ直すことが重要であったと思われる。言語との最初の出会いに留まっておらず、むしろ常に話すことへと駆り立てられながら、生を構築するような主体。こうした発話主体としての人間の条件が、脱存在を生み出すシニフィアン連鎖の漸進性と関連づけられる。そのときロゴスそのものは、知と真理の分裂として置かれる。我々が見たように、ラカンはこれを、精神分析を条件づけるものとしての〈科学〉として考えた。アルチュセールとの比較を思い出しつつ言うならば、神に比せられるイデオロギーから、神の不在に動機付けられる〈科学〉へのシフトである。そこでは真理の生産は、〈他者〉の実在においてではなく、〈他者〉の欠如との関係で位置づけられている。ここにおいて、とりわけ欲望の弁証法が、ラカンの理論的発展の重要な軸を形成している。すなわち主体への構造的決定作用の媒体としての欲望が問題であるかに見えた前期の思想と比べ、後期の思想では、欲望の「純粋欠落」としての特徴が明示されてくる。欲望とはあえて言えば一種のフィクションである。独りで自らを満たすことのない者S_1が、果たして自らを満たすかどうかわからない他の何者かS_2に向きあうとき、声をかけるための支えこそが欲望なのだ。この欲望に支えられて発話がなされるなら、それはまさしく、論理的時間の中で急き立てられてなす跳躍に他ならず、あらゆる物質的因果性からは導きえない出来事そのものとして認められねばならない。「私、真理が話す」。それは「言う」という動詞の純粋性であり、言表され表象される主体から切り離された、出来事の偶然的本性の手がかりなのだ。こうしてシニフィアン連鎖の下に、表象される無意識の主体と、その生起そのものである真理との出会いの舞台$\not{S}\diamond a$が、「言う」ことを中心に組織化されるだろう。シニフィアンの構造主義はこうして、発話という出来事が捉えられる幻想の表面効果の問題系を導き出す。

　さて、ここで我々は、ラカンのこうした議論の展開が、六〇年代フランス思想のうちに有する反響にも簡単に触れておこう。ここで考えてみたいのは、ラカンにおける幻想の強調が、思想史的に

（1）J. Lacan, *Le mythe individuel du névrosé, op. cit.*, p. 45.

（2）J. Lacan, «l'acte psychanalytique», *AÉ*, p. 381.

（3）七六年一一月一六日の講義。J. Lacan, *L'insu que sait de l'une-bévue s'aile à mourre : séminaire 1976-1977*, Association freudienne internationale (hors de commerce), 1998, p. 12. 以下 *Sé XXIV* と略記。ここでは症状は性的パートナーの身分において考えられている。

は、ハイデガー＝ニーチェを経由してのヒューマニズム批判およびプラトニズムの反転のテーマへの一つの応答である可能性だ。すなわちイデアのくびきに繋がれた形而上学的人間の秩序に対して、シミュラクルからなる反秩序に由来する、生の新たな可能性を見出すこと。ラカンの場合、それはまさしく真理の非人間的なあり方を、メー・オンという脱存在の身分のもとに捉えようとすることとして模索された。ここでの議論は、ドゥルーズにおいては『差異と反復』を経て、『意味の論理学』におけるストア派的な表面効果の議論へと合流していくとみなすことができる。本書ではもはやさらに筆を費やすことができないが、おそらく、フーコーやデリダなど他の哲学者のこの時代の哲学的介入をつぶさに検討することで、この幻想の表面効果というテーマが、いかに五〇年代構造主義と七〇年代ポスト構造主義の媒介者の役を担ったか、光を当てることもできるだろう。

ここで、こうした思想的共鳴が生じるこの時代の特徴に目を向けておこう。幻想の問題系が我々を連れていく政治－社会的な場面とは、どのようなものか。それは第一に、幻想パラダイムの背景を、人間関係論的な臨床秩序の到来、カステルのいう「精神分析主義」の到来との関連に置き直すことで理解される。第一章で見たとおり、この時代は、施設における治療監禁から、地域での精神医療福祉体制へのリベラルな移行を画している。それは、峻厳なイデアないしイデオロギーによって上から管理された正常性規範の特権的な場が解体される契機である限りにおいて、形而上学的人間主義に対する批判的視座と無関係ではない。では、この解体は、それからどのような新たな秩序をもたらすのか。人間関係論的精神分析が応答しにやってくるのと同じこの期待の上に、ラカンの幻想の臨床実践もまた、やってくるのだと考えられるのではないだろうか。そこに含意されるのは、主体が自らの（あるいは他者の）症状ないし狂気の回帰を、生活のそばにおいてこれに直面しようとする試みだ。「出会い」として、人間の非人間的根拠を待望すること。それは、狂気の抑圧でも、狂気による圧倒（憑依）でもなく、狂気との隣接（契約）のモデルを提示するだろう。集団的関係において、と同時に、個人の内的経済において。

二点目としてはより広い視点から、幻想の問題系の政治的含意を考えることができる。つまり反植民地闘争と六八年五月の祝祭的政治闘争との間をつなぐ連帯の問いをここで立てることができるだろう。これについてはラカンは口数は少なかったので、いくらか大胆な寄り道となる。ここではむしろ我々はドゥルーズとともに少しばかりの考察を行っておきたい。さて、ドゥルーズのあのマニフェスト「構造主義を何に認めるか」の最終節は、そうした構造主義的、あるいは幻想 - 効果的な政治について、書かれていると読むことができる。「空白のマス目が主体へと届けられねばならず、この主体は、新たな道の上で、これを占拠することも、野ざらしにすることもなしに、付き添わねばならない」(4)。脱存在としての症状を、人間の名のもと規範化するのでも、神の御元に放り出すのでもなく、付き添い続けること。俊敏に、ノマド的に。ドゥルーズはこれを政治かつ治療の文脈のもと、永久革命、そして永久転移に結びつけている。我々はそこに、「第二、第三のベトナムを」と呼びかけたゲバラ、そして、オムニバス映画『ベトナムから遠く離れて』において「自己の内部にベトナムを」と投げかけたゴダールの反響を聞き取ることができるのではないだろうか(5)。世

（4） G. Deleuze, «À quoi reconnaît-on le structuralisme?», *L'île déserte et autres textes*, *op. cit.*, p. 268.（九七頁）

（5） 以下を参照せよ。西川長夫『パリ五月革命私論』平凡社新書、三三二―三三六頁。六八年五月の歴史的把握にとり重要

界を経巡る出来事の空白は、まさしく西洋形而上学的な理性が自らを極限において見つめ返すその眼差しにとってこそ、自らの運命として回帰する。であるからこそ、六八年五月のフランスは「我々はドイツ系ユダヤ人である」とのスローガンで、不可能に見える連帯を可能にすることができたのだ。こうした観点からラカンの幻想の臨床の意義を眺め直すこともまた重要であろう。そのときには、臨床の空間において、遠く離れた他者との共運命性へと開かれることの、政治・倫理的意味が備給されるであろうから。

とはいえ、政治と臨床のどちらの場合においても、こうした幻想がサドにおけるように一つの理論的静態にとどまるならば、そこではオリエンタリズムや、精神医学的権力／精神分析主義が、幅を利かす土台を用意するにすぎないだろう。幻想‐効果の表面とは、物質的な必然性を中断し、虚構的な真理の次元を切り開くことで、出会うはずでなかったものの出会いを可能にする一種のストライキの時間なのであり、そこではまだ未来はおぼろげに予感されているにすぎない。それゆえに、ラカンが提起する「行為」の問題が重要なのだ、と考えねばならないだろう。出会いからさらに移行へと進むこと。臨床的な関心をも超えて、新たな存在の到来へと自らの身を投じること。つまり、誰かの脱存在の場を自ら引き受けることのできる精神分析家の生産である。幻想が用意する出会いが、主体に対して、別のあり方を選べと迫るのだ。知を突き詰めて、これを「知の失敗」としてではなく、「失敗状の知」[6]として輪郭づけるまでに至ったとき、決定的な行為の準備が整うはずだ。そのときには、欲望という、いつか取り決めた一つの約束をもう継続する必要もなく、主体は待ち合わせの場を去って、彼岸の〈他者〉に固有の事情のうちへと自らを旅立たせる。そのとき、〈身体の出来事〉としての症状に固有の享楽は、新たな配分を受け取るだろう。分析的行為とは解散の時間であり、待ち続けた人は、今度は誰か別の者が自身の脱存在を待つ場へと赴くことになる。少なくともラカンは、こうした一つの試練が、他の何者にも代えがたい「精神分析家」という徳の設立に必須であると考えた。そこに、フーコーが「霊性」(8)の実践として評価するようなラカンの精神分析の重要局面がある。そして、それこそを、七三年のラカンは、一つの「出口」に相当すると考えた。現代の我々の関心から見ればいかに常軌を逸すると見えたとしても、確かにラカンはそうした存在こそが、唯一革命的であると信じ、それこそが資本主義に対し抵抗の導線を引くと信じたのだ。

しかし、我々はすでにラカン自身がすでに大きな壁に突き当たっていたことも知っている。新たな時代を画す大学の言説の台頭こそは、幻想における出会いの二つの項を、四分の一回転によって、主体生産の垂直性へと還元してしまう。我々の症状でありうるかもしれない対象たちは、支配する知によって主体化されるだろう。それは、脱存在からの呼びかけが響き、来るべき精神分析的行為

な証言と考察である。

(6) J. Lacan, «Lituraterre», *AÉ*, p. 13.(九三頁)

(7) J. Lacan, «Joyce le symptome», *AÉ*, p. 569. ただし、七〇年代後半にジェイムズ・ジョイス論として書かれたこのテクストでは、症状-身体論を中心にラカンの問題設定そのものが大きく変化していることがしばしば指摘されている。本書は主に七三年までのラカンを扱っており、それ以降のラカン思想の内在的読解は、続く課題とする。

(8) M. Foucault, *L'herméneutique du sujet*, Gallimard/Seuil, 2001, p. 31.(『主体の解釈学』廣瀬浩司・原和之訳、筑摩書房、二〇〇四年、三八頁)

がなされる舞台を、消し去るための逸脱であった。六八年以降、ラカンにとっては、そこにこそ理論‐実践の争点が賭けられるようになる。精神分析家の言説を維持すること、これこそは精神分析家の生産の条件としてラカンが七〇年代以降、模索を重ねた課題であった。この点をめぐっては、ヴァンセンヌ・パリ第八大学精神分析学部の役割や、そこへのラカンの介入の政治性、臨床の再評価など、多くの事柄が歴史的にも未だ検討すべきものとして残されている。

現代へと目を振り向けてみれば、精神分析的言説の行く末をめぐって立てられた諸問題は、いっそう問題含みのまま残されている。ラカンが憂慮した知の市場化は、現代の知識基盤社会、認知資本主義の新たな体制へと複雑な発展を遂げた。そこには単なる程度問題以上の本質的な変化が伴っている。ラカンがその先見により予感した科学技術の発展をめぐる諸問題も、そのうち多くを我々はすでに経験してきている。政治的な地勢も、臨床的な空間構成も、リベラルな発展の一山を超え、今や新たな課題に直面しているだろう。我々の時代の精神分析の意義を問おうとするなら、こうした変化の全貌を確かめることを経て、その試みはなされねばならない。

言説（シニフィアン連鎖）　：$\underline{S_1} \rightarrow \underline{S_2}$

すべてでないの効果　　　：$\Phi \leftarrow \not{La} \rightarrow S(\not{A})$

図1

それでもラカンが残したおそらく最も重要な手掛かりから、いささか先走り気味に、ここで少しばかりの考察を展開することもできる。それは、この世界を「すべてではない」ものとして捉え直すことに関わるだろう。先に見たとおり、ラカンはフロイト以来、人間集団の起源神話としての原父神話を、「すべて」を規定する閉集合の設立契機に要約した。シニフィアン連鎖、つまり語物論的な世界の運命の下で、「すべて」を決定する男は、発話の出来事を通じて主体を表象し、他方で、そのためにとり逃された享楽の代理との出会いを欲望する。「すべて」とは、性関係のなさを、出会いの偶然性として書きこむファルス的契機であった。七〇年前後になされたこの議論に、いわば排除と相関する共和主義的‐国民国家的集団形成と、これの解体に関わる極限をめぐる思索を認めるのは容易であると思われる。

しかるに今日、「すべて」を言うためのあらゆる境界は、自らを閉じたものとして提示するのをやめつつあるのではないだろうか。資本も物も人間も、国境やその他もろもろの境界を悲喜こもごも跨いでいく。そうした日常を背景に、境界それ自体は、包摂と排除を都合に応じて操作するための駆け引きの場として生じている。「すべて」を規定するファルス関数の偶然的設立は、いっそう脆い偶然として今日、観察されるだろう。それはまた、十分に表象され疎外された主体とは別のものを生産し始めているのではないか。もしそのようにシニフィアン連鎖が、未規定の〈他者〉へと開かれたままにあるのならば、我々は、その帰結として生じる、「すべてではない」女の論理の効果をじっくりと考えてみなくてはならない（図1）。

今や主体は、閉じられたコードの内部でS_1の下に表象されるのではない。開かれた知、収束することのない知の下において、実在しないもの$\cancel{La}$として生産されるだろう。先にも述べた通り、そこからは二つの道が開けている。第一に、S_1の側へと戻ることは、象徴的なファルスΦを得ようとすることだ。性別化の論理式に書き込まれたこのファルスを、ラカンは、「意味についての失敗を象徴化するシニフィアン」、「半意味 mi-sens、とびきりの場違意 indé-sens、さらにお望みなら、意いよど味 réti-sens」[9] とし、意味生成のポジティブな成果よりもむしろ、その不安定な成立を強調していたことも思い出しておきたい。我々はそこに、「すべて」を揺さぶるような、意味の闖入的発話の契機を見出すことができるだろう。それはまた、表象の失敗を生きさせられる者たちが、自らのアイデンティティを再獲得する、闖入的契機ではないだろうか。

しかしこのような意味の生産、アイデンティティの獲得と同時に、つまり同じ運動において、L̸aは、自らを〈他者〉の欠如のシニフィアンへと連れ出し、さらなる脱アイデンティティ化へと導くこともできるはずである。自らの非実在の根源へと向かう道のり。そこに我々は、〈他〉なる享楽にこの主体の根拠が基礎づけられるのだという限りで、未知の連帯の道を見出すだろう。持たざる者たちが、いっそう持たざることにおいて連帯することの肯定的可能性。この可能性を、現代的な視点から吟味することが、いずれ為されねばならないだろう。

我々が本書の最終章においてバロックの光で照らしだそうとした分析家の姿もまた、こうした考察にすでに参加するものであったろう。精神分析的行為としての舞台への落下がもたらす「出口」は、主体を「すべてではない」の深淵に、たとえわずかであれ、触れさせることを期待していたのだから。我々自身が解かれ、かつ結ばれるような汀《みぎわ》——我々がラカンの精神分析思想に期待するのは、そうした汀を漂流するための道連れとなってくれることだ。

ひととしての私の経験が示してきたのは、私自身の生は、さらにここにいる人々の生もそうだと信じているが〔……〕フランス語で言うところの漂流する *à la dérive* ものだということだ。生は河をくだり、ときどき岸辺にたどりつき、あちらこちらで一休みしつつ、何も理解することなどない――そして分析の原理もまた、誰もそこで何が起きているか何も理解などはしない、ということだ(10)。

我々の生が問われるのは、この「一休み」の岸辺においてである。遍く光に照らされた普遍世界においてであるよりも、うす闇が差し込むあの「別の舞台」の上においてである。「解散のとき」をしまい込んだ、一つの場《ミリュー》の内部において。ひとはそこで、もはや「どこから来て、どこへ行くのか」と問い尋ねはしない。〈他〉をユートピアとして、未来や過去に置き去りにする代わりに、これを内にしまい込む。知に開いた穴の縁にいる我々は、もはや問うこともせず、「どこかから来て、どこかへ行く」のだと、ただ現在を肯定して、次の岸辺へと繋がる線をなぞるのである。

---

(9) *Sé XX*, p. 74.

(10) J. Lacan, "Of Strucure as an Inmixing of an Otherness Prerequisite to Any Subject Whatever", *op. cit.*, p. 190（前掲書、三四頁）

あとがき

本書は二〇一一年から二〇一六年にかけて私が取り組んだラカン読解の仕事をまとめたものである。完全な書き下ろしである第七章を除き、各章については、与えられたいくつかの機会に文章化されていたものに、大幅な加筆修正を行って本書に収録した。各章の初出は以下のとおりである。

第一章「六八年のプシ・ポリティーク――フランス精神分析運動の一場面についての史的考察」市田良彦・王寺賢太編『現代思想と政治』平凡社、二〇一六年

第二章「ジャック・ラカン、理論の実践――アルチュセールの距離」『人文学報』一〇三号、二〇一三年

第三章「ラカンの「エピステモロジー」における真理の探求について」上野修・米虫正巳・近藤和敬編『主体の論理・概念の倫理』以文社、二〇一七年

第四章「ラカンとストア哲学――あるいはドゥルーズ『意味の論理学』との距離」『フランス哲

学・思想研究』二一号、日仏哲学会、二〇一六年
第五章「精神分析実践とマゾヒズム――教育の舞台装置」『I．R．S．ジャック・ラカン研究』一二号、日本ラカン協会、二〇一四年
第六章「六八年五月と「精神分析すること」」京都大学人文科学研究所共同研究班『ヨーロッパ現代思想と政治』、二〇一三年五月一一日、口頭発表
第七章　書き下ろし

この一連の研究が直接的に開始されたのは、二〇一〇年の博士学位取得の後のことである。ただしそれまでもラカンを読み、また彼の精神分析理論に表現された思想について、自分なりにいくらかの考察を行ってきていた。博士学位論文では、一九世紀来の精神医学・人間科学の歴史を踏まえて、精神分析の登場の意義を記述することを試みたが、そこでラカンは、フロイトと並んで、精神分析という営みの核心を明らかにする重要な参照先と考えられ、検討された。しかし当時すでに私は、そこで自分が行ったラカン読解にいくらかの不満を抱いてもいた。ラカンとその精神分析の入り組んだ思想の機微を、自らの了解の丈に合わせて、手頃な一般的理論体系に還元して満足してしまったのではないか、と心残りでならなかった。本書はその反省の地点から出発している。すなわち、むしろ、ラカン思想が、他の様々なテクスト（また社会的・政治的コンテクスト）との間で多重的に決定される舞台を視野に据えることで、ラカンという対象それ自体の、問いとしての価値に迫る必要があるのではないか。ラカンを解明したり応用したりするよりは、ラカンとともに問いを立

てること。また、テクストの読解が、自分の知の構成の大きな模様替えになるような仕方で、ラカンと向き合うこと。ともかくそんな気負いのもとで、私はラカンの読解をきちんとやり直そうと考えたのであった。

その試みは、月日はかかったが、ともかくもこうして一冊の書物の形でまとめられることになった。不十分なところもあるだろうこの書物が、果たしてどのような効果を、これから持つだろうか。著者としてはここで余計なことを言うべきではないだろうが、一点のみ、私は本書がやはり一つの「仕事 travail」に見合うものであるように、と願わずにはいない。ラカンが、彼が立ち上げた「エコル」において会員に期待したのと同じ種類の「仕事」に。「理解」を通じてよりも、むしろ触発を通じて共有されるような「仕事」に。ラカンほど、「わかる」、「わからない」が言挙げされる思想家もないが、やはりラカン自身が「わかる」ということから積極的に距離をとった思想家であったことは、とても本質的なことだと考えたい。本書はいくらかの点では、ラカンの新たな「理解」につながる面もあるだろうと自負はするものの、それよりも私としては、どのような手がかりからでも、批判を含め、何か新たな「仕事」が開始されるきっかけが生まれてくれるならば、本望である。

本研究が首尾よく出版に至るまでにお世話になった方々は多い。謝辞を捧げるべき人々として、多くの師、先輩、友人、後輩、同僚諸氏の顔が思い浮かぶ中で、特に以下に記す方々のお名前にだけ言及することをお許しいただきたい。

まずラカン研究のフロンティアを開拓する先輩方に。京都大学の立木康介氏。いつも最先端を行く氏の研究に私は大きく影響を受けてきた。今回、本書の第六章、第七章については、草稿に目を通していただき、有益なコメントをいただくこともできた。記して感謝したい。鹿児島大学の信友建志氏。博識と先見の明を兼ね備えた氏に、いつも必要な時に適切な助言をいただけることに深く感謝する。東京大学の原和之氏。ラカンをめぐる重要な議論の場をいつも用意してくださること、またそうした場で発表の機会をたびたびいただけたことに改めてお礼を申し上げたい。

また本書の幾つかの章の執筆につながった二つの研究会について、特に記して謝辞を捧げたい。一つに、京都大学人文科学研究所の共同研究班「ヨーロッパ現代思想と政治」の皆さん。現代思想と政治の文脈の中に精神分析を位置づけなおすことの重要性について、改めて自覚を促してくれた研究会だった。私にとって、それはある種、自分の原点へと戻るような機会でもあった。濃密な言葉のやり取りの中で、参加者すべての方々によって私は鍛え直された、と心底思う。主宰の労をとっていただだいた市田良彦・王寺賢太の両氏のお名前をあげて感謝を表したい。それから科研費研究「フランス・エピステモロジーの伏流としてのスピノザ」研究会の皆さん。二〇世紀フランス哲学を画期的な切り口から捉え直そうとするこの研究会で、私はラカンの思想的意義を再確認することができた。その頼もしい気持ちは、本研究をまとめる作業の支えの一つであった。参加者すべての方々との出会いについて感謝したい。ここでは代表の上野修・米虫正巳・近藤和敬の三氏のお名前だけをあげさせていただく。

本研究を進める上で欠かせない経験となったのが、二〇一三年に行ったパリ第八大学精神分析学部での在外研究である。この間、同学部の講義および、「フロイトの大義」派との連携で実施されたセミネールなどで、私は精神分析の現在の理論的進展について学ぶことができた。と同時に、ラカン派精神分析が実際に社会で機能している様を肌で捉えることができ、そのことは、精神分析をめぐる私の思索を、テクストの外へ連れ出してくれた。快く私を迎え入れてくれた同学部と受入責任者ジェラール・ミレール氏に感謝する。またパリ滞在時に大変お世話になった故ピエール・スクリャービン氏に。宙吊りになった再会の約束の穴を、本書がいくらかでも埋めることができるだろうかと思案しながら。

そして特に次のお二人に。杉村昌昭氏に。日々の様々な厚情について感謝の言葉は尽くせない。なかでも、覚えておいでかどうかわからないが、ある席で氏から頂いた言葉に自身の視野の狭さを自覚したことが、この六年の研究の背景をなしていたと言っても過言ではない。改めてお礼を申し上げたい。それから立命館大学の小泉義之氏に。二〇一四年に立命館大学に専門研究員として受け入れていただいたことで、私は、目下の日本で精神分析に対しもっとも厳しくかつ真摯なまなざしを持った哲学者の近くで仕事をするという僥倖に恵まれた。お礼を申し上げたい。影響などと言えば厚かましいが、いま私がお二人との出会いから得たものを振り返るなら、それは精神分析をめぐる思想を、人間の心のより緻密な襞の奥へと改めて潜らせていくための励ましであったように思われる。

最後に私の研究生活をさまざまな面で支えてくれる家族への感謝を記す。私が、ラカンの読み方も含め、もっとも多くを学んでいるのは、このささやかなチームの中でのことであるように思う。

本書は、二〇一一―二〇一三年度日本学術振興会特別研究員（PD）、および二〇一五―二〇一七年度JSPS科研費（15K16614）の研究成果の一部である。また本書の出版は、二〇一六年度立命館大学「学術図書出版推進プログラム」の助成を受けて可能となった。記して感謝したい。

末筆となるが、編集の松岡隆浩氏に感謝申し上げる。本書がこうして完成にこぎつけたのは、企画の段階からいただいた助言や提案のおかげである。

上尾真道

二〇一七年一月　京都

マ　行

ヤ　行

ラ　行

タ 行

ナ 行

ハ 行

人名索引

ア 行

カ 行

サ 行

著者略歴
上尾真道（うえお　まさみち）
1979年福岡県生まれ。京都大学大学院人間・環境学研究科博士後期過程修了。博士（人間・環境学）。現在、立命館大学衣笠総合研究機構専門研究員。共訳書に、ランシエール『平等の方法』（航思社）、フーコー『悪をなし真実を言う　ルーヴァン講義1981』（河出書房新社）、ロバン『モンサント』（作品社）、フィンク『「エクリ」を読む』（人文書院）など。論文に「「運動」としての精神分析のために」（『at プラス』30号、2016年）、「フロイトの冥界めぐり　『夢解釈』の銘の読解」（『人文学報』109号、2016年）、「戦争から遠くはなれて」（『現代思想』2015年10月）など

ラカン　真理のパトス
一九六〇年代フランス思想と精神分析

二〇一七年三月二〇日　初版第一刷印刷
二〇一七年三月三〇日　初版第一刷発行

著　者　上尾真道
発行者　渡辺博史
発行所　人文書院
〒六一二-八四四七
京都市伏見区竹田西内畑町九
電話〇七五・六〇三・一三四四
振替〇一〇〇〇-八-一一〇三

装　幀　間村俊一
印刷所　モリモト印刷株式会社

落丁・乱丁本は小社送料負担にてお取り替えいたします

ISBN978-4-409-34050-9 C3011

ブルース・フィンク著／上尾真道、小倉拓也、渋谷亮訳

「エクリ」を読む　文字に添って　4500円

ラカン『エクリ』(1966年) の初めての完全版英訳者ブルース・フィンクによる、忠実な読解。シニフィアン連鎖を扱った「無意識における文字の審級」、欲望論「主体の転覆」など、ラカンの代表的論文、概念が明晰な読解で甦る。

小林芳樹編訳

ラカン　患者との対話　症例ジェラール、エディプスを超えて　2500円

1976年２月、精神科医ジャック・ラカンはパリのサンタンヌ病院において、患者ジェラールと対話する。本書はその貴重な記録の、初めての邦訳である。ラカンによる具体的な臨床の手つきが伝わるとともに、自閉症との鑑別が重要な現代の軽症化精神病（普通精神病）に対するラカン派精神分析の原点が示される、生々しいドキュメント。十全な解説を施し、ラカン思想への入門としても最適。

立木康介著

精神分析と現実界　フロイト/ラカンの根本問題　3200円

現実界、象徴界、シニフィアン、対象 a、死の欲動…。フロイト／ラカン精神分析の基礎をなす諸問題の精密きわまる読解。『夢判断』から100年余り、精神分析の真の開始を告げる本格的論考の誕生。才気溢れる気鋭による初の単著。

ジェームズ・ストレイチー著／北山修監訳

フロイト全著作解説　6000円

フロイト精神分析著作のスタンダード・エディションとして評価の高いストレイチー版全23巻の著作解説を一冊にまとめた、現在最も必要とされる「フロイト著作辞典」。企画立案より十数年、ついに待望の刊行。フロイト理解のための必携の書。

フロイト著／北山修監訳

「ねずみ男」精神分析の記録　2700円

一人の精神分析家が他人の人生に参加し、観察し、記録し、考え、生きるということとはどういうことか。フロイトが遺した「ねずみ男」と呼ばれる唯一の精神分析の記録の完全訳。この稀有な治療記録を初心者が精神分析を学ぶテキストとしても活用できるよう、技法論的検討をさまざまに加えた解説および註を充実した。

表示価格（税抜）は2017年３月現在